广西职业教育铁道信号自动控制专业及专业群发展研究基地建设项目研究成果

# 铁道信号自动控制专业及专业群创新发展研究与实践

莫振栋　陶汉卿　傅以盘◎著

中国铁道出版社有限公司

2020年·北　京

## 内容简介

本书为广西职业教育铁道信号自动控制专业及专业群发展研究基地建设项目研究成果，全书以铁道信号自动控制专业及专业群创新发展作为对象进行研究与实践，以该专业群更好地服务于我国轨道交通建设和发展为出发点，总结和分享了创新发展过程中的问题解决方案和成功经验，以期对同类院校相同或相近专业群建设起到一定的借鉴和示范作用。

本书可供铁道信号自动控制专业、城市轨道交通通信信号技术专业、城市轨道交通机电技术专业、电气自动化技术专业、机电一体化技术专业和工业机器人技术专业从事教学工作的教师及相关专业的研究生学习参考。

**图书在版编目(CIP)数据**

铁道信号自动控制专业及专业群创新发展研究与实践：广西职业教育铁道信号自动控制专业及专业群发展研究基地建设项目研究成果/莫振栋，陶汉卿，傅以盘著. —北京：中国铁道出版社有限公司，2020.9

ISBN 978-7-113-27090-2

Ⅰ.①铁… Ⅱ.①莫… ②陶… ③傅… Ⅲ.①铁路信号-自动控制-教学研究-高等职业教育 Ⅳ.①U284

中国版本图书馆 CIP 数据核字(2020)第 135692 号

**书　　名**：铁道信号自动控制专业及专业群创新发展研究与实践
**作　　者**：莫振栋　陶汉卿　傅以盘

**策　　划**：吕继函
**责任编辑**：吕继函　　**编辑部电话**：(010)51873205　　**电子信箱**：312705696@qq. com
**封面设计**：刘　莎
**责任校对**：苗　丹
**责任印制**：樊启鹏

**出版发行**：中国铁道出版社有限公司(100054，北京市西城区右安门西街 8 号)
**网　　址**：http://www. tdpress. com
**印　　刷**：北京虎彩文化传播有限公司
**版　　次**：2020 年 9 月第 1 版　2020 年 9 月第 1 次印刷
**开　　本**：787 mm×1 092 mm 1/16　印张：9.75　字数：314 千
**书　　号**：ISBN 978-7-113-27090-2
**定　　价**：51.00 元

# 前言

2006年，教育部出台的《关于全面提高高等职业教育教学质量的若干意见》中提出建立以“重点建设专业为龙头、相关专业为支撑的专业群”，国家文件首次提出专业群的概念。国家示范性高等职业院校建设计划，重点投入支持建设500个左右产业覆盖广、办学条件好、产学结合紧密、人才培养质量高的特色专业群，引领带动高职专业提升内涵质量。2014年，国务院发布《关于加快发展现代职业教育的决定》，指出“深化产教融合、校企合作、工学结合，推动专业设置与产业需求对接、课程内容与职业标准对接、教学过程与生产过程对接、毕业证书与职业资格证书对接、职业教育与终身学习对接，提高人才培养质量，强化职业教育的技术技能积累作用”；教育部等六部门联合印发《现代职业教育体系建设规划（2014—2020年）》，指出“根据各主体功能区的定位，推动区域内职业院校科学定位，使每一所职业院校集中力量办好当地经济社会需要的特色优势专业（集群）”。2015年，教育部出台《关于深化职业教育教学改革全面提高人才培养质量的若干意见》，指出“围绕各类经济带、产业带和产业集群，建设适应需求、特色鲜明、效益显著的专业群”。高职专业群的建设和发展在这些政策文件的引导之下得到了有力的推动，已经成为高职院校核心竞争力的关键，有必要深入分析专业及专业群发展现状与基本内涵，把握重点建设任务和发展方向，系统推进高水平专业群建设。

随着我国轨道交通的快速发展，对轨道交通信号设备在安全上和功能上提出了更高的挑战，轨道交通信号在朝着数字化、网络化、智能化和综合化方向发展，新技术正逐步推广应用。同时，轨道交通信号新技术的发展对岗位工作任务提出了更高要求。因此，为适应我国轨道交通事业的快速发展及轨道交通信号岗位的高标准、高要求，优化专业结构，灵活地调整专业方向，专业及专业群建设迫切成为高职院校的一项重要研究内容。

柳州铁道职业技术学院是全国铁道通信信号专业教学指导委员会主任单位和广西轨道交通工程职教集团牵头单位，铁道信号自动控制专业于2017年9月被确定为全国职业院校交通运输类示范专业点，为使学校的教育资源进一步优化整合与共享，加强核心专业建设，促进相关专业提升，提高办学效益，学校围绕轨道交通信号技术领域，依据自身独特的办学优势和服务面向，建设铁道信号自动控制专业及专业群，由办学实力强、就业率高、重点建设的全国示范点铁道信号自动控制专业作为核心专业，按行业基础、技术基础相近，充分融合城市轨道交通通信信号技术、城市轨道交通机电技术、电气自动化技术、机电一体化技术和工业机器人技术等5个专业，组成铁道信号自动控制专业群，代表了学校的专业及专业群发展方向和办学特色。

本书以铁道信号自动控制专业及专业群创新发展作为对象进行研究与实践，以该专业群更好地服务于我国轨道交通建设和发展为出发点，思考铁道信号自动控制专业及专业群创新发展的问题和对策、优势与不足，围绕如何建立人才培养模式形成特色长效的专业群人才培养方案；课程如何设置和建设、教学方法与手段如何改革创新；实训基地和师资队伍建设如何进行；如何提高技术创新和技术服务水平；创新教育和国际化教育如何高质量开展等问题进行深入分析、研究和实践，总结和分享创新发展过程中的问题解决方案和成功经验，对同类院校相同或相近专业群建设起到一定的借鉴和示范作用。

本书共有9章，第1章对铁道信号自动控制专业及专业群进行介绍，分析铁道信号专业及专业群发展存在的问题，分享柳州铁道职业技术学院的发展经验；第2章分析轨道交通信号人才目前和未来的需求及岗位群的发展情况，分析专业及专业群人才培养存在问题，改革人才培养模式，形成专业群人才培养方案；第3章分析专业及专业群课程建设现状和存在问题，对课程建设和教学方法进行改革和创新；第4章分析专业及专业群实训基地建设现状和存在问题，提出实训基地建设方案和标准；第5章分析专业及专业群师资队伍建设现状和存在问题，分享师资队伍建设的举措；第6章分析专业及专业群技术创新和技术服务现状和存在问题，研究如何提高产教融合和技术服务水平；第7章解读相关的创新创业政策，分析专业及专业群创新创业教育存在的问题，分享创新创业教育问题的解决措施；第8章从服务“一带一路”和国际化发展两个方面研究专业及专业群的国际化建设；第9章分享专业及专业群创新发展研究实践的成效和特色。

本书由广西职业教育铁道信号自动控制专业及专业群发展研究基地主持人、柳州铁道职业技术学院电子技术学院莫振栋组织撰写，柳州铁道职业技术学院铁道信号自动控制专业群教学团队参与撰写，分工如下：吴雄升撰写第1章；陶汉卿撰写第2章和第3章；傅以盘撰写第4章；莫振栋撰写第5章；黄莺撰写第6章；邵长春撰写第7章；赵宁撰写第8章；姚明阳撰写第9章。

本书在撰写过程中得到了柳州铁道职业技术学院的领导和铁道信号自动控制专业群教学团队其他成员的支持和帮助，参考了许多专家的研究成果和有关文献资料，在此谨向各位领导、老师、专家和作者表示衷心的感谢。

由于本书涉及面较广，编写者水平有限，疏漏和错误之处在所难免，恳请读者给予批评指正。

著　者

2020年6月

#  目录

# 第 1 章　铁道信号自动控制专业及专业群概述

## 1.1　铁道信号自动控制专业及专业群

### 1.1.1　专业群

所谓专业群，就是由一个或多个办学实力强、就业率高的重点建设专业作为核心专业，由若干个工程对象相同、技术领域相近或专业学科基础相近的相关专业组成的一个集合，主要是围绕某一行业或依托某一学科基础较强的专业而逐步发展形成的一类专业，各专业具有相同的工程对象和相近的技术领域或者学科基础，除此，在实验实训设施、设备上、实验实训项目及师资队伍上也有相同或相似性。专业群如何规划和建设是由学院的行业背景、地方经济社会发展程度、学院自身的办学条件和专业发展过程确定的，各院校专业群内专业的数量和分布并不与专业目录中的专业划分一一对应。

### 1.1.2　铁道信号自动控制专业

铁道信号自动控制是高等职业院校开设的 3 年制（高职专科）专业，培养铁道信号设备的检测与安装、维护与保养、施工与管理的高素质技术技能人才，要求学生具有较强的铁路（高铁）信号设备的安装、调试、日常养护、一般故障处理及检维修能力，具有较强的劳动纪律和团队合作精神，牢固树立“故障—安全”的意识；掌握铁路信号设备基本结构、工作原理、技术指标、维护标准和施工工艺基本知识等岗位职业技术能力和较强的学习能力、适应能力。若培养从事铁路信号设备生产、施工、调试、维修养护、管理及工程设计与施工、技术革新等工作的高素质技术技能人才，主要的核心技能体现在铁道信号设备的检测、安装、调试与维修养护以及信号设备工程施工、项目初步设计与技术管理方面，就业主要是面向铁路信号、城市轨道交通、铁路工程等方向。主要就业单位是铁路局集团公司和各城市地铁公司。

### 1.1.3　铁道信号自动控制专业及专业群建设情况

目前，全国共有约 69 所高职院校开设铁道信号自动控制专业，在校生 22 000 人左右。随着高职教学改革的逐渐深入，在产业集群发展的背景下，即使是实力较强的单个专业，也很难把握产业及产业链发展对职业教育提出的新要求，在校企合作方面同样较难深入，或者说以单个专业面向市场已无法满足产业发展的需要，专业和专业群发展的转变已经势在必行，是形成高职院校核心竞争力的关键。

为贯彻落实《国家职业教育改革实施方案》，实现“中国特色高水平高职学校和专业群”的发展规划目标，目前各职业院校以不同形式开展了包括铁道信号自动控制专业在内的专业群建设。专业群的组建包括 4 种方式：一是以传统的“铁路电务”概念组建专业群，包括铁道信号自动控制、铁道通信与信息化技术、通信技术、铁道供电技术、高铁综合维修技术等专业；二是以“自动控制技术”概念组建专业群，包括铁道信号自动控制、电气自动化技术、机电一体化技术、工业机器人技术、应用电子技术等专业；三是以“一体化维修”概念组建专业群，包括高铁综合维修技术、铁道工程技术、铁道信号自动控制、铁道供电技术、铁道通信与信息化技术等专业；四是以“轨道交通”概念组建专业群，包括铁道信号自动控制、城市轨道交通通信信号技术、城市轨道交通机电技术、铁道通信与信息化技术、通信技术等专业。柳州铁道职业技术学院以“自动控制技术”概念组建专业群。

本书以柳州铁道职业技术学院的铁道信号自动控制专业群为例，围绕人才培养及培养模式、课程建设与教学方法、实训基地建设、师资队伍建设、技术创新与技术服务、创新创业教育、“一带一路”与国际化水平建设、建设成效等展开研究，根本目的在于提高专业人才培养质量和专业群服务经济社会发展的能力。

依据《教育部　财政部关于公布中国特色高水平高职学校和专业建设计划建设单位名单的通知》(教职成函〔2019〕14号)，全国高水平专业群里面还没有以铁道信号自动控制专业为核心的专业群，见表1.1；2017年中华人民共和国教育部公布的全国交通运输类示范专业点名单里面，铁道信号自动控制专业只有4个示范专业点，见表1.2。横向比较，说明该专业(群)的建设还存在诸多短板和不足，特别是校企合作、产教融合、“双师型”教师队伍、标志性成果等方面亟须加强，也是我们今后工作的方向和目标。

**表1.1　中国特色高水平高职学校和专业建设计划建设单位名单(轨道交通部分)**

| 学校名称 | 专业群名称 | 档　位 |
|---|---|---|
| 湖南铁道职业技术学院 | 铁道机车车辆制造与维护、铁道机车 | 高水平学校建设单位(C档) |
| 陕西铁路工程职业技术学院 | 高速铁道工程技术、城市轨道交通工程技术 | |
| 石家庄铁路职业技术学院 | 铁道工程技术 | 高水平专业群建设单位(B档) |
| 唐山工业职业技术学院 | 动车组检修技术 | |
| 郑州铁路职业技术学院 | 铁道机车 | |
| 武汉铁路职业技术学院 | 动车组检修技术 | |
| 广州铁路职业技术学院 | 铁道供电技术 | |
| 北京交通运输职业学院 | 城市轨道交通运营管理 | 高水平专业群建设单位(C档) |
| 吉林铁道职业技术学院 | 铁道机车 | |
| 哈尔滨铁道职业技术学院 | 城市轨道交通工程技术 | |
| 南京铁道职业技术学院 | 铁道交通运营管理 | |
| 山东职业学院 | 城市轨道交通车辆技术 | |

**表1.2　全国职业院校交通运输类示范专业点名单(铁道运输类部分)**

| 学校名称 | 专业群名称 | 备　注 |
|---|---|---|
| 辽宁铁道职业技术学院 | 铁道信号自动控制 | 铁道运输类里面的铁道信号自动控制专业 |
| 哈尔滨铁道职业技术学院 | 铁道信号自动控制 | |
| 南京铁道职业技术学院 | 铁道信号自动控制 | |
| 柳州铁道职业技术学院 | 铁道信号自动控制 | |

## 1.2　铁道信号自动控制专业及专业群发展存在的问题

### 1.2.1　“双师型”教师队伍建设急需加强

目前,专业教师以高校毕业生为主、企业调动人员为辅。高校毕业生缺乏现场工作经验,再加上教科研任务较重,没有及时足量到企业锻炼,专业实践教学能力不足;企业人员多数学历偏低、科研能力不足,对于学校来说并不是理想的人选,高学历的企业人员又不愿意调动到学校从教,导致“双师型”教师特别是高素质双师教师匮乏。因此,加快实施职业院校教师素质提高计划,建立“双师型”教师培养培训基地,落实教师5年一周期的全员轮训制度是当务之急。

### 1.2.2　企业参与办学动力不足

深化产教融合、加强校企合作,以能力为本位、以就业为导向,是培养满足企业需求的应用技能型人才的有效途径。但由于我国当前校企合作机制尚不健全,现有激励政策吸引力不够或落实不到位,从而影响了企业参与校企合作的积极性;特别是铁路运输行业生产任务繁重、安全压力大,企业实践、顶岗实习等教学活动安全风险系数高,教学资源开发、师资互兼互聘等软实力合作方面多流于形式,未能全面深入进行。

### 1.2.3　校内实训设备缺陷明显

我国高铁发展迅速,高铁信号系统大量使用了新设备、新技术、新工艺,厂家单一、价格昂贵,如果要还原现场设备系统功能,需要投入的资金以亿计算,对于中西部大部分职业院校来说几乎不可能实现。目前财政经费基本上是零散分批分次拨款,不利于实训基地建设的统一规划及相关设备型号的兼容,只能采购单一设备或大量使用企业大修淘汰的设备,未能构成完整的闭合系统,导致学校实训设备长期落后于现场设备,实验实训项目与现场需求尚有差距,严重影响学生培养质量。

## 1.3　铁道信号自动控制专业及专业群的发展（以柳州铁道职业技术学院为例）

### 1.3.1　铁道信号自动控制专业及专业群的概述

为了适应国家铁路快速发展的要求,高职院校对铁道信号自动控制专业群结构进行了整合,对专业教学资源进行了优化,对专业相关校内外实训基地进行了升级改造。2016年专业改名为铁道信号自动控制,旨在为我国铁路运输企业培养铁路信号设备安装、维护及施工的高素质技术技能人才。

为了更好地服务区域经济的发展,柳州铁道职业技术学院通过对自动控制类专业全面、深入的调研,借鉴铁道信号自动控制专业的成功经验,于2005年开设电气自动化技术专业,2009年开设城市轨道交通通信信号技术专业,2016年开设城市轨道交通机电技术专业。2008年铁道信号自动控制专业、电气自动化技术专业被评为校级优质专业,2012年城市轨道交通通信信号技术专业被评为校级重点建设专业，逐步形成了以铁道信号自动控制专业为核心，城市轨道交通通信信号技术、城市轨道交通机电技术、机电一体化技术、电气自动化技术、工业机器人技术专业为骨干的专业群。

### 1.3.2 铁道信号自动控制专业及专业群的发展

1. 依托铁路，紧跟自动控制技术发展，构建“1＋$N$”专业群

铁道信号自动控制专业群紧密对接轨道交通信号及自动控制产业链。随着国家“一带一路”倡议的实施，以及“中国高铁八纵八横”“中国制造 2025”“互联网＋”等重大战略的逐步实施，以轨道交通产业带动工业化，以工业化促进地区经济的发展，优先发展轨道交通产业，已成为国家发展的共识。

构建行业特色鲜明的“1＋$N$”专业群建设模式。为了满足企业对专业群人才的需求，按照“对接轨道交通产业链、专业基础相通、技术领域相近、职业岗位相关”的原则，以铁道信号自动控制专业为核心，城市轨道交通通信信号技术、城市轨道交通机电技术、机电一体化技术、电气自动化技术、工业机器人技术等 5 个专业为骨干，明确人才培养目标定位和层次分明的能力结构，通过基础课程共通、实训基地共用、师资队伍相融、专业技术互通、教学资源共享，有效统筹各类资源，使专业群的 6 个专业有机结合，构建行业特色鲜明的“1＋$N$”专业群模式，见表 1.3。

表 1.3 铁道信号自动控制专业群组成

| 专业群名称 | 所含专业名称 | 专业类型 | 主要职业岗位 |
|---|---|---|---|
| 铁道信号自动控制 | 铁道信号自动控制 | 核心专业 | 铁路信号工 |
| | 城市轨道交通通信信号技术 | 骨干专业 | 城轨通信与信号工 |
| | 城市轨道交通机电技术 | 骨干专业 | 城轨机电检修工 |
| | 机电一体化技术 | 骨干专业 | 机电设备检修工 |
| | 电气自动化技术 | 骨干专业 | 电气技术员、电气工程师 |
| | 工业机器人技术 | 骨干专业 | 工业机器人应用及维护 |

2. 产教融合，践行以岗导学、学训一体，岗学融通培养人才

按照“按岗设课，以岗定学，因岗施教，设岗实训，定岗取证，顶岗实习，对岗就业”的人才培养思路，校企协同育人。按企业岗位工作任务设计教学模块，分模块进行教学；将职业资格标准和职业技能竞赛内容导入课程标准；以真实的岗位工作任务及工作过程设计教学任务和教学过程；在校内实训基地进行“工班式”教学，实现与岗位的融通；以“中级信号工”职业资格标准规范专业技能训练，达到毕业证、职业资格证“双证”融通，构建“以岗导学、学训一体”的人才培养模式。

建设校外实习基地，践行以岗导学、学训一体。学生在校外实习基地实习，在真实岗位体验企业文化、学习职业技能，实现工学结合，保证人才培养规格与岗位任职要求的衔接，增强岗位适应能力，提升就业能力。毕业生应具有强固的“故障—安全”意识，熟悉设备维护规程、熟悉设备性能位置、熟悉系统控制电路；准确观察故障现象、准确分析故障原因、准确判断故障位置；快速赶赴故障现场、快速分析判断故障、快速安全处理故障，成为技术技能过硬的特色专业人才。

3. 强固技能，注重专业基本能力培养，毕业生综合素质高

借鉴国外先进育人理念，培养专业基本技能。引入加拿大的职业教育 CBE(Competency-Based Education)人才培养模式，即以能力为基础的教育教学模式，使学生在学校学习期间即具备职业所必需的实际工作能力，同时把这种能力作为评价学生和教师、学校办学质量的标准。以职业岗位技能的培养为基础进行课程开发，按各项职业技能的难易程度有序安排教学计划。以轨道交通信号和自动控制设备维护真实工作任务为教学情境，根据企业的生产周期组织柔性的工学交替教学，理论部分主要由专任教师负责，实践技能部分由专任和兼职教师共同完成。将人才培养分为职业基本能力培养、职业核心能力培养、职业岗位能力培养 3 个阶段，融理论、实训于一体，进行“仿真环境下的真实训练”。

专业群积极探索搭建职业教育人才培养“立交桥”，努力提高应用技能型人才培养。通过对轨道交通和自动化企业人才需求和中职生源的特点分析，开展校校合作，试点“中职、高职、本科”学历衔接的培养模式，包括“中职和高职衔接”对口招生、“2＋1.5＋0.5”应用本科、“3＋2”高职和本科分段培养等。

4. 名师引领，打造高水平创新型团队，双师队伍结构合理

创新“专业双带头人”制度，建设高水平专业教学团队。以铁路工匠、行业名师为核心，发挥“双带头人”的引领、辐射与带动作用，有效推进学术与技术深度融合，快速提升教学团队的教学与实践水平，增强专业群的核心竞争力与影响力。

5. 校企协同，研发信号专业职教装备，技术服务能力增强

联合行业企业研发信号专业职教装备。多年来，专业群紧扣行业产业链，坚持走“产、学、研”结合之路，针对专业教学改革与人才培养的重点、热点和难点问题，联合行业企业开展科学研究。全国 30 多所职业院校和部分铁路企业都在使用智能实训系统进行实训教学和职工培训，服务企业生产，产生了显著的经济效益。

6. 面向东盟，服务国家“一带一路”，职教输出成效初现

服务国家“一带一路”，推动东盟国家轨道交通事业发展。专业群加强轨道交通职业教育的国际交流与合作，引入国际先进人才培养模式，结合专业群发展实际，内化形成校本标准，积极输出实训基地建设标准。

积极开展国际化联合办学，打造示范性的国际合作人才培养项目。开展教师、学生的双向交流或留学，根据来华教师和留学生的学习特点，有针对性地组织教学，开发具有国际特色的教学项目，不断扩大专业的国际影响力。

### 1.3.3 柳州铁道职业技术学院牵头全国铁道通信信号专业教学指导委员会工作

柳州铁道职业技术学院牵头全国铁道通信信号专业教学指导委员会工作，铁道信号自动控制专业群对接高铁信号技术发展，紧紧围绕铁道信号自动控制专业教学标准和实训教学条件建设标准编制工作，在加强行业指导、推动专业建设、促进校企合作、深化产教融合等方面积极开展研究指导和服务工作，在“强调职责，强抓指导，强化合作，强固根本”上下功夫，引领全国铁道信号自动控制专业的建设与发展。

1. 强调职责，明确方向，引领专业发展

柳州铁道职业技术学院是全国铁道通信信号专业教学指导委员会主任单位，在全国铁道职业教育教学指导委员会的指导下，制定铁道信号自动控制专业的专业教学基本要求和专业建设标准，

指导各铁道职业院校按照专业建设标准进行专业建设、教学基础设施建设、教学团队建设、课程和教材建设，组织开展专业评价与诊改，在专业教育教学改革、专业技术研究等方面开展工作，提高铁道信号自动控制专业的教育教学质量，为铁路企业培养合格的高素质技术技能型人才。

全国铁道通信信号专业教学指导委员会全面落实国家教育规划纲要，强化行业在加快发展现代职业教育中的指导作用，有效提升专业建设与产业发展的吻合度，不断增强职业教育人才培养的实用性和针对性，连接政府贯通企业和学校，推动校企合作、专业建设、教学改革、技能竞赛等活动的深入开展，突显出专指委在满足铁路高速发展对人才的需求和加快中国现代职业教育体系构建中的积极作用。2015 年国家公布新的高职专业目录后，积极组织编制专业简介，并启动专业教学标准和专业实训教学条件建设标准编制工作。

2. 强抓指导，编制标准，引领专业建设

(1)组织广泛调研，编制专业教学标准，指导专业建设

2017 年启动专业教学标准编制工作，为解决在全国各铁路企业、各学校的问卷调研问题，打破常规用最短的时间攻坚克难，开发网络调研系统，又组织力量集中联调统试，成功应用于全国范围的企业、学校和毕业生三类调研，将企业、学校、毕业生调研问卷录入系统，组织全国 18 个铁路局、基层站段和 50 余家工程公司、铁道类装备生产制造企业、40 余所举办有铁道类专业的职业院校教师和毕业生，进行网上问卷调研。

根据专业教学标准编制工作有关要求，专业教学标准编制专家组集中精力、分工协作，通过收集铁道信号专业国家职业标准、调研铁道信号专业的岗位要求、了解铁道信号专业新技术发展动向，经过多次专题研究、反复征求意见和讨论，完成铁道信号自动控制专业调研报告和专业教学标准编制，并召开专家组专题会议，集中进行修改，顺利通过铁道行指委内部审定。2018 年 1 月通过教育部的评审验收，专家一致认为铁道信号自动控制专业教学标准逻辑清晰、表述准确、详略得当，培养目标定位准确、课程结构设置合理、教学条件符合要求、教学质量保障有力，为后续开展专业建设与改革、教材修订和启动专业评估做好了准备。

(2)开展校企合作，编制实训条件标准，引导基地建设

2016 年 6 月，启动铁道信号自动控制专业实训教学条件建设标准编制工作，本标准被中国职业教育装备专业委员会纳入第三批专业装备标准制定计划。按照中国职业教育装备专业委员会的要求，组织 15 人的专家团队成立铁道信号自动控制专业实训教学条件建设标准编制专家组。召开专家组会议，学习编制原则与要求、确定编制计划，分配编写任务，统一编写格式。通过向各有关职业院校开展铁道信号专业校内实训基地状况调查，起草初稿、集中修改、专家内审，最后提交中国职业教育学会装备委员会。于 2017 年 12 月，通过中国职业教育学会装备委员会验收，列入中国职业教育装备委员会 2018 年颁布出版计划，进入贯标阶段。

3. 强化合作，交流沟通，服务企校需求

(1)组织观摩行业竞赛，引入铁道行业标准，设立学生竞赛项目

为了贴近企业，感受行业技术标准，组织 20 余所学校的 30 多名教师，亲历并观摩第四届、第五届全国铁道行业职业技能竞赛“电子与电气设备维护”“机车信号维护”“车站与区间信号维护”和“列控车载设备维护”信号工的职工技能竞赛。ZPW-2000 轨道电路和道岔故障处理的竞赛内容都是铁道信号自动控制专业的核心专业技能，为学校设立学生专业技能竞赛项目起到引导作用。

通过竞赛观摩活动，为将全国铁道行业职业技能竞赛项目引入各铁路职业院校，开展学生的职业技能竞赛和专业技能训练，引导各学校进行专业教育教学改革打下基础，为职业院校培养的学生与铁路企业的人才需求实现零距离对接起到非常重要的作用。

(2)开展师资专业培训,服务学校师培需求,提升专业师资水平

由于各校专业师资不足,近几年都引进不少青年教师,有些甚至不是本专业毕业,为了满足各校师资培训的要求,分别与北京交通大学等本科高校和武汉高铁训练段等企业合作举办信号专业师资培训班。2015 年以来,共组织 7 期培训班,有理论培训和实训技能培训,共培训教师 246 人。培训的主要内容有大数据及"互联网+"在铁路中的应用、信息技术在职业教育中的应用、"心向上,脚向前"教育心理学、信号安全数据网、高铁列车运行控制系统、车载设备、LEU 及应答器、计算机联锁系统、动车组动态数据监控(DMS)、ZPW-2000 轨道电路、RBC、TSRS(临时限速服务器)、GSM-R 系统、调度集中(CTC)系统、数据通信等高速铁路新技术和教育信息化技术等。

通过师资培训班,搭建学习和交流平台,一方面,对高铁信号新技术有所收获,提高教师的专业技术水平和实践教学能力;另一方面,也为各校教师间的后续交流建立联系,有利于各校专业建设、实训基地建设中的相互交流和学习,为提高专业教学质量扎实师资基础。

(3)组织参编行业规范,对接企业技能培训,开展专业课程改革

2016 年 1 月,安排柳州铁道职业技术学院等学校的多位老师参加国家铁路集团公司劳卫部、运输局组织的职工技能培训规范编审工作。通过参加铁路信号工、信号设备制造钳工、铁路电源工培训规范编审,促进高职教学与就业岗位的进一步对接,对于铁路高职院校专业建设、人才培养方案及课程标准的完善具有重要的指导意义;高职院校发挥职业教育在职工培训中的优势,与铁路企业的合作逐步加深。铁道信号自动控制专业的教学计划(课程设置)应紧贴现场岗位所要求的知识和实践技能,将岗位培训规范的内容渗透到相应的课程中,增设铁路安全相关知识、职业素养、法律法规等内容。

4. 强固根本,创新发展,服务人才培养

(1)成立创新平台,研发信号专业职教装备,产品转化成效显著

成立轨道交通信号职教装备研发协同创新中心,创新机制,调动和发挥共产党员的先锋模范带头作用,组建项目研发队伍,与北京中科远洋科技有限公司、重庆道驰科技有限公司等企业合作进行技术研发项目。根据企业要求,选取专业教学中的核心专业技术,结合学校教学需要,开发出 ZPW-2000 移频自动闭塞智能实训系统、轨道交通道岔控制智能实训系统、25 Hz 轨道电路综合实训系统等 6 项铁道信号专业智能职教装备,产生横向研发项目经费 300 余万元,产品生产后产值近 3 000 万元。这些产品已被全国 30 多所职业院校用于铁道信号自动控制专业或城市轨道交通通信信号技术专业教学,同时也被铁路企业用于职工培训,并多次用于组织全国铁路职业院校信号专业学生技能竞赛。"高铁信号职教装备技术研发与应用"团队入选 2018 年广西高校高水平创新团队,"铁道信号自动控制专业及专业群发展研究基地"2018 年获得广西职业教育第一批专业发展研究基地。

(2)举办技能竞赛,引领信号专业教学改革,培养优秀专业人才

通过观摩铁路行业职工职业技能竞赛,将赛项内容引入学生职业技能竞赛,开发出"高铁信号控制系统安装、调试与维护"赛项,其竞赛内容对接工作任务、岗位需求和行业新技术,考核参赛选手对专业知识和竞赛内容的熟悉程度、故障判断的准确度、焊接速度、工艺标准的理解度等。通过竞赛,检验铁道信号自动控制专业学生的专业设备维护关键技能和职业素养,促进各职业院校铁道信号专业的教学改革与课程建设,加强师生之间的交流与学习,为深化铁道

信号自动控制和铁道通信与信息化技术专业的教育教学改革，提高“熟、准、快”特色专业技术技能人才培养质量奠定基础。

随着新一轮专业建设和专业诊改的启动，专指委将尽快成立一支教学经验丰富、专业技术水平高、年龄职称结构合理的专业建设指导团队，进一步理清思路，以铁道行业用人标准为依据，设计铁道信号自动控制专业的诊断项目，以院校自愿为原则，通过反馈诊断报告和改进建议等方式，倒逼各成员学校按照专业建设的新标准开展专业建设和课程改革，多进行专业课题研究，多出专业建设成果，并将成果共享，以期实现共同提高教育教学水平和人才培养质量，为构建中国特色世界水准的现代职业教育体系做出应有的贡献。

# 第2章　人才培养模式

## 2.1　专业及专业群人才需求分析

### 2.1.1　现代化铁路网初具规模

铁路作为国民经济大动脉、国家关键基础设施和重大民生工程，是综合交通运输体系的骨干。铁路具有速度快、运量大、效率高、能耗低等综合优势，已成为民众出行的重要交通方式，尤其是高速铁路将在未来交通运输体系中发挥越来越重要的作用。我国持续快速推进铁路建设，截止到2019年底，全国铁路运营里程达到13.9万km，其中高速铁路运营里程达到3.5万km，居世界第一位，我国已拥有世界上最发达的高速铁路网。

根据《中长期铁路网规划》，到2025年，铁路网规模达到17.5万km左右，其中高铁3.8万km左右；到2030年，铁路网规模将达到20万km，其中高铁里程将达到4.5万km。根据新的“交通强国战略”目标，共分为两个阶段实施：从2020年到2035年，基本建成交通强国，进入世界交通强国行列；从2035年到21世纪中叶，全面建成交通强国，进入世界交通强国前列。中国铁路总公司在2018年度工作会议上提出服务国家战略，铁路应率先实现现代化，明确了2020年、2025年、2035年的奋斗目标：到2020年，中国铁路将实现“铁路网规模和质量达到世界领先”“铁路技术装备和创新能力达到世界领先”“铁路运输安全和经营管理水平达到世界领先”的“三个世界领先”；到2025年高速铁路里程将超过3.8万km，在环渤海、长江三角洲、珠江三角洲、长株潭、成渝及中原城市群、武汉城市圈、关中城镇群、海峡西岸城镇群等经济发达和人口稠密地区全面建成城际客运系统，高速铁路覆盖我国80%以上的大城市，跨越多个不同的气候带和地质区域；到2035年，率先建成发达完善的现代化铁路网，基本实现内外互联互通、区际多路畅通、省会高铁连通、地市快速通达、县域基本覆盖，为基本实现社会主义现代化提供强大运输保障，进而使中国铁路成为社会主义现代化强国的重要标志和组成部分。

据原铁道部发展计划司测算，铁路每投资1亿元，就能提供1 000个工作岗位。到2030年，我国铁路累计运营里程将达到20万km，照此计算，从2020年到2030年，铁路运营里程将增加6.1万km，其中高铁增加1.0万km，其他铁路增加5.1万km，高铁按照平均每公里铁路线路所需的耗资1亿元以上，其他铁路按照平均每公里铁路线路所需的耗资0.5亿元以上，总耗资达到3.55万亿元以上，平均每年铁路建设投资将在3 550亿元以上，年均人才需求量355万人以上，按电务部门工作岗位占总人数16%的比例估算，预计铁路和相关企业对信号工及技师的人才需求量将超过56万人。

《广西基础设施补短板“交通网”建设三年大会战实施方案(2020—2022年)》提出力争到2022年，实现“市市通高铁”“县县通高速”，初步形成各种运输方式布局合理、结构优化、便捷通畅、互联互通的现代化综合交通体系，有效支撑全区经济社会高质量发展。铁路方面，重点加快建设对外高标准客运通道和西部陆海新通道干线铁路，着力解决疏港铁路“最后一公里”问题，到 2022 年全区铁路运营里程达到 5 400 km，其中高速铁路里程突破 1 900 km，3 年计划新开工重点项目 18 个，建成重点项目 7 个，投资约 848 亿元，据原铁道部发展计划司测算，铁路每投资 1 亿元，就能提供 1 000 个工作岗位，从 2020 年到 2022 年，人才总需求 84 万人以上，年均人才需求量 28 万人以上，按电务部门工作岗位占总人数 16%的比例估算，预计铁路和相关企业对信号工及技师的人才需求量将超过 4.4 万人以上。

### 2.1.2 服务中国高铁“走出去”和“一带一路”倡议

2010 年 4 月，原铁道部与老挝公共工程与运输部在北京签署了修建中老铁路合作备忘录。2016 年 12 月，中老铁路全线开工仪式在老挝北部琅勃拉邦举行。中老铁路北起两国边境磨憨-磨丁口岸，南至老挝首都万象，全长 414.33 km，设计时速 160 km。全线采用中国技术标准、使用中国设备。目前，中老铁路项目进入全面建设阶段，工程建设各项工作进展顺利。

2015 年 10 月，中国铁路总公司牵头组成的中国企业联合体，与印度尼西亚维卡公司牵头的印尼国企联合体正式签署了组建中印尼合资公司协议。雅万高铁起自印度尼西亚首都雅加达，至第四大城市万隆，全长 142 km，按照时速 350 km 设计建设，采用中国高铁技术和装备。项目已进入全面实施阶段。

2016 年 11 月，在拉脱维亚首都里加举行的中国—中东欧领导人峰会上，中国铁路总公司牵头的中方联营体与塞尔维亚、匈牙利国家铁路公司签署了建设合同。匈塞铁路自匈牙利首都布达佩斯至塞尔维亚首都贝尔格莱德，全长 350 km，其中匈牙利境内 166 km，塞尔维亚境内 184 km。该项目为既有线增建双线及提速改造项目，客货共线，设计时速 200 km。预计至 2025 年，国际铁路项目总里程超过 1 800 km。2019 年至 2025 年，国际铁路项目的铁路和相关企业对信号工及技师的人才需求量非常大。

### 2.1.3 城市轨道交通迅猛发展

随着我国城镇化脚步的加快，城镇规模不断扩大，交通拥堵问题日益严重，发展城市轨道交通成为解决该问题的必然选择。根据中国城市轨道交通协会统计，我国共有 70 个城市规划了超过 700 条城市轨道交通线路，总里程超过 2.8 万 km。2018 年 7 月国务院办公厅发布《关于进一步加强城市轨道交通规划建设管理的意见》，提高申报建设地铁和轻轨的相关经济指标，据目前情况来看，我国有 50 多个城市符合申报建设地铁和轻轨的条件。

根据中国城市轨道交通协会的数据快报显示，截至 2018 年底，我国大陆地区共有 35 个城市开通城市轨道交通，投入运营线路长度达到 5 761.4 km，新增长度达到 728.7 km。截至 2018 年底，包括地方政府批复的 19 个城市在内，国家已批复 63 个城市的轨道交通建设规划，除已开通运营线路外，在实施的建设规划路线总长 7 611 km，“十三五”时期，我国还要继续加大城市轨道交通的发展力度。根据前瞻产业研究院发布的《2018—2023 年中国城市轨道交通行业市场前瞻与投资战略规划分析报告》，预计到 2023 年，城市轨道交通运营里程将有望超过 8 000 km，城轨车辆密度或将达到 7.4 辆/km，依据城市轨道交通职业人才配备标准，平均每建设 1 km 的城市轨道交通线路，至少需要 60 名管理及技术人员，照此计算，随着城市轨道交通快速发展，预计到 2023 年，我国城市轨道交通相关的年均人才需求量将超过 26 864 人，其中，通信检修岗位群、信号检修岗位群、机电检修岗位群等岗位人才占人才总需求量的 22%，预计铁道信号自动控制专业群专业的年均人才需求量将超过 5 910 人。由此可见，未来五年，我国城市轨道交通的建设必将掀起新一轮高潮，轨道交通行业的人才需求也将进一步扩大。

截至 2019 年 12 月，南宁轨道交通运营线路共有 2 条，即南宁轨道交通 1 号线和南宁轨道交通 2 号线，里程总长为 53.1 km，共设车站 43 座。根据南宁市城市总体规划和综合交通规划，南宁市城市轨道交通线网由 10 条线路组成，总长约 252 km，《南宁市城市轨道交通近期建设规划(2015—2021 年)》显示，至 2021 年，南宁市将建成 2 号线东延和 3 号线一期、4 号线一期、5 号线一期工程，长约 75.1 km。到 2021 年，南宁市将形成 5 条运营线路、总长 128.2 km 的轨道交通网络，照此计算，预计南宁轨道交通年均人才需求量将超过 1 502 人，其中，城市轨道交通通信工、信号工、机电检修工、自动化检修工等岗位人才占人才总需求量的 22%，预计铁道信号自动控制专业群专业的年均人才需求量将超过 330 人。

《广西基础设施补短板"交通网"建设三年大会战实施方案(2020—2022 年)》指出继续推进城市轨道交通及市郊铁路建设，不断扩大线网规模，到 2022 年区内城市轨道交通里程达到 135 km。根据调研，截至 2019 年底，广西城市轨道交通里程总长为 81 km，因此，2020 年到 2022 年期间需要新增建设城市轨道交通里程 54 km，这些线路的开通运营，人才需求量较大。

2018 年底，地铁十四号线一期开通，广州实现了"区区通地铁"，截至 2018 年底，广州地铁总里程 478 km。未来，广州地铁线网将强化"内通外联"，加快在建 13 条线路的进度，使运营里程到 2023 年超过 800 km，年均人才需求量将超过 3 864 人，其中，城市轨道交通通信工、信号工、机电检修工、自动化检修工等岗位人才占人才总需求量的 22%，预计铁道信号自动控制专业群专业的年均人才需求量将超过 850 人。

## 2.2 专业及专业群岗位群分析

高职院校实施"双高计划"，需要把握全面深化教育教学改革、校企合作产教深度融合、提升服务地方区域经济能力三个关键要素。铁道信号自动控制专业群作为广西高水平专业建设项目，在人才培养方面需要定位清晰、目标明确、创新发展、视野开阔、谋划长远，在原有的人才培养模式基础上进行改革，对人才培养方案进行修订、优化和完善。铁道信号自动控制专业群对接轨道交通产业的发展趋势、人才需求和前沿技术，分析专业群发展定位，形成人才培养目标链，培养掌握轨道交通信号控制技术、自动化控制技术、计算机网络通信技术、轨道交通机电技术等方面的基础理论、专业知识与实践技能的高水平、高质量、高标准的技术技能型人才。服务国家铁路企业、城市轨道交通企业、自动化生产企业、工程公司、信号设备生产企业等，毕业生主要从事轨道交通信号设备、城市轨道交通机电设备、自动化装备的生产制造、安装、调试、维修养护、管理及工程设计与施工、技术改造等工作，形成了铁道信号自动控制专业相应的岗位群。

铁道信号自动控制专业主岗位是铁路信号工、信号设备组调工、信号设备制造钳工，拓展(发展)岗位是城市轨道交通信号工、自动控制工程技术人员、AFC 检修员、设备工程技术人员；城市轨道交通机电技术专业主岗位城轨机电检修员、AFC 检修员，拓展(发展)岗位是电气工程技术人员、信号设备制造钳工、机械设备修理人员；城市轨道交通通信信号技术专业主岗位是城市轨道交通信号工，拓展（发展）岗位是信号设备组调工、自动控制工程技术人员、设备工程技术人员；电气自动化技术专业主岗位是电气工程技术人员、自动控制工程技术人员，拓展（发展）岗位是信号设备组调工、城市轨道交通信号工、设备工程技术人员；机电一体化技术专业主岗位是设备工程技术人员、机械设备修理人员，拓展（发展）岗位是信号设备组调工、自动控制工程技术人员、城轨机电检修员；工业机器人技术主岗位是设备工程技术人员、机械设备修理人员，拓展（发展）岗位是信号设备组调工、自动控制工程技术人员、城轨机电检修员。

铁路信号工负责车站与区间信号设备、驼峰信号设备、电子与电气设备、机车信号设备、机电信号设备、高速铁路现场信号设备、高速铁路控制中心信号设备、高速铁路动车组车载信号设备、城市轨道交通信号设备的维修。

信号设备组调工、信号设备制造钳工负责铁路和城市轨道交通信号设备生产、安装、调试，铁路和城市轨道交通信号设备管理及工程设计与施工、技术改造等工作。

城轨机电检修员负责城市轨道交通低压供配电设备、城市轨道交通机电设备、城市轨道交通电梯设备、城市轨道交通空调制冷设备、城市轨道交通综合监控系统设备和城市轨道交通低压电器装配设备的操作与维修。

AFC 检修员负责城市轨道交通 AFC 闸机、城市轨道交通自动售检票机、城市轨道交通车站和控制中心 AFC 系统设备的维修，以及城市轨道交通现场 AFC 设备的故障紧急事件处理。

城市轨道交通信号工负责城市轨道交通正线信号设备、城市轨道交通车载信号设备、城市轨道交通控制中心 ATS 设备的维修，以及城市轨道交通车辆段信号设备等的维修。

电气工程技术人员负责电气设备的生产、安装、调试与维护，以及电气设备产品营销及技术服务。

自动控制工程技术人员负责自动控制系统的生产、安装及技术改造，以及自动化产品营销及技术服务。

设备工程技术人员、机械设备修理人员负责机电一体化设备的维修、自动生产线运维、工业机器人操作与运维、工业机器人应用编程、机电一体化设备生产管理、机电一体化设备销售和技术支持、机电一体化设备技改等。

设备工程技术人员、机械设备修理人员负责工业机器人设备的维修、自动生产线运维、工业机器人应用、工业机器人设备生产管理、工业机器人设备销售和技术支持、工业机器人设备技改工作。

## 2.3 专业及专业群人才培养存在的问题

以“自动控制技术”概念组建的铁道信号自动控制专业群是铁道信号、计算机通信、自动控制、机电技术等为一体的专业群，轨道交通信号新技术的发展对岗位工作任务提出更高要求，铁道信号自动控制专业群沿用单个专业的人才培养模式，忽略了各专业的人才培养和产业链、“中、高、本”衔接、专业群发展之间的内在联系，造成了学生适应我国轨道交通的快速发展及岗位的高标准、高要求的能力不够高，毕业生的岗位适应性和职业迁移能力不够强的问题突显。

为适应轨道交通产业的岗位需求，实现专业链与产业链对接，需要对铁道信号自动控制专业及专业群的人才培养模式进行研究，从专业发展、质量保证制度、课程体系等角度详细分析，制定专业群人才培养方案，使专业间形成合力，进一步提升专业群人才培养质量。

## 2.4 专业及专业群人才培养模式

铁道信号自动控制专业群的创新发展是一个长久反复实践的过程，需要引入和完善国际先进的人才培养模式，从引领职业教育服务国家战略、融入区域经济社会发展、促进产业升级等多方面，聚焦人才培养质量，构建现代职教体系等方面改革人才培养模式。

### 2.4.1 对接轨道交通产业链，发挥铁道信号专业示范引领作用

铁道信号自动控制专业群紧密对接国家“一带一路”，服务先进制造业，紧跟国家高速铁路、城市轨道交通信号和自动控制新技术的发展，同时为轨道交通信号设备制造基地培养轨道交通信号和控制类优秀人才。专业群根据职业岗位工作的要求，按照人才培养链与产业链融合的思路，形成专业群人才培养目标链，每年牵头组织对专业群相应职业岗位进行调研分析，形成岗位能力分析报告，用于指导专业群的课程体系建设。

铁道信号自动控制专业群将进一步加强课程建设、人才培养模式创新、深化专业教学改革、规范教学和实训管理、强化师资队伍和实训基地建设，深化产教融合、校企合作，提高服务行业及区域经济发展需要的能力，加强“一带一路”国际合作。依托全国铁道职业教育教学指导委员会铁道通信信号专业教学指导委员会，借鉴铁道信号自动控制专业的建设经验，充分发挥铁道信号自动控制专业示范引领作用，牵头制定铁道信号自动控制专业的国家标准，包括专业建设指导标准、实训教学条件建设标准，开发制定专业能力标准，研发专业建设与诊改信息化网络系统，推广应用于全国同类专业的建设、诊断与改进工作，强化专业特色，增强核心竞争力，引领全国铁道信号自动控制专业发展。

### 2.4.2 健全诊断与改进机制，完善专业群发展质量，保证制度体系

由专业群建设指导委员会制定《专业群建设管理办法》和《专业建设评价与考核办法》，完善相关制度，加快专业群建设的诊断与改进工作进度，提高专业群建设质量。

对照诊改年度工作时间表、路线图，推进完成年度诊改工作任务。明确专业各阶段建设目标，优化专业人才培养要素，诊断专业建设规划。按照《专业诊改实施方案》要求，结合专业实际，按照“制定专业建设规划—落实责任、运行实施—学习分析、自我诊断—改进工作、总结分析”的循环运行流程，根据《专业群建设管理办法》和《专业建设评价与考核办法》，完成过程监控的考核与激励，健全螺旋式上升的教育教学质量提升机制。

研发专业群建设与诊改信息化网络系统，实现实时监测与预警，实现大数据为专业群建设决策提供支持，利用大数据反馈的信息支撑常态化的教学诊改；完善具有专业特色的目标体系、制度体系和标准体系，以专业建设目标为依据，根据专业诊改工作任务安排、诊改工作流程和诊断点，周期性地对专业建设进行梳理诊断，按时完成《专业自我诊断表》《专业诊改报告》，及时进行预警，根据预警反馈数据，及时做出工作任务和实施进度调整，确保专业诊改工作质量。根据产业结构的调整态势及行业企业用人需求，建立专业结构动态调整机制，优化专业人

才培养方案，改善专业群资源条件，促进学生综合素质和培养质量不断提高，提升社会、企业、家长、学生的满意度。

### 2.4.3 完善“以岗导学、学训一体”人才培养模式，实行“课、岗、证、赛”融合的“1＋X”证书制度

专业群紧密结合行业岗位需求，优化人才培养方案，完善“以岗导学、学训一体”的人才培养模式。根据轨道交通行业的发展和国家“一带一路”建设，紧密围绕专业群岗位需求，结合专业群特点，每年校企合作修订人才培养方案。完善“以岗导学、学训一体”人才培养模式，充分体现“核心引领、形成合力、立足基层、岗位适应”的特点，坚持“立德为先、能力主线、全面发展”的人才培养理念，将思想政治教育、职业素养、创新精神、就业创业能力培养融入教育教学全过程，强化学生的岗位实践能力培养，使基于工作岗位要求的专业群人才培养目标链更能符合经济社会发展对专业人才的需求。

专业群联合行业企业共同开发制定专业能力标准，人才培养模式改革以岗导学优化人才培养方案和课程标准，完善“以岗导学、学训一体”的人才培养模式，完善“课、岗、证、赛”融合的“双证”制度，具体措施如图 2.1 所示。

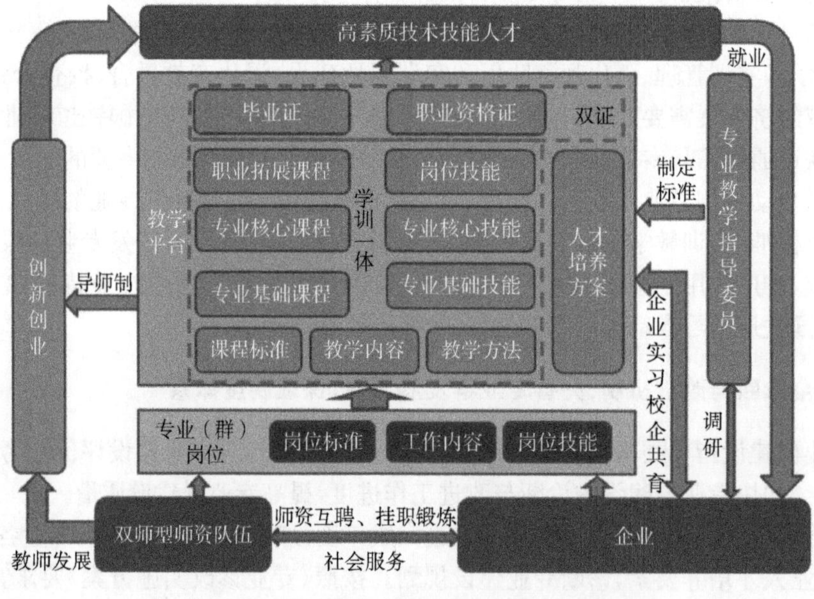


图 2.1 专业群人才培养模式建设具体措施

(1)以岗导学，优化人才培养方案和课程标准。深入轨道交通行业企业调研，以专业群职业岗位标准、内容和技能，全过程融入职业技能竞赛的标准和内容及创新创业教育。校企合作编制人才培养方案和“学训一体”课程标准，优化教学内容，编写理实一体化教材，建设完善“三个标准化”(即实训室建设标准化、实验实训项目标准化、实验实训行为标准化)，由全国铁道通信信号专业教学指导委员会联合轨道交通企业定期组织审订人才培养方案。

(2)学训一体，组织教学。采用“岗学相融、岗学交替”，融“教、学、做”一体、产教融合开展

岗位技能实境训练的教学方法，做到训中有学、学中有训。依托"校企共建、共享双赢"的实训基地、教学资源库和专兼结合的双师教学团队，充分发挥技能大师工作室的作用，聘请企业技术骨干、专家能手作为兼职教师，专业群教学团队教师到企业挂职锻炼，提供技术支持和服务，实现校企互动、协同实施，逐步培养学生的专项技能、综合能力。采用"导师制"并充分发挥双师型教师队伍的作用，培养学生创新创业精神和能力，使学生的知识、技术、经验和能力不断递进，培养高素质技术技能人才。

(3)"课、岗、证、赛"融合的"1+X"证书制度。参照职业岗位任职要求，校企合作完善系统的专业群人才培养方案和质量评价标准，融入全国轨道交通信号和自动控制类职业技能竞赛、轨道交通企业技术比武和学校技能节的内容和评价标准。逐步建立第三方评价机制，将轨道交通"信号工""电工(中级)职业资格证""轨道交通电气设备装调""工业互联网实施与运维"等中高级证书融入课程，实行专业群内"课、岗、证、赛"融合的"1+X"证书制度，专业群岗位职业资格证书与课程设置对应。

## 2.5 专业群人才培养方案

根据铁道信号自动控制专业群人才培养模式改革要求，在教育部的《高等职业学校专业教学标准(2018年)》指导下，教学团队制定了铁道信号自动控制专业群人才培养方案。

### 2.5.1 专业群结构

| | | | |
|---|---|---|---|
| 铁道信号自动控制专业 | 专业代码 | 600106 | 核心专业 |
| 城市轨道交通通信信号技术 | 专业代码 | 600603 | 骨干专业 |
| 城市轨道交通机电技术 | 专业代码 | 600602 | 骨干专业 |
| 电气自动化技术专业 | 专业代码 | 560302 | 骨干专业 |
| 机电一体化技术专业 | 专业代码 | 560301 | 骨干专业 |
| 工业机器人技术专业 | 专业代码 | 560309 | 骨干专业 |

### 2.5.2 培养对象与学制

培养对象：普通高中毕业生、单考单招生、中等职业学校毕业生或同等学力者。

学制：基本学制三年，试行弹性学制三年到五年。

### 2.5.3 人才培养目标

本专业群对接轨道交通产业，服务先进制造业，服务"一带一路"，培养适应国内外和区域经济和社会发展需要，拥护党的基本路线，具有较高的思想道德修养、人文素养和职业素养，具有良好的沟通表达能力和团队协作精神，具备实践能力和创新意识的高素质技术技能人才。

铁道信号自动控制专业的人才培养目标是：培养具有较强的铁路(高铁)信号设备的安装、调试、日常养护、一般故障处理及检维修能力，具有较强的劳动纪律和团队合作精神，牢固树立"故障—安全"意识；掌握铁路信号设备基本结构、工作原理、技术指标、维护标准和施工工艺基本知识等岗位职业技术能力和较强的学习能力、适应能力，能够从事铁路信号设备生产、施工、调试、维修养护、管理及工程设计与施工、技术革新等工作的高素质技术技能人才。

城市轨道交通机电技术专业的人才培养目标是：培养面向轨道交通行业及机电设备制造与施工等企事业单位，在生产、建设、管理、服务第一线，从事轨道交通机电系统（综合监控系统、FAS/BAS、通风空调系统、给排水系统、低压配电及照明系统、站台门/安全门、电扶梯、AFC 等）设备的安装调试、运行管理、故障检测与维护维修、组态编程等工作，同时具有较好的应急处理能力，较强的学习能力、适应能力、动手实践能力和创新能力等综合职业能力的，德、智、体、美、劳等方面全面发展的高素质技术技能人才。

城市轨道交通通信信号技术专业的人才培养目标是：面向城市地铁、轻轨等企业，培养从事轨道交通信号设备的安装调试、维修养护、设备故障处理，具有扎实的城市轨道交通信号设备基本结构、工作原理、技术条件、维护标准、施工工艺等专业技术理论知识和较强的城市轨道交通信号设备安装、调试、日常养护、故障处理及检维修等岗位职业技术能力和较强的学习能力、适应能力，具有良好职业道德和职业生涯发展基础，全面发展的高素质技术技能人才。

电气自动化技术专业的人才培养目标是：培养理想信念坚定，德、智、体、美、劳全面发展，具有一定的科学文化水平，良好的人文素养、职业道德和创新意识，精益求精的工匠精神，较强的就业能力和可持续发展的能力；掌握本专业知识和技术技能，面向通用设备制造业、电气机械和器材制造业的电气工程技术人员、自动控制工程技术人员等职业群，能够从事电气设备和自动控制系统的生产、安装、调试、运维、营销等工作的高素质技术技能人才。

机电一体化技术专业的人才培养目标是：培养理想信念坚定，德、智、体、美、劳全面发展，具有一定的科学文化水平，良好的人文素养、职业道德和创新意识，精益求精的工匠精神，较强的就业能力和可持续发展的能力；掌握本专业知识和技术技能，面向通用设备制造业，金属制品、机械和设备修理业的设备工程技术人员、机电设备修理人员等职业群，能够从事自动生产线运维、工业机器人应用、机电一体化设备生产管理、销售和技术支持、技改、维修工作的高素质技术技能人才。

工业机器人技术专业的人才培养目标是：培养理想信念坚定，德、智、体、美、劳全面发展，具有一定的科学文化水平，良好的人文素养、职业道德和创新意识，精益求精的工匠精神，较强的就业能力和可持续发展的能力；掌握本专业知识和技术技能，面向通用设备制造业，金属制品、机械和设备修理业的设备工程技术人员、机电设备修理人员等职业群，能够从事自动生产线运维、工业机器人应用、工业机器人设备生产管理、销售和技术支持、技改、维修工作的高素质技术技能人才。

### 2.5.4 就业面向与人才规格

1. 职业岗位群与核心能力（表 2.1）

**表 2.1　职业岗位群与核心能力**

| 专业 | 职 业 岗 位 | | 主要工作任务 | 岗位核心能力 |
| --- | --- | --- | --- | --- |
| 铁道信号自动控制专业 | 主岗位 | 铁路信号工 | 1. 车站与区间信号设备维修；<br>2. 驼峰信号设备维修；<br>3. 电子与电气设备检修；<br>4. 机车信号设备维修；<br>5. 机电信号设备修配；<br>6. 高速铁路现场信号设备维修；<br>7. 高速铁路控制中心信号设备维修；<br>8. 高速铁路动车组车载信号设备维修；<br>9. 城市轨道交通信号设备维修 | 1. 掌握本专业培养目标必备的文化基础知识；<br>2. 具有一定的外语应用能力；<br>3. 具有较强的计算机操作能力；<br>4. 具有从事轨道交通信号工岗位（群）工作的专业技能；<br>5. 具有较强的电子基本技能、电路认知及焊接、电子产品组装及调试技能；<br>6. 掌握信号设备维护标准，具有信号设备日常养护、检、维修和故障处理等技能 |
| | | 信号设备组调工<br>信号设备制造钳工 | 1. 铁路和城市轨道交通信号设备生产、安装、调试；<br>2. 铁路和城市轨道交通信号设备管理及工程设计与施工、技术改造等工作 | 1. 掌握本专业培养目标必备的文化基础知识；<br>2. 具有一定的外语应用能力；<br>3. 具有较强的计算机操作能力；<br>4. 具有从事轨道交通信号工岗位（群）工作的专业技能；<br>5. 具有较强的电子基本技能、电路认知及焊接、电子产品组装及调试技能；<br>6. 掌握信号设备施工工艺，具有信号设备管理及工程设计与施工、故障处理和技术改造等技能 |
| | 拓展（发展）岗位 | 城市轨道交通信号工 | 详见“城市轨道交通通信信号技术专业”的“城市轨道交通信号工”主要工作任务 | 详见“城市轨道交通通信信号技术专业”的“城市轨道交通信号工”岗位核心能力 |
| | | 自动控制工程技术人员 | 详见“电气自动化技术专业”的“自动控制工程技术人员”主要工作任务 | 详见“电气自动化技术专业”的“自动控制工程技术人员”岗位核心能力 |
| | | AFC 检修员 | 详见“城市轨道交通机电技术专业”的“AFC 检修员”主要工作任务 | 详见“城市轨道交通机电技术专业”的“AFC 检修员”岗位核心能力 |
| | | 设备工程技术人员 | 详见“机电一体化技术”“工业机器人技术专业”的“设备工程技术人员”主要工作任务 | 详见“机电一体化技术”“工业机器人技术专业”的“设备工程技术人员” 岗位核心能力 |
| 城市轨道交通机电技术专业 | 主岗位 | 城轨机电检修员 | 1. 城市轨道交通低压供配电设备维修；<br>2. 城市轨道交通机电设备维修；<br>3. 城市轨道交通电梯操作维修；<br>4. 城市轨道交通空调制冷设备维修；<br>5. 城市轨道交通综合监控系统设备维修；<br>6. 城市轨道交通低压电器装配 | 1. 具有本专业必需的信息技术应用和维护能力，能够组建、配置和管理计算机网络<br>2. 能够识读各类机电设备、网络设备的电路图和装配图；<br>3. 具有较强的轨道交通机电设备的安装调试、运行维护、故障检测与保养维修、应急处理的能力；<br>4. 具有应用单片机、PLC 技术、现场总线与组态技术应用进行技术改造、产品开发与维护的能力；<br>5. 具有较强的岗位职业变化适应能力和工作组织、协调能力和团队合作的能力；<br>6. 具有获取新知识、掌握新技术、新设备、新工艺的学习能力及创新能力 |

续上表

| 专业 | 职业岗位 | | 主要工作任务 | 岗位核心能力 |
|---|---|---|---|---|
| 城市轨道交通机电技术专业 | 主岗位 | AFC检修员 | 1. 城市轨道交通AFC闸机维修；<br>2. 城市轨道交通自动售检票机维修；<br>3. 城市轨道交通车站和控制中心AFC系统设备维修；<br>4. 城市轨道交通现场AFC设备故障紧急事件处理 | 1. 具有本专业必需的信息技术应用和维护能力，能够组建、配置和管理计算机网络；<br>2. 能够识读AFC系统设备、网络设备的电路图和装配图；<br>3、具有较强的轨道交通AFC系统设备的安装调试、运行维护、故障检测与保养维修、应急处理的能力；<br>4. 具有应用单片机、PLC技术、现场总线与组态技术应用进行技术改造、产品开发与维护的能力；<br>5. 具有较强的岗位职业变化适应能力和工作组织、协调能力和团队合作的能力；<br>6. 具有获取新知识、掌握新技术、新设备、新工艺的学习能力及创新能力 |
| | 拓展（发展）岗位 | 电气工程技术人员 | 详见“电气自动化技术专业”的“电气工程技术人员”主要工作任务 | 详见“电气自动化技术专业”的“电气工程技术人员”岗位核心能力 |
| | | 信号设备制造钳工 | 详见“铁道信号自动控制专业”的“信号设备制造钳工”主要工作任务 | 详见“铁道信号自动控制专业”的“信号设备制造钳工”岗位核心能力 |
| | | 机械设备修理人员 | 详见“机电一体化技术”工业机器人技术专业的“机械设备修理人员”主要工作任务 | 详见“机电一体化技术”“工业机器人技术专业”的“机械设备修理人员”岗位核心能力 |
| 城市轨道交通通信信号技术专业 | 主岗位 | 城市轨道交通信号工 | 1. 城市轨道交通正线信号设备维修；<br>2. 城市轨道交通车载信号设备维修；<br>3. 城市轨道交通控制中心ATS设备维修；<br>4. 城市轨道交通车辆段信号设备维修等 | 1. 掌握本专业培养目标必备的文化基础知识；<br>2. 具有一定的外语应用能力；<br>3. 具有较强的计算机操作能力；<br>4. 具有较强的电子基本技能、电路认知及焊接、电子产品组装及调试能力；<br>5. 具有较强的城市轨道交通信号设备测试与检、维修能力；<br>6. 具备熟练运用城市轨道交通信号设备技术图、表，对城市轨道交通信号工程进行初步设计和施工设计的基本能力；<br>7. 具有较强的对城市轨道交通信号设备进行安装及调试的能力；<br>8. 具有较强的对城市轨道交通信号设备故障进行故障分析、判断、查找、处理能力；<br>9. 具有对城市轨道交通信号设备进行远程控制的基本技术；<br>10. 具有从事轨道交通信号工岗位（群）工作的专业技能；<br>11. 具有较强的岗位职业变化适应能力和工作组织、协调能力和团队合作的能力；<br>12. 具有获取新知识、掌握新技术、新设备、新工艺的学习能力及创新能力 |

续上表

| 专业 | 职业岗位 | | 主要工作任务 | 岗位核心能力 |
|---|---|---|---|---|
| 城市轨道交通通信信号技术专业 | 拓展（发展）岗位 | 信号设备组调工 | 详见“铁道信号自动控制专业”的“信号设备组调工”主要工作任务 | 详见“铁道信号自动控制专业”的“信号设备组调工”岗位核心能力 |
| | | 自动控制工程技术人员 | 详见“电气自动化技术专业”的“自动控制工程技术人员”主要工作任务 | 详见“电气自动化技术专业”的“自动控制工程技术人员”岗位核心能力 |
| | | 设备工程技术人员 | 详见“机电一体化技术”“工业机器人技术专业”的“设备工程技术人员”主要工作任务 | 详见“机电一体化技术”“工业机器人技术专业”的“设备工程技术人员”岗位核心能力 |
| 电气自动化技术专业 | 主岗位 | 电气工程技术人员 | 1. 电气设备生产、安装、调试与维护；<br>2. 电气设备产品营销及技术服务 | 1. 掌握本专业培养目标必备的文化基础知识；<br>2. 具有一定的外语应用能力；<br>3. 具有较强的计算机操作能力；<br>4. 具备对新知识、新技能的学习能力和创新创业能力；<br>5. 具备电气工程类工具、仪表、规范、标准的使用能力；<br>6. 具备电气工程设备及系统的安装调试能力；<br>7. 具备电气工程设备及系统的操作运行监控能力；<br>8. 具备电气工程设备及工控产品的营销和服务能力 |
| | | 自动控制工程技术人员 | 1. 自动控制系统生产、安装及技术改造；<br>2. 自动化产品营销及技术服务 | 1. 掌握本专业培养目标必备的文化基础知识；<br>2. 具有一定的外语应用能力；<br>3. 具有较强的计算机操作能力；<br>4. 具备对新知识、新技能的学习能力和创新创业能力；<br>5. 具备自动化类工具、仪表、规范、标准的使用能力；<br>6. 具备自动化设备及系统的安装调试能力；<br>7. 具备自动化设备及系统的操作运行监控能力；<br>8. 具备自动化设备及系统的设计管理、技术改造能力；<br>9. 具备现场总线和工业控制网络的构建能力；<br>10. 具备自动化设备及工控产品的营销和服务能力 |
| | 拓展（发展）岗位 | 信号设备组调工 | 详见“铁道信号自动控制专业”的“信号设备组调工”主要工作任务 | 详见“铁道信号自动控制专业”的“信号设备组调工”岗位核心能力 |
| | | 城市轨道交通信号工 | 详见“城市轨道交通通信信号技术专业”的“城市轨道交通信号工”主要工作任务 | 详见“城市轨道交通通信信号技术专业”的“城市轨道交通信号工”岗位核心能力 |
| | | 设备工程技术人员 | 详见“机电一体化技术”“工业机器人技术专业”的“设备工程技术人员”主要工作任务 | 详见“机电一体化技术”“工业机器人技术专业”的“设备工程技术人员”岗位核心能力 |

续上表

| 专业 | 职业岗位 | | 主要工作任务 | 岗位核心能力 |
|---|---|---|---|---|
| 机电一体化技术专业 | 主岗位 | 设备工程技术人员<br>机械设备修理人员 | 1. 机电一体化设备维修；<br>2. 自动生产线运维；<br>3. 工业机器人操作与运维；<br>4. 工业机器人应用编程；<br>5. 机电一体化设备生产管理；<br>6. 机电一体化设备销售和技术支持；<br>7. 机电一体化设备技改等 | 1. 掌握本专业培养目标必备的文化基础知识；<br>2. 具有一定的外语应用能力；<br>3. 具有较强的计算机操作能力；<br>4. 具有从事轨道交通信号工岗位(群)工作的专业技能 |
| | 拓展(发展)岗位 | 信号设备组调工 | 详见“铁道信号自动控制专业”的“信号设备组调工”主要工作任务 | 详见“铁道信号自动控制专业”的“信号设备组调工”岗位核心能力 |
| | | 自动控制工程技术人员 | 详见“电气自动化技术专业”的“自动控制工程技术人员”主要工作任务 | 详见“电气自动化技术专业”的 “自动控制工程技术人员”岗位核心能力 |
| | | 城轨机电检修员 | 详见“城市轨道交通机电技术专业”的“城轨机电检修员”主要工作任务 | 详见“城市轨道交通机电技术专业”的“城轨机电检修员”岗位核心能力 |
| 工业机器人技术专业 | 主岗位 | 设备工程技术人员<br>机械设备修理人员 | 1. 工业机器人设备维修；<br>2. 自动生产线运维；<br>3. 工业机器人应用；<br>4. 工业机器人设备生产管理；<br>5. 工业机器人设备销售和技术支持；<br>6. 工业机器人设备技改 | 1. 具有本专业必需的信息技术应用和维护能力；<br>2. 能够读懂工业机器人系统机械结构图、液压、气动和电气系统图；<br>3. 会使用电工、电子常用工具和仪表，能安装、调试工业机器人机械、电气系统；<br>4. 能选用工业机器人外围部件，能从事工业机器人及周边产品销售和技术支持；<br>5. 能进行干预机器人应用系统电气设计，能进行干预机器人应用系统三维模型构建；<br>6. 能使用视觉系统进行尺寸检测、位置检测等；<br>7. 能熟练对工业机器人进行现场编程、离线编程及仿真；<br>8. 能组建工控网络，编写基本机器人界面程序；<br>9. 能按照工艺和要求对工业机器人典型应用系统进行集成、编程、调试、运行和维护，能编写工业机器人及应用系统技术文档；<br>10. 能进行 MES 系统基本操作；<br>11. 能阅读工业机器人产品相关英文技术手册，具有一定的外语应用能力；<br>12. 掌握本专业培养目标必备的文化基础知识；<br>13. 具有较强的计算机操作能力；<br>14. 具有从事轨道交通信号工岗位(群)工作的专业技能 |
| | 拓展(发展)岗位 | 信号设备组调工 | 详见“铁道信号自动控制专业”的“信号设备组调工”主要工作任务 | 详见“铁道信号自动控制专业”的“信号设备组调工”岗位核心能力 |
| | | 自动控制工程技术人员 | 详见“电气自动化技术专业”的“自动控制工程技术人员”主要工作任务 | 详见“电气自动化技术专业”的“自动控制工程技术人员”岗位核心能力 |
| | | 城轨机电检修员 | 详见“城市轨道交通机电技术专业”的“城轨机电检修员”主要工作任务 | 详见“城市轨道交通机电技术专业”的“城轨机电检修员”岗位核心能力 |

2. 人才培养规格

(1)本专业群对应岗位群的通用能力和素质要求

①专业能力

具有计算机操作能力,电路认知及焊接、电子产品组装及调试能力,读懂轨道交通信号和自动系统图纸和资料的能力,有一定的专业外语应用能力。

②方法能力

能及时学习最新的轨道交通信号和自动系统设备、知识和工艺;能利用各种渠道提升业务技能;能独立自主学习,不断获取新知识,具有较强的学习能力及创新能力。

③社会能力

具有团队协作、交际与沟通能力,创新与解决问题能力,心理承受能力,社会责任能力,灵活应变能力和良好的职业道德。

(2)各专业对应岗位的专项能力和素质要求(表2.2)

**表2.2 各专业对应岗位的专项能力和素质要求**

| 专业 | 职业基本能力 | 职业核心能力 | 职业发展能力 |
| --- | --- | --- | --- |
| 铁道信号自动控制专业 | 1. 具有信号工岗位常用工具、仪器、仪表的使用与维护保养的基本能力;<br>2. 初步掌握按检修作业程序对信号设备进行检修、对信号器材进行分解、组装、试验的基本方法和程序的能力;<br>3. 初步掌握日常检修维护安全规定,具备利用计算机辅助手段绘制信号图表的能力 | 1. 具有"故障—安全"的概念;<br>2. 具有对保证站内行车安全的车站信号控制系统的功能、电路结构及工作原理进行系统分析的基本能力;<br>3. 具有对保证区间行车安全的区间信号控制系统的功能、电路结构及工作原理进行系统分析的基本能力;<br>4. 具备熟练运用信号设备技术图、表的基本能力;<br>5. 具有对铁路信号设备进行远程调阅分析的基本能力;<br>6. 具备对铁路信号工程进行初步设计和施工设计的基本能力;<br>7. 具备对铁道信号常用设备进行电气特性测试及维护维修的基本方法和技能;<br>8. 具备按照施工作业程序对信号设备进行安装、调试、导通等作业的基本方法和技能的能力;<br>9. 具备按照故障处理程序处理信号设备故障的基本方法和技能的能力 | 1. 具有较扎实的专业知识和较强的从事信号岗位工作的职业能力;<br>2. 具有爱岗敬业及良好的职业道德;<br>3. 具有较强的劳动纪律性和严谨的工作作风;<br>4. 具有较强的安全意识和责任意识;<br>5. 具有较强的服务意识和良好的团队合作精神;<br>6. 具有较强的沟通、协作和组织协调能力;<br>7. 具有艰苦创业精神和创新思维与能力;<br>8. 具有创新创业的基础知识及亲身体验 |
| 城市轨道交通机电技术 | 1. 具备电路基本知识;<br>2. 具备PLC控制技术基础;<br>3. 具备对电子电路、数字电路进行分析、计算的方法和能力;<br>4. 具备对电子电路、数字电路的安装、调试、维护维修的基本方法和技能 | 1. 自动化系统设备检修岗位<br>(1)掌握地铁综合监控ISCS、消防报警FAS,环境监控BAS、气体灭火系统的操作、维护、检修、功能测试以及故障诊断的方法;<br>(2)能正确选用变频器,完成接线和参数设置,实现简单的变频调速控制;<br>(3)具备基本的PLC接线、编程、安装、调试能力,完成简单的设备自动化和过程自动化控制。<br>2. 风水电检修岗位<br>(1)掌握环控、给排水、低压配电及照明设备的操作、维护、检修、功能测试及故障诊断的方法,具有电机、变压器的接线及简单故障处理能力;<br>(2)能根据图纸说明各种工况下的环控运行策略; | 1. 具有较扎实的专业知识和较强的从事城轨机电岗位群工作的职业能力;<br>2. 具有爱岗敬业及良好的职业道德;<br>3. 具有较强的劳动纪律性和严谨的工作作风; |

续上表

| 专　业 | 职业基本能力 | 职业核心能力 | 职业发展能力 |
|---|---|---|---|
| 城市轨道交通机电技术 |  | (3)具有风水电系统的电气接线测试、故障判断与维修能力,了解城轨供电方式、车站用电负荷、供电设备及供电故障的相关预案。<br>3. 门梯检修<br>(1)熟悉站台门/电扶梯机械及电气系统组成部件;<br>(2)具有站台门、电梯的安装调试、故障检测及维护维修能力;<br>(3)具备站台门的运行管理、操作使用及事故应急处理能力。<br>4. AFC系统检修<br>(1)具备AFC系统基础知识,掌握售票机、检票机硬件的层次结构及电气原理、内部模块/部件的电气连接端口和端口功能;<br>(2)掌握售票机、检票机的模块拆装及更换步骤方法;<br>(3)具备AFC系统的软硬件故障诊断及日常维护能力;<br>(4)掌握AFC事故应急处理流程;<br>(5)能检测并判断设备各部件的状态,根据事故现象及电气电路图分析查找并排除故障 | 4. 具有较强的安全意识和责任意识;较强的服务意识和良好的团队合作精神;<br>5. 具有较强的沟通、协作和组织协调能力;<br>6. 具有艰苦创业精神和创新思维与能力 |
| 城市轨道交通通信信号技术 | 1. 具备对电路网络进行分析、计算的方法和能力;<br>2. 具备对电子电路、数字电路进行分析、计算的方法和能力;<br>3. 具备对电子电路、数字电路的安装、调试、维护维修的基本方法和技能 | 1. 正线岗位检修<br>(1)掌握正线信号设备的运用、日常维护、检修、测试与诊断的方法;<br>(2)具备电源基本操作、UPS各种操作、联锁系统重启,电源相关图纸的识读能力;<br>(3)具备按照程序要求对设备故障进行分析及处理的能力。<br>2. 车辆段检修<br>(1)掌握车辆段信号设备的运用、日常维护、检修、测试的方法;<br>(2)具备电路故障分析、处理、应急情况的处理等技能。<br>3. 通信设备检修:<br>(1)掌握专用通信系统的组成及承载业务;<br>(2)掌握专用通信子系统的结构及组网模式;<br>(3)掌握专用电话系统的组成、功能、工作原理、检修及故障处理;<br>(4)掌握闭路电视监控系统的组成、功能、工作原理、检修及故障处理;<br>(5)掌握乘客信息系统的组成、功能、地面及车载子系统的维护;<br>(6)掌握无线传输和移动通信的概念;移动通信的基本技术及特点;<br>(7)掌握无线集群系统的组成、工作原理; | 1. 具有较扎实的专业知识和较强的从事城市轨道交通信号岗位工作的职业能力;<br>2. 具有爱岗敬业及良好的职业道德;<br>3. 具有较强的劳动纪律性和严谨的工作作风;<br>4. 具有较强的安全意识和责任意识; |

续上表

| 专　业 | 职业基本能力 | 职业核心能力 | 职业发展能力 |
| --- | --- | --- | --- |
| 城市轨道交通通信信号技术 | | (8)能识别移动通信系统的基本网元；<br>(9)能熟练使用移动通信设备相关常用检测仪器；<br>(10)能初步分析和排除基本的网络故障。<br>4. ATC设备检修<br>(1)具备ATC系统的结构和功能；<br>(2)具备ATC设备的知识和维护能力；<br>(3)掌握ATC系统的工作原理和设备维护 | 5. 具有较强的服务意识和良好的团队合作精神；<br>6. 具有较强的沟通、协作和组织协调能力；<br>7. 具有艰苦创业精神和创新思维与能力 |
| 电气自动化技术专业 | 1. 正确选择使用元器件和读电路图的能力；<br>2. 能够运用电气CAD设计电气图，具有电子电路装配焊接和检测能力；<br>3. 具有单片机系统的设计能力，生产过程的检测，拖动设备的控制及使用能力 | 1. 电子设备的检测及维护<br>(1)熟悉常用电子设备与产品，具备电子电路概念；<br>(2)具有电子产品检测、维修、调试及售后技术支持服务能力；<br>(3)具备电力电子装置及变频器的分析、设计和故障维修能力；<br>(4)掌握电气测量常用仪器仪表的应用方法。<br>2. 电气设备的安装及维护<br>(1)掌握电气设备的原理与应用；<br>(2)掌握电气控制线路原理的分析方法；<br>(3)熟悉工厂车间常用电气设备的常见故障及处理方法，具备供电系统及设备的故障分析及处理等技能。<br>3. 机电设备的管理<br>(1)掌握常用电气设备的作用，具备变电运行及管理能力；<br>(2)掌握自动控制系统的控制方法和特点，具备自动化综合生产线的安装及管理维护能力 | 1. 具有较扎实的专业知识和较强的从事电气自动化岗位群工作的职业能力；<br>2. 具有爱岗敬业及良好的职业道德；<br>3. 具有较强的劳动纪律性和严谨的工作作风；<br>4. 具有较强的安全意识和责任意识；<br>5. 具有较强的服务意识和良好的团队合作精神；具有较强的沟通、协作和组织协调能力；<br>6. 具有艰苦创业精神和创新思维与能力 |
| 机电一体化技术 | 1. 具有机械制图及CAD设计能力；<br>2. 具备机电一体化设备的电气控制设计、单片机与传感器检测技术应用等能力；<br>3. 具备一定的电工操作基本能力，电子电路设计能力，机电一体化产品电气控制电路的设计能力 | 1. 机电设备操作与维护<br>(1)具有从事机电一体化设备维修技术员、技改技术员、生产管理员等专业岗位工作的技能；<br>(2)掌握机电一体化设备结构及工作原理、设备安装、调试与运行维护。<br>2. 自动生产线运维<br>(1)具有从事自动生产线运维技术员岗位工作的技能；<br>(2)掌握自动生产线的结构及工作原理、安装与调试、运行维护。<br>3. 工业机器人应用<br>(1)具有从事工业机器人应用技术员岗位工作的技能；<br>(2)掌握工业机器人的结构及工作原理、编程技术、安装与调试、运行维护 | 1. 具有较扎实的专业知识和较强的从事机电设备操作与维护岗位群工作的职业能力；<br>2. 具有良好的职业道德、较强的劳动纪律性和严谨的工作作风、较强的安全意识、责任意识、服务意识和团队合作精神；<br>3. 具有较强的沟通、组织协调能力和创新思维能力 |

续上表

| 专 业 | 职业基本能力 | 职业核心能力 | 职业发展能力 |
| --- | --- | --- | --- |
| 工业机器人技术 | 1. 掌握液压与气动、可编程控制器技术、工业机器人应用系统建模、工业机器人系统离线编程与仿真、工业机器人现场编程、机器人视觉技术及应用、工业机器人应用系统调试运行、传感器与检测、电机与拖动、PLC 控制、工业机器人、人机界面及工业控制网络等技术的专业知识；<br>2. 具备工业机器人设备的电气控制技术知识；掌握典型工业机器人设备的安装、操作及维护；<br>3. 能够掌握自动化生产线和智能制造单元的运行与维护等机电综合知识；<br>4. 了解机电设备安装调试、维护维修相关国家标准与安全规范 | 1. 机电设备操作与维护<br>(1)具有从事工业机器人设备维修技术员、技改技术员、生产管理员等专业岗位工作的技能；<br>(2)掌握工业机器人设备结构及工作原理、设备安装、调试与运行维护。<br>2. 自动生产线运维<br>(1)具有从事自动生产线运维技术员岗位工作的技能；<br>(2)掌握自动生产线的结构及工作原理、安装与调试、运行维护。<br>3. 工业机器人应用<br>(1)具有从事工业机器人应用技术员岗位工作的技能；<br>(2)掌握工业机器人的结构及工作原理、编程技术、安装与调试、运行维护 | 1. 具有较扎实的专业知识和较强的从事机电设备操作与维护岗位群工作的职业能力；<br>2. 具有良好的职业道德、较强的劳动纪律性和严谨的工作作风、较强的安全意识、责任意识、服务意识和团队合作精神；<br>3. 具有较强的沟通、组织协调能力和创新思维能力 |

### 2.5.5 毕业标准

1. 学分要求

铁道信号自动控制专业：获得至少 166 学分，其中实践学时占教学总学时的比例不低于 50%，公共选修课和专业限选课学时占教学总学时的比例不低于 10%。

城市轨道交通机电技术专业：获得至少 163.5 学分，其中实践学时占教学总学时的比例不低于 50%，公共选修课和专业限选课学时占教学总学时的比例不低于 10%。

城市轨道交通通信信号技术专业：获得至少 170 学分，其中实践学时占教学总学时的比例不低于 50%，公共选修课和专业限选课学时占教学总学时的比例不低于 10%。

电气自动化技术专业：获得至少 167 学分，其中实践学时占教学总学时的比例不低于 50%，公共选修课和专业限选课学时占教学总学时的比例不低于 10%。

机电一体化技术专业：获得至少 161.5 学分，其中实践学时占教学总学时的比例不低于 50%，公共选修课和专业限选课学时占教学总学时的比例不低于 10%。

工业机器人技术专业：获得至少 156.5 学分，其中实践学时占教学总学时的比例不低于 50%，公共选修课和专业限选课学时占教学总学时的比例不低于 10%。

2. 职业资格证书要求

(1)"1+X"证书获取范围(表2.3)

**表2.3　基本技能证书与职业资格(技能)证书**

| 序号 | 证书类型 | 证书名称 | 级别 | 发证机构 | 考证安排 | 支撑课程 |
|---|---|---|---|---|---|---|
| 1 | 专业群通用的基本技能证书 | 全国计算机等级证书 | 一级 | 教育部考试中心 | 每年4月、9月 | 计算机文化基础 |
| 2 | | 全国高等学校英语应用能力等级证书 | B级 | 高等学校英语应用能力考试委员会 | 每年6月、12月 | 公共英语、轨道交通专业英语 |
| 3 | | 国家普通话水平测试等级证书 | 三级甲等及以上 | 国家语言文字工作委员会 | 每年多次 | 普通话 |
| 1 | 铁道信号自动控制专业职业资格(技能)证书 | 中级信号工 | 四级 | 南宁铁路局职业技能鉴定站 | 第4或第5学期 | 信号基础设备、车站信号自动控制、区间信号自动控制 |
| 2 | | 特种作业操作证(低压电工作业) | 上岗证 | 柳州市安监局 | 第3学期 | 电路分析基础、电子技术基础、电工操作技能实训 |
| 3 | | 轨道交通电气设备装调 | 中级 | 中国中车集团有限公司 | 第4学期 | 车站信号自动控制、区间信号自动控制、单片机与传感器应用技术 |
| 4 | | 轨道交通装备无损检测 | 中级 | 中国中车集团有限公司 | 第4学期 | 车站信号自动控制、区间信号自动控制、单片机与传感器应用技术 |
| 1 | 城市轨道交通机电技术专业职业资格(技能)证书 | 特种作业操作证(低压电工作业) | 上岗证 | 柳州市安监局 | 第3学期 | 电路分析基础、电子技术基础、电工操作技能实训 |
| 2 | | 轨道交通电气设备装调 | 中级 | 中国中车集团有限公司 | 第3学期 | 电气控制与PLC技术、电力电子与变频调速技术、单片机与传感器应用技术 |
| 1 | 城市轨道通信信号技术专业职业资格(技能)证书 | 特种作业操作证(低压电工作业) | 上岗证 | 柳州市安监局 | 第3学期 | 电路分析基础、电子技术基础、电工操作技能实训 |
| 2 | | 中级信号工 | 四级 | 南宁铁路局职业技能鉴定站 | 第5学期 | 城轨信号基础设备、联锁系统运行与维护、城轨正线信号设备维护 |
| 3 | | 轨道交通电气设备装调 | 中级 | 中国中车集团有限公司 | 第4学期 | 联锁系统运行与维护、列车自动控制技术、单片机与传感器应用技术 |
| 4 | | 轨道交通装备无损检测 | 中级 | 中国中车集团有限公司 | 第4学期 | 联锁系统运行与维护、列车自动控制技术、单片机与传感器应用技术 |

续上表

| 序号 | 证书类型 | 证书名称 | 级别 | 发证机构 | 考证安排 | 支撑课程 |
| --- | --- | --- | --- | --- | --- | --- |
| 1 | 电气自动化技术专业职业资格（技能）证书 | 特种作业操作证（低压电工作业） | 上岗证 | 柳州市安监局 | 第3学期 | 电路分析基础、电子技术基础、电工操作技能实训 |
| 2 | | 电工（中级）职业资格证书 | 中级 | 柳州市人力资源和社会保障局 | 第3学期 | |
| 3 | | 轨道交通电气设备装调 | 中级 | 中国中车集团有限公司 | 第4学期 | 电气控制技术、PLC应用技术、自动控制系统、单片机与传感器应用技术 |
| 4 | | 工业互联网实施与运维 | 中级 | 江苏徐工信息技术股份有限公司 | 第4学期 | 工业网络与组态技术、自动线安装与调试、工业机器人应用技术 |
| 1 | 机电一体化技术专业职业资格（技能）证书 | 特种作业操作证（低压电工作业） | 上岗证 | 柳州市安监局 | 第3学期 | 电路分析基础、电子技术基础、电工操作技能实训 |
| 2 | | 电工（中级）职业资格证书 | 中级 | 柳州市人力资源和社会保障局 | 第3学期 | |
| 3 | | 工业互联网实施与运维 | 中级 | 江苏徐工信息技术股份有限公司 | 第4学期 | 可编程控制器应用技术、电气控制应用技术、自动线安装与调试、工业机器人编程与调试 |
| 1 | 工业机器人技术专业职业资格（技能）证书 | 特种作业操作证（低压电工作业） | 上岗证 | 柳州市安监局 | 第3学期 | 电路分析基础、电子技术基础、电工操作技能实训 |
| 2 | | 电工（中级）职业资格证书 | 中级 | 柳州市人力资源和社会保障局 | 第3学期 | |
| 3 | | 工业互联网实施与运维 | 中级 | 江苏徐工信息技术股份有限公司 | 第4学期 | 电气控制系统设计与安装、可编程控制器应用技术、工业机器人系统调试运行、工业机器人系统维护 |

注：专业群各专业（方向）的职业资格（技能）证书可以在群内专业中相互选择。

（2）证书获取要求

铁道信号自动控制专业：在取得学历证书的同时，本专业毕业生要求必须参加电工操作技能鉴定，争取获得《低压电工作业证》职业技能证书；必须参加信号工职业技能鉴定，获得信号工（四级）职业资格证书或技能等级证书，如未获得，则按同等标准进行校内鉴定；必须获得全国计算机等级证书、国家普通话水平测试等级证书；争取获得全国高等学校英语应用能力等级证书、轨道交通电气设备装调职业技能等级证书、轨道交通装备无损检测职业技能等级证书。

城市轨道交通机电技术专业：在取得学历证书的同时，本专业毕业生必须获得特种作业操作证（低压电工作业）、全国计算机等级考试一级证书、国家普通话水平测试等级证书等职业资格证书或技能等级证书；争取获得全国高等学校英语应用能力等级证书、轨道交通电气设备装调职业技能等级证书。

城市轨道交通通信信号技术专业：在取得学历证书的同时，本专业毕业生必须取得《特种作业操作证（低压电工作业）》；争取获得《信号工（四级）》证书；必须获得全国计算机等级证书、国家普通话水平测试等级证书；争取获得全国高等学校英语应用能力等级证书、轨道交通电气设备装调职业技能等级证书、轨道交通装备无损检测职业技能等级证书。

电气自动化技术专业：在取得学历证书的同时，本专业毕业生争取获得《电工特种作业操作证(低压电工作业)》《电工(中级)》职业资格证书；必须获得全国计算机等级证书、国家普通话水平测试等级证书；争取获得全国高等学校英语应用能力等级证书、轨道交通电气设备装调职业技能等级证书、工业互联网实施与运维职业技能等级证书。

机电一体化技术专业：在取得学历证书的同时，本专业毕业生争取获得《电工特种作业操作证(低压电工作业)》《电工(中级)》职业资格证书；必须获得全国计算机等级证书、国家普通话水平测试等级证书；争取获得全国高等学校英语应用能力等级证书、工业互联网实施与运维职业技能等级证书。

工业机器人技术专业：在取得学历证书的同时，本专业毕业生争取获得《电工特种作业操作证(低压电工作业)》《电工(中级)》职业资格证书；必须获得全国计算机等级证书、国家普通话水平测试等级证书；争取获得全国高等学校英语应用能力等级证书、工业互联网实施与运维职业技能等级证书。

### 2.5.6 课程体系与核心课程(教学内容)

1. 典型工作任务与职业能力分析(表2.4)

**表2.4 工作任务与职业能力分析表**

| 典型工作任务 | | 职业能力 |
|---|---|---|
| 铁道信号自动控制专业 | T1：车站与区间信号设备维修 | A1-1：掌握车站与区间现场信号设备的安装、调试和操作；<br>A1-2：熟练掌握车站与区间现场信号设备检修的全流程及标准；<br>A1-3：掌握车站与区间现场信号设备的故障处理方法和技巧；<br>A1-4：具有沟通与交际能力，创新能力，社会责任意识 |
| | T2：电子与电气设备检修 | A2-1：掌握铁路现场和控制中心信号电子与电气设备的安装、调试和操作；<br>A2-2：熟练掌握铁路现场和控制中心信号电子与电气设备检修的全流程及标准；<br>A2-3：熟练掌握计算机和通信设备的操作；<br>A2-4：掌握铁路现场和控制中心信号电子与电气设备的故障处理方法和技巧；<br>A2-5：具有创新能力，灵活应变能力，沟通能力 |
| | T3：高速铁路现场信号设备维修 | A3-1：掌握高速铁路车站与区间现场信号设备的安装、调试、操作技巧；<br>A3-2：熟练掌握高速铁路车站与区间现场信号设备检修的全流程及标准；<br>A3-3：掌握高速铁路车站与区间现场信号设备的故障处理方法和技巧；<br>A3-4：具有沟通与交际能力，创新能力，社会责任意识 |
| | T4：高速铁路动车组车载信号设备维修 | A4-1：掌握高速铁路动车组车载信号设备的安装、调试、操作技巧；<br>A4-2：熟练掌握高速铁路动车组车载信号设备检修的全流程及标准；<br>A4-3：掌握高速铁路动车组车载信号设备的故障处理方法和技巧；<br>A4-4：具有创新能力，灵活应变能力，沟通能力 |
| | T5：高速铁路控制中心信号设备维修 | A5-1：掌握高速铁路控制中心信号设备的安装、调试、操作技巧；<br>A5-2：熟练掌握高速铁路控制中心信号设备检修的全流程及标准；<br>A5-3：掌握高速铁路控制中心信号设备的故障处理方法和技巧；<br>A5-4：具有创新能力，灵活应变能力，沟通能力 |

续上表

| 典型工作任务 | | 职业能力 |
|---|---|---|
| 城市轨道交通机电技术专业 | T1:城市轨道交通机电设备检修 | A1-1:掌握城市轨道交通机电、电梯、空调制冷、综合监控系统和低压电器设备的装配、调试和操作;<br>A1-2:熟练掌握城市轨道交通机电、电梯、空调制冷、综合监控系统和低压电器设备检修的全流程及标准;<br>A1-3:掌握城市轨道交通机电、电梯、空调制冷、综合监控系统和低压电器设备的故障处理方法和技巧;<br>A1-4:具有沟通与交际能力;社会责任意识;突发事件处理能力 |
| | T2:城市轨道交通AFC设备检修 | A2-1:掌握城市轨道交通机电、电梯、空调制冷、综合监控系统和低压电器设备的装配、调试和操作;<br>A2-2:熟练掌握城市轨道交通机电、电梯、空调制冷、综合监控系统和低压电器设备检修的全流程及标准;<br>A2-3:掌握城市轨道交通机电、电梯、空调制冷、综合监控系统和低压电器设备的故障处理方法和技巧;<br>A2-4:具有沟通与交际能力;社会责任意识;突发事件处理能力 |
| 城市轨道交通通信信号技术专业 | T1:城市轨道交通正线信号设备维修 | A1-1:掌握城市轨道交通正线联锁和列车运行控制系统现场设备的装配、调试和操作;<br>A1-2:熟练掌握城市轨道交通正线联锁和列车运行控制系统现场设备检修的全流程及标准;<br>A1-3:掌握城市轨道交通正线联锁和列车运行控制系统现场设备的故障处理方法和技巧;<br>A1-4:具有沟通与交际能力;创新能力;社会责任意识;突发事件处理能力 |
| | T2:城市轨道交通车载信号设备维修 | A2-1:掌握城市轨道交通车载信号设备的安装、调试和操作;<br>A2-2:熟练掌握城市轨道交通车载信号设备检修的全流程及标准;<br>A2-3:掌握城市轨道交通车载信号设备的故障处理方法和技巧;<br>A2-4:具有沟通与交际能力;创新能力;社会责任意识;突发事件处理能力 |
| | T3:城市轨道交通控制中心 ATS 设备维修 | A3-1:掌握城市轨道交通控制中心 ATS 设备的安装、调试和操作;<br>A3-2:熟练掌握城市轨道交通控制中心 ATS 设备检修的全流程及标准;<br>A3-3:掌握城市轨道交通控制中心 ATS 设备的故障处理方法和技巧;<br>A3-4:具有沟通与交际能力;创新能力;社会责任意识;突发事件处理能力 |
| | T4:城市轨道交通车辆段信号设备维修 | A4-1:掌握城市轨道交通车辆段联锁和列车运行控制系统现场设备的装配、调试和操作;<br>A4-2:熟练掌握城市轨道交通车辆段联锁和列车运行控制系统现场设备检修的全流程及标准;<br>A4-3:掌握城市轨道交通车辆段联锁和列车运行控制系统现场设备的故障处理方法和技巧;<br>A4-4:具有沟通与交际能力;创新能力;社会责任意识;突发事件处理能力 |
| 电气自动化技术专业 | T1:电气与自动控制系统设备工程 | A1-1:熟练掌握电气与自动控制系统设备(含轨道交通信号设备)的生产、安装、调试和操作;<br>A1-2:掌握电气与自动控制系统设备(含轨道交通信号设备)的技术改造;<br>A1-3:具有沟通与交际能力;创新能力;社会责任意识;突发事件处理能力 |
| | T2:电气与自动控制系统设备营销 | A2-1:掌握电气与自动控制系统设备(含轨道交通信号设备)的销售;<br>A2-2:掌握电气与自动控制系统设备(含轨道交通信号设备)的技术服务;<br>A2-3:具有沟通与交际能力;社会责任意识;突发事件处理能力 |

续上表

| 典型工作任务 | | 职业能力 |
|---|---|---|
| 机电一体化技术专业 | T1:机械与电气设备工程 | A1-1:掌握机电一体化设备维修;<br>A1-2:掌握自动生产线运维;<br>A1-3:掌握工业机器人操作、运维与应用编程;<br>A1-4:具有沟通与交际能力;创新能力;社会责任意识;突发事件处理能力 |
| | T2:机械与电气设备管理 | A2-1:掌握机电一体化设备生产管理;<br>A2-2:掌握机电一体化设备销售和技术支持;<br>A2-3:掌握机电一体化设备技改等;<br>A2-4:具有沟通与交际能力;社会责任意识;突发事件处理能力 |
| 工业机器人技术专业 | T1:机械与电气设备工程 | A1-1:掌握工业机器人设备维修;<br>A1-2:掌握自动生产线运维;<br>A1-3:掌握工业机器人应用;<br>A1-4:具有沟通与交际能力;创新能力;社会责任意识;突发事件处理能力 |
| | T2:机械与电气设备管理 | A2-1:掌握工业机器人设备生产管理;<br>A2-2:掌握工业机器人设备销售和技术支持;<br>A2-3:掌握工业机器人设备技改;<br>A2-4:具有沟通与交际能力;社会责任意识;突发事件处理能力 |

注:①表中“典型工作任务”栏以T开头进行编码,例如“T2”表示第2项典型工作任务的代码。

②表中“职业能力”栏以A开头进行编码,例如“A2-3”表示第2项典型工作任务对应的第3项职业能力的代码。

2. 专业群课程设置

(1)专业群基础平台课程(表2.5)

**表2.5 群理论平台课程设置表**

| 课程名称 | 典型工作任务 | 主要教学内容 | 参考学时 | 类别 |
|---|---|---|---|---|
| 铁道/城轨概论 | 铁道信号自动控制专业:T1～T5;<br>城市轨道交通机电技术专业:T1、T2;<br>城市轨道交通通信信号技术专业:T1～T4;<br>电气自动化技术专业:T1;<br>机电一体化技术专业:T1;<br>工业机器人专业:T1 | 铁路发展概况、铁路线路设备与运输组织、高速铁路及重载运输 | 26 | 理论课 |
| 电路分析基础 | 铁道信号自动控制专业:T1～T5;<br>城市轨道交通机电技术专业:T1、T2;<br>城市轨道交通通信信号技术专业:T1～T4;<br>电气自动化技术专业:T1、T2;<br>机电一体化技术专业:T1、T2;<br>工业机器人专业:T1、T2 | 电路的基本概念及基本规律、直流电路、正弦交流电路、谐振电路、互感电路、三相交流电路、磁路与铁芯线圈 | 72 | 理论课 |
| 电子技术基础 | 铁道信号自动控制专业:T1～T5;<br>城市轨道交通机电技术专业:T1、T2;<br>城市轨道交通通信信号技术专业:T1～T4;<br>电气自动化技术专业:T1、T2;<br>机电一体化技术专业:T1、T2;<br>工业机器人专业:T1、T2 | 半导体二极管及应用、双极型三极管及放大电路、集成运算放大电路及应用、放大电路中的反馈与振荡电路、低频功率放大器、直流稳压电源、晶闸管及可控整流电路、集成逻辑门、组合逻辑电路、触发器、常用时序逻辑电路、脉冲波形的产生与整形、A/D和D/A转换电路 | 84 | 理论课 |

续上表

| 课程名称 | 典型工作任务 | 主要教学内容 | 参考学时 | 类　别 |
|---|---|---|---|---|
| 单片机与传感器应用技术 | 铁道信号自动控制专业:T2、T4、T5;<br>城市轨道交通机电技术专业:T1、T2;<br>城市轨道交通通信信号技术专业:T1～T4;<br>电气自动化技术专业:T1、T2;<br>机电一体化技术专业:T1、T2;<br>工业机器人专业:T1、T2 | 传感器技术基础、温度传感器、力传感器、光电式传感器、物位传感器、位移传感器、环境量检测传感器、单片机和最小应用系统、单片机系统开发软件的使用、单片机C语言基础、单片机系统设计项目实践 | 48 | 理论课 |
| 铁路/城轨安全规章 | 铁道信号自动控制专业:T1～T5;<br>城市轨道交通机电技术专业:T1、T2;<br>城市轨道交通通信信号技术专业:T1～T4;<br>电气自动化技术专业:T2;<br>机电一体化技术专业:T2;<br>工业机器人专业: T2 | 《铁路安全管理条例》《铁路交通事故调查处理规则》《铁路电务安全规则》《铁路信号维护规则》中关于保障铁路人身安全、行车安全、设备安全的相关知识 | 24 | 理论课 |
| 公共礼仪 | 铁道信号自动控制专业:T1～T5;<br>城市轨道交通机电技术专业:T1、T2;<br>城市轨道交通通信信号技术专业:T1～T4;<br>电气自动化技术专业:T2;<br>机电一体化技术专业:T2;<br>工业机器人专业:T2 | 公关礼仪概述、见面礼仪、见面礼节训练、服饰礼仪、仪容礼仪、仪表仪容训练、仪态礼仪、仪态礼仪训练、交谈礼仪、访送礼仪、宴席礼仪 | 24 | 理论课 |
| 计算机辅助制图 | 铁道信号自动控制专业:T1～T5;<br>城市轨道交通机电技术专业:T1、T2;<br>城市轨道交通通信信号技术专业:T1～T4;<br>电气自动化技术专业:T1、T2;<br>机电一体化技术专业:T1、T2;<br>工业机器人专业:T1、T2 | CAD绘图的基本知识方法、利用CAD绘制信号电路图的方法与流程、熟练操作CAD绘图软件、快速准确绘制信号专业图纸 | 24 | 实践课 |
| 电路认知与焊接实训 | 铁道信号自动控制专业:T1～T5;<br>城市轨道交通机电技术专业:T1、T2;<br>城市轨道交通通信信号技术专业:T1～T4;<br>电气自动化技术专业:T1、T2;<br>机电一体化技术专业:T1、T2;<br>工业机器人专业:T1、T2 | 指针式万用表工作原理、色环电阻识别及检测、指针式万用表校表及测量电路基本参数的方法、电烙铁的使用方法及焊接工艺 | 24 | 实践课 |
| 电工操作技能实训 | 铁道信号自动控制专业:T1～T5;<br>城市轨道交通机电技术专业:T1、T2;<br>城市轨道交通通信信号技术专业:T1～T4;<br>电气自动化技术专业:T1、T2;<br>机电一体化技术专业:T1、T2;<br>工业机器人专业:T1、T2 | 单项配电盘及日光灯电路安装(电感镇流器、启辉器和电容器及电子镇流器两种接法);三相电度表带电流互感器电路的安装;三相异步电动机首尾极性判别;三相异步电动机点动控制电路、具有过载保护的三相异步电动机自锁控制电路的安装、调试及故障排查;三相异步电动机接触器互锁的正反转控制电路和三相异步电动机按钮互锁正反转控制电路的安装、调试及故障排查;三相异步电动机按钮和接触器双重互锁正反转控制电路的安装、调试及故障排查;触电急救操作训练 | 48 | 实践课 |

注:表中“典型工作任务”栏填写表2.4中任务编号。

(2)专业核心课程(表 2.6)

**表 2.6 专业核心课程设置表**

| 专业 | 序号 | 课程名称 | 典型工作任务 | 主要教学内容 | 开设学期 | 参考学时 |
|---|---|---|---|---|---|---|
| 铁道信号自动控制 | 1 | 铁路信号基础设备维护 | T1、T2、T3、T4、T5 | K1-1:信号继电器、信号显示与信号机、信号机的检修与维护、轨道电路、轨道电路常见故障分析与处理;<br>K1-2:道岔转辙设备、转辙机的日常养护与检修;<br>K1-3:防雷和接地装置、铁路信号系统基本知识 | 2 | 84 |
| | 2 | 铁路车站自动控制系统维护 | T1、T3 | K2-1:6502 电气集中设备的基本组成、电路基本原理及动作过程、操作使用方法及电路简单故障处理方法;<br>K2-2:典型计算机联锁系统的体系结构、硬件组成与功能、接口电路控制原理、日常维护和故障处理方法;<br>K2-3:道岔控制电路和信号机点灯电路的组成、工作原理和故障处理方法;车站联锁设备的日常检修维护程序及标准 | 3 | 84 |
| | 3 | 铁路区间自动控制系统维护 | T1、T3 | K3-1:闭塞的认知、64D 型继电半自动闭塞设备工作原理与故障处理、计轴自动站间闭塞的构成及工作原理;<br>K3-2:ZPW-2000 系列无绝缘自动闭塞设备整体认知、ZPW-2000 系列无绝缘自动闭塞设备工作原理、ZPW-2000 系列无绝缘自动闭塞设备综合测试及故障处理;<br>K3-3:高速铁路 ZPW-2000 系列自动闭塞设备系统的原理与应用、区间逻辑检查原理及应用、改变运行方向电路的认知及办理、改变运行方向的工作原理 | 3 | 60 |
| | 4 | 列车运行自动控制系统维护 | T2、T4 | K4-1:列车运行控制系统基本知识、主体化机车信号组成及工作原理、机车信号低频信息的定义、分配及使用;<br>K4-2:列车运行监控装置系统组成及工作原理、列车运行监控装置的相关设备;<br>K4-3:CTCS-2 级列控系统;<br>K4-4:CTCS-3 级列控系统;<br>K4-5:站内轨道电路电码化及电码化设备 | 4 | 60 |
| | 5 | 铁路信号设计与施工 | T1、T3 | K5-1:车站信号平面布置图的设计与识读;<br>K5-2:控制台盘面图的识读;<br>K5-3:组合连接图与组合排列表的设计与识读;<br>K5-4:电缆径路图设计;<br>K5-5:配线图表识读;<br>K5-6:信号电缆工程、信号机安装、转辙机安装、轨道电路安装;<br>K5-7:室内设备的安装与试验 | 4 | 60 |

续上表

| 专　业 | 序号 | 课程名称 | 典型工作任务 | 主要教学内容 | 开设学期 | 参考学时 |
|---|---|---|---|---|---|---|
| 铁道信号自动控制 | 6 | 铁路信号集中监测系统运用与维护 | T1、T2、T3、T5 | K6-1:铁路信号集中监测系统结构;<br>K6-2:车站监测子系统功能及界面操作;<br>K6-3:铁路信号集中监测系统采集原理、铁路信号集中监测系统接口;<br>K6-4:信号集中监测系统监测曲线分析 | 4 | 40 |
| 城市轨道交通机电技术 | 1 | 城市轨道交通风水电检修技术 | T1 | K1-1:城市轨道交通通风空调系统给排水系统;<br>K1-2:低压配电系统的概述、组成及工作原理、设备维护、常见故障及处理方法等知识 | 4 | 48 |
| | 2 | 电气控制与PLC技术 | T1、T2 | K2-1:认识常用低压电器;<br>K2-2:三相异步电机电气控制线路;<br>K2-3:认识PLC、PLC基本指令应用;<br>K2-4:PLC应用系统设计方法;<br>K2-5:PLC功能指令;<br>K2-6:S7-200的通信与网络 | 2 | 74 |
| | 3 | 城轨自动化系统与门禁维护 | T1、T2 | K3-1:城轨自动化系统与门禁概述;<br>K3-2:综合监控系统技术基础(现场总线与工业以太网技术应用、可编程控制器PLC与变频器应用、数据库技术应用);<br>K3-3:综合监控系统组成及操作维护;<br>K3-4:综合监控系统与相关专业接口;<br>K3-5:综合监控系统运行维护与故障处理;<br>K3-6 BAS系统、BAS系统运行管理与故障处理;<br>K3-7 FAS系统、FAS系统运行管理与故障处理;<br>K3-8:气体灭火系统的组成原理、操作维护、故障处理;<br>K3-9:门禁系统的组成原理、操作维护、故障处理 | 4 | 60 |
| | 4 | 城轨AFC系统维护 | T2 | K4-1:AFC整体架构;<br>K4-2:车站计算机系统操作维护;<br>K4-3:自动售票机操作维护;<br>K4-4:自动检票机操作维护;<br>K4-5:人工售票机操作维护 | 4 | 74 |
| | 5 | 城轨站台门与电扶梯设备维护 | T1 | K5-1:常用机械工程材料的种类、牌号、性能及应用;<br>K5-2:常用机械传动装置;<br>K5-3:常用机械零件、轮系;<br>K5-4:站台门的机械结构、门机系统;<br>K5-5:控制与监视系统、电源系统、运行维护和故障处理,以及电扶梯的设备结构、控制原理、运行维护和故障处理 | 4 | 60 |

续上表

| 专　业 | 序号 | 课程名称 | 典型工作任务 | 主要教学内容 | 开设学期 | 参考学时 |
|---|---|---|---|---|---|---|
| 城市轨道交通机电技术 | 6 | 电力电子与变频调速技术 | T1、T2 | K6-1:常用电力电子器件介绍及选择;<br>K6-2:变频调速原理;<br>K6-3:变频器的参数设置和功能选择;<br>K6-4:变频器的选择、安装与调试;<br>K6-5:触摸屏与变频器、变频调速技术的综合应用;<br>K6-6:变频调速技术实训 | 2 | 68 |
| 城市轨道交通通信信号技术 | 1 | 城轨信号基础设备 | T1、T2、T3、T4 | K1-1:信号继电器、信号显示与信号机、信号机的检修与维护、轨道电路、轨道电路常见故障分析与处理;<br>K1-2:道岔转辙设备、转辙机的日常养护与检修;<br>K1-3:防雷和接地装置、城轨信号系统基本知识 | 2 | 84 |
| | 2 | 联锁系统运行与维护 | T1、T4 | K2-1:6502电气集中设备的基本组成、电路基本原理及动作过程、操作使用方法,以及电路简单故障处理方法;<br>K2-2:典型计算机联锁系统的体系结构、硬件组成与功能、接口电路控制原理、日常维护和故障处理方法;<br>K2-3:道岔控制电路和信号机点灯电路的组成、工作原理和故障处理方法;<br>K2-4:车站联锁设备的日常检修维护程序及标准 | 3 | 78 |
| | 3 | 城轨专用通信系统维护 | T3 | K3-1:城轨专用通信系统概述;<br>K3-2:城轨专用电话系统;<br>K3-3:城轨闭路电视监控系统;<br>K3-4:城轨乘客信息系统 | 3 | 28 |
| | 4 | 列车自动控制技术 | T1、T2 | K4-1:列车自动控制系统认知;<br>K4-2:列车自动控制系统基本原理;<br>K4-3:列车自动控制系统技术应用 | 3 | 78 |
| | 5 | 城轨正线信号系统维护 | T1 | K5-1:城市轨道交通运行控制系统认知;<br>K5-2:城市轨道交通运营行车组织轨道空闲检测设备维护;<br>K5-3:计轴系统设备的维护;<br>K5-4:信标(应答器)维护;<br>K5-5:信号机的检修;<br>K5-6:道岔转换装置的维护;<br>K5-7:正线信号联锁系统的维护;<br>K5-8:正线信号设备维护实训 | 4 | 84 |
| | 6 | 城轨无线集群系统与设备维护 | T1、T2、T3、T4 | K6-1:无线传输与移动通信知识认知;<br>K6-2:集群移动通信系统知识认知;<br>K6-3:集群移动通信技术认知;<br>K6-4:集群移动通信系统体制认知;<br>K6-5:城市轨道交通中的无线集群系统使用方法;<br>K6-6:城轨信号系统的无线传输技术 | 4 | 28 |

续上表

| 专业 | 序号 | 课程名称 | 典型工作任务 | 主要教学内容 | 开设学期 | 参考学时 |
|---|---|---|---|---|---|---|
| 电气自动化技术 | 1 | 电气控制技术 | T1、T2 | K1-1：常用低压电器的结构原理、国标符号、国家标准及应用；<br>K1-2：识别电器铭牌及常用低压电器的使用方法；<br>K1-3：电气控制基本电路的原理分析；<br>K1-4：典型机床电气控制电路原理分析、电气控制设计基础 | 2 | 72 |
| | 2 | PLC应用技术 | T1、T2 | K2-1：PLC工作原理；<br>K2-2：PLC硬件系统设计及选型、PLC基本逻辑指令、软件编程使用方法；<br>K2-3：典型逻辑（简单模拟量）控制方法、PLC控制系统的安装与调试 | 2 | 72 |
| | 3 | 供配电技术 | T1、T2 | K3-1：工厂供电及电力电源的基本知识；<br>K3-2：工厂变配电所及供配电设备功能和使用；<br>K3-3：工厂变配电所电气主接线方案、工厂电力网络构成和特点；<br>K3-4：工厂电力负荷和短路计算、供电线路的导线和电缆使用及选择；<br>K3-5：工厂供配电系统和保护功能、工厂供配电系统二次回路和自动装置功能 | 4 | 72 |
| | 4 | 自动调速系统 | T1、T2 | K4-1：直流调速系统、交流调速系统的基本原理及应用知识；<br>K4-2：直流单闭环控制系统、直流双闭环控制系统；<br>K4-3：交流变频调速的多段速控制、交流变频的无级调速系统应用 | 4 | 72 |
| | 5 | 自动控制系统 | T1、T2 | K5-1：自动控制系统的基本知识、组成；<br>K5-2：自动控制系统的时域、频域分析；<br>K5-3：自动控制系统的工程分析方法、工作原理、性能分析和系统调试；<br>K5-4：伺服等控制系统的特点、系统组成、性能要求与调试方法等知识 | 4 | 40 |
| | 6 | 工业网络与组态技术 | T1、T2 | K6-1：工业网络基本知识、各类现场总线、工业以太网等基本知识；<br>K6-2：组态软件的基本知识、系统构成；<br>K6-3：组态软件的安装、使用、配置和案例开发等 | 5 | 72 |
| | 7 | 自动化生产线安装与调试 | T1、T2 | K7-1：现场总线、工业以太网、人机界面与数据采集；<br>K7-2：围绕自动生产线控制系统设计、自动生产线安装、调试 | 5 | 72 |

续上表

| 专业 | 序号 | 课程名称 | 典型工作任务 | 主要教学内容 | 开设学期 | 参考学时 |
|---|---|---|---|---|---|---|
| 机电一体化技术 | 1 | 可编程控制器应用技术 | T1、T2 | K1-1:S7-200 PLC的基本指令、功能指令；<br>K1-2:梯形图程序设计法及PLC综合应用 | 4 | 72 |
| | 2 | 液压与气动技术 | T1、T2 | K2-1:液压与气压传动的工作原理、工作介质及其主要性能和参数；<br>K2-2:常用液压与气动元件的结构类型及图形符号；<br>K2-3:典型液压与气动回路的功能及应用、液压系统实例分析及气动系统设计举例、气动系统的故障诊断与排除方法 | 4 | 68 |
| | 3 | 机械CAD/CAM | T1、T2 | K3-1:机械CAM常用软件的使用；<br>K3-2:平面草图、曲面零件的机械设计；<br>K3-3:三维机械模具设计；数控仿真及优化等 | 5 | 72 |
| | 4 | 电机控制应用技术 | T1、T2 | K4-1:步进电机、伺服电机的工作原理；<br>K4-2:步进电机伺服系统、直流伺服系统、交流伺服系统、位置伺服系统与多轴运动协调控制 | 4 | 68 |
| | 5 | 工业机器人离线编程与仿真 | T1、T2 | K5-1:工业机器人的基本组成和结构；<br>K5-2:工业机器人编程方法；工业机器人安装、调试、维护方法等 | 5 | 48 |
| | 6 | 自动化生产线安装与调试 | T1、T2 | K6-1:现场总线、工业以太网、人机界面与数据采集；<br>K6-2:自动生产线控制系统设计；自动生产线安装、调试 | 5 | 72 |
| 工业机器人技术 | 1 | 工业机器人离线编程与仿真 | T1、T2 | K1-1:工业机器人的基本组成和结构；<br>K1-2:工业机器人编程方法；工业机器人安装、调试、维护方法等 | 5 | 72 |
| | 2 | 工业机器人系统调试运行 | T1、T2 | K2-1:工业机器人的基本组成和结构；<br>K2-2:工业机器人编程方法；工业机器人安装、调试、维护方法等；<br>K2-3:六轴串联机器人机械系统认知、模块化串联机器人机械系统的拆装、工业机器人系统认知与组装 | 4 | 72 |
| | 3 | 液压与气动技术 | T1、T2 | K3-1:液压与气压传动的工作原理、工作介质及其主要性能和参数；<br>K3-2:常用液压与气动元件的结构类型及图形符号、典型液压与气动回路的功能及应用；<br>K3-3:液压系统实例分析及气动系统设计举例、气动系统的故障诊断与排除方法 | 4 | 68 |
| | 4 | 可编程控制器应用技术 | T1、T2 | K4-1:S7-200 PLC的基本指令、功能指令；<br>K4-2:梯形图程序设计法及PLC综合应用 | 2 | 72 |
| | 5 | 工业机器人应用系统集成 | T1、T2 | K5-1:现场总线、工业以太网、人机界面与数据采集；<br>K5-2:自动生产线控制系统设计；自动生产线安装、调试 | 5 | 48 |

续上表

| 专　　业 | 序号 | 课程名称 | 典型工作任务 | 主要教学内容 | 开设学期 | 参考学时 |
|---|---|---|---|---|---|---|
| 工业机器人技术 | 6 | 工业机器人系统维护 | T1、T2 | K6-1：工业机器人系统基本参数设定；<br>K6-2：电气系统安装与维护、机械系统安装与维护、外围系统安装及维护、软件系统维护、故障诊断及排除 | 4 | 64 |
| | 7 | 工业机器人应用系统建模 | T1、T2 | K7-1：学习三维线框造型及曲面造型：构图面、视角、构图深度的设置；直纹曲面三维线架模型、修剪打断；<br>K7-2：网格曲面三维线架模型、三维线架模型的空间转换、直纹、举升曲面的构建、手动绘制曲线、网格、旋转、扫描曲面构造、挤出曲面、平整曲面、实体生成曲面、曲面修剪、延伸、分割、倒圆角、曲面熔接等；<br>K7-3：三维实体建模：实体挤出、拉伸设置，实体抽壳、倒圆角、倒角操作 | 5 | 72 |

注：表中“典型工作任务”栏填写表 2.4 中任务编号。

### 2.5.7 素质拓展学分与第二课堂活动

1. 鼓励获取的高水平职业资格(技能)证书

铁道信号自动控制专业：鼓励获取的高水平技能证书为 CET-4、高级信号工、全国计算机等级考试二级证书。

城市轨道交通机电技术专业：鼓励获取的高水平技能证书为 CET-4、高级信号工、全国计算机等级考试二级证书。

城市轨道交通通信信号技术专业：鼓励获取的高水平技能证书为 CET-4、高级信号工、全国计算机等级考试二级证书。

电气自动化技术专业：鼓励获取的高水平技能证书为 CET-4、全国计算机等级考试二级证书。

机电一体化技术专业：鼓励获取的高水平技能证书为 CET-4、全国计算机等级考试二级证书。

工业机器人技术专业：鼓励获取的高水平技能证书为 CET-4、全国计算机等级考试二级证书。

2. 在校期间学生可参与的技能竞赛

铁道信号自动控制专业：全国职业院校技能大赛；“互联网＋”大学生创新创业大赛；全国大学生数学建模竞赛；全国大学生电子设计竞赛等。

城市轨道交通机电技术专业：全国职业院校技能大赛；“互联网＋”大学生创新创业大赛；全国大学生数学建模竞赛；全国大学生电子设计竞赛等。

城市轨道交通通信信号技术专业：全国职业院校技能大赛；“互联网＋”大学生创新创业大赛；全国大学生数学建模竞赛；全国大学生电子设计竞赛等。

电气自动化技术专业：全国职业院校技能大赛；“互联网＋”大学生创新创业大赛；全国大学生数学建模竞赛；全国大学生电子设计竞赛等。

机电一体化技术专业：全国职业院校技能大赛；“互联网＋”大学生创新创业大赛；全国大学生数学建模竞赛；全国大学生电子设计竞赛等。

工业机器人技术专业：全国职业院校技能大赛；“互联网＋”大学生创新创业大赛；全国大学生数学建模竞赛；全国大学生电子设计竞赛等。

3. 在校期间学生可参与的专业社团

班华明技能大师工作室、郑志明技能大师工作室、信号协会、无线电协会等。

4. 其他为学生提供的第二课堂活动

创新创业社团活动、学术讲座、科技报告、讨论会、辩论会、演讲比赛活动、英语晋级活动、社会考察、勤工俭学、公关礼仪培训等。

### 2.5.8 学时与学分分配（表 2.7～表 2.12）

**表 2.7 铁道信号自动控制专业课时与学分分配表**（2019 级）

| 课程类别与性质 | | 课程门数 | 基本学分分配 | | 基本学时分配 | | 其他重要学分学时分配 | | | 备注 |
|---|---|---|---|---|---|---|---|---|---|---|
| | | | 学分 | 学分占比 | 学时 | 学时占比 | 选修学分 | 选修课学时 | 实践学时 | |
| 公共基础课 | 必修 | 16 | 42 | 25.30% | 642 | 22.70% | 0 | 0 | 96 | |
| | 专项选修 | 3 | 6 | 3.60% | 84 | 3.00% | 0 | 0 | 78 | |
| 公共选修课与美育选修课 | 任选 | 2 | 6 | 3.60% | 90 | 3.20% | 6 | 90 | 0 | |
| 群平台基础课 | 必修 | 9 | 24.5 | 14.80% | 350 | 12.40% | 0 | 0 | 148 | |
| 群平台核心课 | 必修 | 6 | 23 | 13.90% | 388 | 13.70% | 0 | 0 | 68 | |
| 专业主干课 | 必修 | 13 | 51.5 | 31.00% | 1 052 | 37.20% | 0 | 0 | 940 | |
| 群平台拓展课 | 限选 | 7 | 13 | 7.80% | 220 | 7.80% | 7.5 | 220 | 138 | |
| 合　　计 | | 56 | 166 | 100% | 2 826 | 100% | 13.5 | 310 | 1 468 | |
| 本专业群平台课学分占总学分比例：36.4%<br>本专业选修课学时占总学时比例：10.9%<br>本专业实践教学学时占总学分比例：51.9% | | | | | | | | | | |

**表 2.8 城市轨道交通机电技术专业课时与学分分配表**（2019 级）

| 课程类别与性质 | | 课程门数 | 基本学分分配 | | 基本学时分配 | | 其他重要学分学时分配 | | | 备注 |
|---|---|---|---|---|---|---|---|---|---|---|
| | | | 学分 | 学分占比 | 学时 | 学时占比 | 选修学分 | 选修课学时 | 实践学时 | |
| 公共基础课 | 必修 | 17 | 42 | 25.69% | 642 | 22.46% | 0 | 0 | 94 | |
| | 专项选修 | 1 | 2 | 1.22% | 28 | 0.98% | 0 | 0 | 28 | |
| 公共选修课与美育选修课 | 任选 | 2 | 6 | 3.67% | 90 | 3.15% | 6 | 90 | 0 | |
| 群平台基础课 | 必修 | 9 | 24.5 | 14.98% | 350 | 12.25% | 0 | 0 | 172 | |
| 群平台核心课 | 必修 | 6 | 23 | 14.07% | 384 | 13.43% | 0 | 0 | 156 | |
| 专业主干课 | 必修 | 10 | 53.5 | 32.72% | 1 166 | 40.80% | 0 | 0 | 1 096 | |
| 群平台拓展课 | 限选 | 8 | 12.5 | 7.65% | 198 | 6.93% | 7.5 | 198 | 96 | |
| 合　　计 | | 53 | 163.5 | 100% | 2 858 | 100% | 13.5 | 288 | 1 642 | |
| 本专业群平台课学分占总学分比例：36.1%<br>本专业选修课学时占总学时比例：10.1%<br>本专业实践教学学时占总学分比例：57.5% | | | | | | | | | | |

**表 2.9　城市轨道交通通信信号技术专业课时与学分分配表**(2019 级)

| 课程类别与性质 | | 课程门数 | 基本学分分配 | | 基本学时分配 | | 其他重要学分学时分配 | | | 备注 |
|---|---|---|---|---|---|---|---|---|---|---|
| | | | 学分 | 学分占比 | 学时 | 学时占比 | 选修学分 | 选修课学时 | 实践学时 | |
| 公共基础课 | 必修 | 17 | 42 | 24.71% | 642 | 22.26% | 0 | 0 | 96 | |
| | 专项选修 | 3 | 6 | 3.53% | 84 | 2.91% | 0 | 0 | 78 | |
| 公共选修课与美育选修课 | 任选 | 2 | 6 | 3.51% | 90 | 3.12% | 6 | 90 | 0 | |
| 群平台基础课 | 必修 | 9 | 23 | 13.53% | 350 | 12.14% | 0 | 0 | 148 | |
| 群平台核心课 | 必修 | 6 | 23 | 13.53% | 380 | 13.18% | 0 | 0 | 84 | |
| 专业主干课 | 必修 | 11 | 57 | 33.53% | 1 130 | 39.18% | 0 | 0 | 1 004 | |
| 群平台拓展课 | 限选 | 8 | 13 | 7.65% | 208 | 7.21% | 7.5 | 208 | 104 | |
| 合　计 | | 56 | 170 | 100% | 2 884 | 100% | 13.5 | 298 | 1 514 | |
| 本专业群平台课学分占总学分比例:36.4%<br>本专业选修课学时占总学时比例:10.3%<br>本专业实践教学学时占总学分比例:52.5% | | | | | | | | | | |

**表 2.10　电气自动化技术专业课时与学分分配表**(2019 级)

| 课程类别与性质 | | 课程门数 | 基本学分分配 | | 基本学时分配 | | 其他重要学分学时分配 | | | 备注 |
|---|---|---|---|---|---|---|---|---|---|---|
| | | | 学分 | 学分占比 | 学时 | 学时占比 | 选修学分 | 选修课学时 | 实践学时 | |
| 公共基础课 | 必修 | 17 | 42 | 25.15% | 642 | 22.33% | 0 | 0 | 96 | |
| | 专项选修 | 3 | 6 | 3.60% | 84 | 2.92% | 0 | 0 | 78 | |
| 公共选修课与美育选修课 | 任选 | 2 | 6 | 3.60% | 90 | 3.13% | 6 | 90 | 0 | |
| 群平台基础课 | 必修 | 9 | 21.5 | 12.87% | 350 | 12.17% | 0 | 0 | 134 | |
| 群平台核心课 | 必修 | 7 | 29.5 | 17.66% | 472 | 16.41% | 0 | 0 | 296 | |
| 专业主干课 | 必修 | 6 | 48.5 | 29.04% | 1 032 | 35.88% | 0 | 0 | 984 | |
| 群平台拓展课 | 限选 | 10 | 13.5 | 8.08% | 206 | 7.16% | 7.5 | 206 | 120 | |
| 合　计 | | 54 | 167 | 100% | 2 876 | 100% | 13.5 | 296 | 1 708 | |
| 本专业群平台课学分占总学分比例:38.6%<br>本专业选修课学时占总学时比例:10.3%<br>本专业实践教学学时占总学分比例:59.4% | | | | | | | | | | |

**表 2.11　机电一体化技术专业课时与学分分配表**(2019 级)

| 课程类别与性质 | | 课程门数 | 基本学分分配 | | 基本学时分配 | | 其他重要学分学时分配 | | | 备注 |
|---|---|---|---|---|---|---|---|---|---|---|
| | | | 学分 | 学分占比 | 学时 | 学时占比 | 选修学分 | 选修课学时 | 实践学时 | |
| 公共基础课 | 必修 | 17 | 42 | 25.38% | 642 | 22.42% | 0 | 0 | 80 | |
| | 专项选修 | 3 | 6 | 3.63% | 84 | 2.93% | 0 | 0 | 78 | |
| 公共选修课与美育选修课 | 任选 | 2 | 6 | 3.63% | 90 | 3.14% | 6 | 90 | 0 | |
| 群平台基础课 | 必修 | 9 | 23.5 | 14.20% | 386 | 13.48% | 0 | 0 | 172 | |
| 群平台核心课 | 必修 | 6 | 24.5 | 14.80% | 400 | 13.97% | 0 | 0 | 264 | |

续上表

| 课程类别与性质 | | 课程门数 | 基本学分分配 | | 基本学时分配 | | 其他重要学分学时分配 | | | 备注 |
|---|---|---|---|---|---|---|---|---|---|---|
| | | | 学分 | 学分占比 | 学时 | 学时占比 | 选修学分 | 选修课学时 | 实践学时 | |
| 专业主干课 | 必修 | 10 | 50.5 | 30.51% | 1 054 | 36.80% | 0 | 0 | 960 | |
| 群平台拓展课 | 限选 | 8 | 13.0 | 7.85% | 208 | 7.26% | 7.5 | 208 | 96 | |
| 合　计 | | 55 | 165.5 | 100% | 2 864 | 100% | 13.5 | 298 | 1 650 | |
| 本专业群平台课学分占总学分比例:36.9%<br>本专业选修课学时占总学时比例:10.4%<br>本专业实践教学学时占总学分比例:57.6% | | | | | | | | | | |

**表 2.12　工业机器人技术专业课时与学分分配表**(2019 级)

| 课程类别与性质 | | 课程门数 | 基本学分分配 | | 基本学时分配 | | 其他重要学分学时分配 | | | 备注 |
|---|---|---|---|---|---|---|---|---|---|---|
| | | | 学分 | 学分占比 | 学时 | 学时占比 | 选修学分 | 选修课学时 | 实践学时 | |
| 公共基础课 | 必修 | 17 | 42 | 24.71% | 642 | 22.15% | 0 | 0 | 96 | |
| | 专项选修 | 3 | 6 | 3.53% | 84 | 2.90% | 0 | 0 | 78 | |
| 公共选修课与美育选修课 | 任选 | 2 | 6 | 3.53% | 90 | 3.11% | 6 | 90 | 0 | |
| 群平台基础课 | 必修 | 10 | 24 | 14.12% | 390 | 13.46% | 0 | 0 | 172 | |
| 群平台核心课 | 必修 | 7 | 30 | 17.65% | 468 | 16.15% | 0 | 0 | 336 | |
| 专业主干课 | 必修 | 5 | 47 | 27.65% | 1 008 | 34.78% | 0 | 0 | 960 | |
| 群平台拓展课 | 限选 | 9 | 15 | 8.81% | 216 | 7.45% | 7.5 | 216 | 144 | |
| 合　计 | | 53 | 170 | 100% | 2 898 | 100% | 13.5 | 306 | 1 786 | |
| 本专业群平台课学分占总学分比例:40.6%<br>本专业选修课学时占总学时比例:10.6%<br>本专业实践教学学时占总学分比例:61.6% | | | | | | | | | | |

# 第 3 章　课程建设与教学方法

## 3.1　专业及专业群课程建设现状

课程是专业群建设成果的标志。目前铁道信号自动控制专业群成立了课程团队，建立了课程团队及课程负责人制度，由课程负责人负责课程建设工作。铁道信号自动控制专业群按照课程论的观点，联合轨道交通相关企业成立专业群建设指导委员会，校企合作进行课程体系的设计与开发，制订课程标准、课程的主要模式、课程的目标和内容、课程的评价等，将企业和社会需求与学生个体生涯需求作为培养标准，实现院校、企业共同研究，共同参与专业群课程建设与开发。

### 3.1.1　专业群课程设置

专业群课程设置以“就业为导向”，坚持以市场需求为出发点，根据企业对轨道交通信号和自动化工人的技能要求，设置合理的课程，培养具有个性特征的、有创造性的、动手能力强、具有职业生涯发展基础的技术技能型人才。按照“行业调研→岗位分析→典型工作任务分析→行动领域归纳→学习领域开发”的步骤，以轨道交通信号和自动化岗位工作任务为载体，按照“以岗导学、学训一体”的思路构建专业课程体系。把企业生产的模式和标准搬到学校里，培养学生的企业意识，毕业时实现与工作岗位无缝对接。在专业群的课程设置上调整课程体系，完善课程标准，优化教学内容。开展基于工作过程导向的课程体系建设，以职业能力作为课程标准，以典型工作任务为主线，贯穿核心课程。

近年来，铁道信号自动控制专业群课程结构在动态调整，调整特点主要有两个：一是较大幅度地提高了大学生心理成长、体育专项选修、美育选修等公共基础课程的课时，增加开设了创新创业类课程；二是大大提高了实验、实训和实习等实践课时的比例，每个专业的实践课时均超过总课时的 50%。通过对这些课程的调整逐步突出了专业素养教育和实际工作能力教育的含量，将企业的用人需求和专业群发展有机结合，培养的学生深受社会欢迎，实现了专业群对经济和市场的适应性，充分体现了“以岗导学、学训一体”人才培养模式。

### 3.1.2　专业群课程开发

职业教育经验或策略学习的特点就是让学生对职业世界和生活世界实施整体观察、发现结构关联、获得学习经验、形成经验技能。铁道信号自动控制专业群全方位地开发项目、案例或任务为导向的课程，课程的项目选择、技能训练方法和环境等具体课程实践过程以切合企业意愿为准则，将技能技术与专业发展的融合。根据不同的企业和企业发展的不同阶段，对人才的要求是不一样的，专业群通过企业调研不断地将企业需要的信息反馈给学校，学校再根据这些信息不断地对课程设置和教学内容做出调整，提高学生的岗位适应能力。以企业的发展作为课程价值的评价标准，在企业生产和管理改革中调整课程设置和课程内容，增加新技术、新设备等的教学内容，编写新教材，进而满足学生的就业需求。

### 3.1.3　专业群课程评价

课程评价，是课程建设的重点内容，课程评价包括课程体系评价和课程内容评价。高职教育培养的是技术技能型人才，所谓技能，包含两个方面：一指技术，二指学识。这也是高职教育形成两个课堂的原因，技能不能只理解为动手能力，还要有该专业的学术造诣，课程评价应在技术和学识兼顾。目前，课程评价主要有以下几种模式：目标评价模式、目标游离评价模式、外观评价模式、差距评价模式、CIPP（Context，Input，Process，Product）评价模式。目前，专业群课程采用的是目标评价模式，分为四个评价步骤，依次是确定教育目标、设计评价情境、选择和编制评价工具、分析评价结果。围绕课程建设和实施的制度机制、师资队伍、教学效果、产学合作等进行评价，在按照课程原则满足评价要求的同时，对学生进行岗位能力、社会实践能力、亲和能力及承受就业压力能力等进行评价，在课程评价过程中还采用产学项目调查、学生问卷调查、教师问卷调查等。

## 3.2　专业及专业群课程建设存在的问题

目前，铁道信号自动控制专业群学生培养是在专业群人才培养方案基础上按专业进行的，通常由专业负责人牵头进行人才需求调研，按照教育部的《高等职业学校专业教学标准（2018年）》等相关标准制订课程体系，二级学院和教研室具体组织教学实施。这种“各自为政”的教学组织模式逐渐显露出了一些弊端，不能更好地适应轨道交通产业转型升级和企业技术创新需求。

1. 课程定位欠准确

铁道信号自动控制专业群存在各专业课程定位、教学目标、课程内容相互交叉，不能很好地体现各专业特色。比如，部分专业的核心课程，在其他专业中列为了选修课，电气自动化技术专业的“电气控制与PLC技术”课程64学时，在城市轨道交通机电技术专业则为48学时，铁道信号自动控制专业的“铁路信号基础设备维护”课程96学时，在城市轨道交通通信信号技术专业则为84学时等，机电一体化技术、工业机器人专业的课程交叉较多，这就导致了专业群教学组织实施有难度，基础课程不能相通，专业区分度也不大，不能各自很好地对接产业与岗位。

2. 专业群教学资源不能共建共享

专业群各专业教学资源不能共建共享，教学组织、实施、管理困难。各专业基础课不尽相同，同一门专业课尽管内涵一致，但名称、学时、内容不一定完全一致，例如电气自动化技术、机电一体化技术、工业机器人专业的专业基础课设置、课时、课程内容和标准和其他专业有一定的差别，教学要求也有所差异，这就导致教师要按不同的课程标准组织实施教学，课程资源建设和实训室建设的要求也不尽一致。铁道信号自动控制专业群正在建设国家级立项的专业教学资源库，为了最大程度地发挥铁道信号专业教学资源库的作用，带动相关专业教学资源的开发，真正实现专业群优势资源的高效整合和共享，提升专业群建设和发展水平，必须对专业群课程进行改革。

3. 素质教育和专业结合度不够

专业群课程在教学组织实施中在专业知识和技术技能传授的同时，还重视学生综合素质和个性发展的培养，铁道信号自动控制专业群加大了通识和素质的教育，增加了公共基础课和专业限选课的课时和课程内容，但是没有结合专业特点对课程设置和教学内容进行有效整合。为了便于教学组织实施，专业限选课往往成为指定的选修课，未能真正为学生长远发展服务。

## 3.3 专业及专业群课程建设

### 3.3.1 专业及专业群课程体系的构建

1. 专业群课程体系构建的意义

(1)有利于教学资源优化配置

在职业教育过程中，教学资源和师资水平一直是至关重要的组成部分，专业群课程设置可以有效解决师资力量不足、课程设置缺乏科学性的问题，通过铁道信号自动控制专业群的课程体系构建，可以使原本分散的各个教学资源和师资力量集中起来，有利于教学资源的整合和发展，从而集中办学优势，有效降低教学成本，切实发挥专业群的积极作用，实现教学资源的优化配置，提高各个专业教学的整体质量。

(2)有利于更新专业群教学理念

随着经济社会的发展和教学改革的深入推进，教育理念需要不断丰富和完善，教育理念不符合当前的教育发展要求时，必须进行转变和创新。铁道信号自动控制专业群在实践中应用专业群的要求进行课程体系构建，对于教师教学观念的更新是非常重要的，专业群课程体系构建使教师在意识到传统教学理念缺陷的基础上，不断进行教学模式的创新和升级，积极采用全新的教学形式开展教学活动，同时有利于整合现有师资力量，实现最大化的教育目标，从而促进专业群的不断发展。

(3)有利于创新专业群教学形式

通过对学生的学习习惯和学习心理进行深入研究，就会发现教学手段和知识内容的趣味性与学习效果成正比，教师的教学手段越丰富，学生学习的积极性就越高，教学效果就会越理想。专业群课程体系构建可以在很大程度上丰富教学内容，使学生在信息化的多样化新教学模式下对学习知识产生兴趣，更好地学习和理解所学知识，深化对于专业知识的理解程度，达到理想的专业群教学目的。

(4)有利于“中、高、本”衔接的贯通

“中、高、本”衔接是指中等职业教育、专科层次职业教育及本科职业教育三个教育层次的衔接，各层次之间的贯通，旨在使学习者能更加顺畅、无拖延、无重复地，从低一层次向高一层次过渡。专业群课程体系构建能充分考虑教学内容、学生来源、教师培养等方面的因素，很好地解决衔接模式存在的各专业学生前期课程与基础课程有较大差异的问题，增强技能迁移能力，整体制订和完善人才培养方案，促进校企合作深入开展。

2. 专业群课程体系构建的方法

(1)基本思路

专业群建设遵循“产业群→专业群→课程群→能力群→知识/技能群”解构与建构思路，课程群在这个过程中扮演着承上启下的枢纽功能，要通过构建专业群课程体系实现。课程群建设的基础是能力群，要通过能力模块的构建支撑课程群建设，能力模块构建的本质依据是知识群和技能群。只有知识群、技能群对接岗位群，课程群设置才能更好地支撑专业群建设，进而更有效地对接产业群。

铁道信号自动控制专业群以职业岗位能力培养为核心，淡化专业和“中、高、本”层次界限，打破专业壁垒，融合学科专业，对接职业岗位群、国家职业标准、工作过程，构建铁道信号自动控制专业群技能的课程体系。首先构建多元融合的专业群基础平台课程，夯实专业群基本理论知识和基本实践能力，全面打好专业群基础；其次优化专业模块课程，围绕各个专业岗位核心能力，搭建专业核心课程平台，形成专业理论体系，对接工作内容与工作情景，进行实践课程整合，有针对性地开发专业技能训练方面的实践课程；注重学科交叉融合，结合最新技术、新设备的发展，增加和优化对接专业群基础课程和专业间互选的拓展类课程，培养以“生产＋维修＋设计＋施工＋销售”为核心的能力，强化专业群培养目标及专业群核心能力与专业群课程体系的对应关系，同时，构建科学和长效的专业群“中、高、本”衔接的现代职业教育体系。

(2)强化学生职业能力培养

职业教育的主要目标是提高学生的职业能力，提升学生的职业素养。在专业群课程资源优化配置实践中，应该坚持“就业为导向”，较好地融入专业群课程设置过程中，充分发挥专业群的优势作用，提高学生的综合职业能力。

铁道信号自动控制专业群在进行专业群课程设置的时候，应该根据学生的学习和就业特点，积极与轨道交通企业对接，了解企业对于轨道交通信号和自动化职业人才的需求，在专业群课程设置时，将其作为主要的教学和考核参考指标，加强与用人单位之间的联系，在学生已经具备了基本的专业知识以后，组织学生到目标企业进行实习，提高专业群课程设置的就业导向性，使学生学习的职业技能能够直接应用到实践中。同时要关注行业发展变化，及时关注前沿的技术动态和新技术、新设备等，且较好地融入专业群课程之中，还要将全国职业院校职业技能竞赛、全国大学生“互联网＋”创新创业大赛等竞赛内容融入专业群课程，打造与专业紧密结合的新型创新创业课程，提高专业群课程的先进性。

(3)开发专业群课程体系配套新型教材

教科书是知识传播的载体。在学生学习过程中，教材是主要的教学工具，同时也是学生学习的有效指导和权威的资料，关系到学生综合素养和职业能力的高低，直接影响教育教学质量。教材建设涉及教学内容、教学方法与手段、教学媒体等，既是对教学内容体系的重构，也是一套完整的教学解决方案，对于教学改革具有重要的推动作用。《国家职业教育改革实施方案》(“职教20条”)明确提出：建设一大批校企“双元”合作开发的国家规划教材，倡导使用新型活页式、工作手册式教材并配套开发信息化资源。目前，专业群教师教学过程中使用的教材采用教科书的编写体系与范式，不是活页式、工作手册式，过于注重专业理论体系的完整性与系统性，没有充分体现工作任务导向、能力本位的要求，在结构编排与内容序化上没按照专业群所传承知识的内在规律设计，不能保持同产业、行业变化的紧密跟随，这与国家职业教育“三教”改革不匹配，专业群应通过校企合作开发“互联网＋”职业教育特色教材，根据轨道交通行业企业的典型工作任务设计学习任务，接着根据学习任务设计学习活动，以引导性问题为基础、以活页式设计开发活页式教材，然后开发和制作微课、动画、视频、虚拟仿真、练习题等，形成一体化教学资源。

### 3.3.2　专业群课程标准建设

教学大纲是根据课程内容及其体系和教学计划的要求编写的教学指导文件，它以纲要的形式明确规定本课程在专业教学计划中的地位和作用，以及课程的教学目的和任务、知识技能的范围与深度、教学内容体系结构、教学进度和教学法的基本要求。

课程标准是对学生接受一定教育阶段之后的结果所做的具体描述，是教育质量在特定教育阶段应达到的具体指标，是对课程教学的基本规范和要求，是教学管理和课程评价的依据，是教材编写、教学实施和考试命题的依据。与教学大纲只注重课程结果不同，课程标准基本要素除了包含对课程目标、课程内容回答“学什么”做出解释之外，还包含课程性质、设计思路对“为什么学”做出解释，以及课程评价“学得怎么样”等关键问题，更为完整、全面。

1. 专业群课程标准建设需要明晰课程归属

铁道信号自动控制专业群课程标准的制订和完善遵循专业群人才培养方案和专业岗位的能力要求，课程目标设置服从专业群人才培养方案目标，在政府、教育权威机构或行业教学指导委员会制订的课程标准指导下进行。专业群人才培养方案将课程分为公共基础课、专业(技能)课，其中专业(技能)课又分为专业基础课、专业核心课、专业主干课、专业限选课。专业群根据课程属性确定课程地位、课程功能，专业基础课注重学生在文化素质基础、社会参与和职业发展上的全面培养，公共属性突出且各专业差异不大的课程采用政府、教育权威机构或行业教学指导委员会统一制定的课程标准并执行，专业(技能)课程标准由于其自身的差异性，又有技能国家专业教学标准的指导文件，则更适合根据实施性人才培养方案来开发，因此，专业群开发具体专业课程标准时需要明晰本课程归属。

2. 专业课课程标准制订需要注重职业性

铁道信号自动控制专业群课程标准根据专业群人才培养方案对课程的要求进行设计开发，各专业可以对专业群人才培养方案中的培养目标、就业面向、人才规格、毕业标准(职业资格)、职业岗位能力等职业特点鲜明的模块进行细化以指导课程标准制订，因此，专业群课程标准带有职业性，在课程目标、课程内容描述中需体现职业性、岗位性要求。与公共基础课程学科性特点不同，专业课程标准制订采用在“以岗导学、学训一体”人才培养模式指导下注重职业性原则。

3. 专业群课程标准建设需要注重学生主体地位

专业群课程标准是为编制教学计划、开展教学服务的，要充分考虑学生的主体地位，使学生通过课程标准，能了解所学课程的课程性质，理解所学课程在本专业中的地位，明确所学课程的课程目标，清楚所学课程的主要学习内容，并能通过课程标准中的评价标准评估自己的学习效果，进而改进自己的学习方法，充分利用信息化教学的课程资源进行线上线下混合式学习，调动学生学习的积极性和主观能动性。

4. 专业群课程标准模板(见书末附录)

### 3.3.3 专业及专业群课程建设改革

1. 深化“中高本”协同，搭建“学历教育＋职业培训”现代职教体系

通过对轨道交通和自动化企业人才需求和中职生源的特点分析，充分发挥国家铁路集团公司、全国铁道通信信号专业教学指导委员的作用，校企、校校合作，构建科学和长效的专业群“中、高、本”衔接的现代职业教育体系，包括“中职和高职衔接”对口招生、“2＋1.5＋0.5”应用本科、“3＋2”高职和本科分段培养等。通过制订和完善对口招生、“2＋1.5＋0.5”应用本科、“3＋2”分段培养等3种方式的人才培养方案，建立基于“以学生为中心，强调知识和技能应用

的教学、培训”CBE模式的实践分段式教学管理制度，开展以培养职业能力为目标的素质教育，实现中职、高职、本科无缝衔接。为适应轨道交通产业升级的需求，以培养轨道交通急需的高素质技术技能人才为目标，专业群应扩大对口招生；与本科院校联合开展“2+1.5+0.5”应用本科办学模式；与本科院校实施“3+2”专升本模式，每年选拔优秀人才进入本科学习。

修订中高职衔接专业教学标准。通过分析中职专业培养规格，根据铁路、城市轨道交通企业岗位的能力、素质特征，科学分析专业目录中与本专业相近的中职专业的人才规格、课程设置，修订与中职专业有效衔接的铁道信号自动控制专业群中、高职教学标准。

2. 对接企业岗位综合需求，开发专业群“三四五”课程体系

构建理论教学“三平台”（即基础平台、核心平台、拓展平台）、实践教学“四递进”（即基础技能→核心技能→综合技能→岗位工作技能）、创新创业教育“五位一体”（即课程学习、课堂演练、大赛锤炼、创业实践、项目孵化）的专业群课程体系，满足岗位需求。

(1)对接岗位要求，构建“三平台”专业群理论课程体系

对接轨道交通和自动化技术岗位，构建“三平台”专业群理论课程体系，其中三平台是指基础平台、核心平台、拓展平台。根据轨道交通行业发展趋势，按照“基础课程相通、核心课程分立、拓展课程互选”的原则，动态调整专业群课程设置，对应“三平台”优化专业基础课程、专业核心课程和专业拓展课程，形成专业群理论课程体系，详情见表3.1。

**表3.1 铁道信号自动控制专业群理论课程体系**

| 平台名称 | | 平台课程 |
|---|---|---|
| 基础平台 | 人文素质 | 安全教育、心理健康、体育与健康、公共英语、写作与沟通、普通话、公益劳动、军事训练、轨道交通概论、形势与政策、思政课、高等数学 |
| | 专业基础 | 电路分析基础、电子技术基础、传感器与测试技术、C语言程序设计、创业基础与就业指导、计算机文化基础 |
| 核心平台 | 铁道信号自动控制专业 | 专业核心课：铁路信号基础设备维护、铁路车站自动控制系统维护、铁路区间自动控制系统维护、列车运行自动控制系统维护、铁路信号设计与施工、铁路信号集中监测系统运用与维护；<br>专业主干课：编组站自动控制系统维护、铁路信号电源设备维护、铁路行车调度集中系统维护、铁路信号中的通信技术应用 |
| | 城市轨道交通机电技术专业 | 专业核心课：城市轨道交通风水电检修技术、城轨自动化系统与门禁维护、电气控制与PLC技术、城轨AFC系统维护、城轨站台门与电扶梯设备维护、电力电子与变频调速技术；<br>专业主干课：城轨车站机电设备、城轨车辆构造、城轨牵引供电、现场总线与组态技术应用 |
| | 城市轨道交通通信信号技术专业 | 专业核心课：城轨信号基础设备、联锁系统运行与维护、城轨专用通信系统维护、列车自动控制技术、城轨正线信号设备维护、城轨无线集群系统与设备维护；<br>专业主干课：城轨信号电源设备维护、城轨信号集中监测系统维护、信号识图与施工、城轨安全管理 |
| | 电气自动化技术 | 专业核心课：电气控制技术、PLC应用技术、供配电技术、自动调速系统、自动控制系统、工业网络与组态技术；<br>专业主干课：自动线安装与调试、单片机与传感器、工业机器人应用技术 |
| | 机电一体化技术 | 专业核心课：可编程控制器应用技术、液压与气动技术、机械CAD/CAM、电机控制应用技术、工业机器人编程与调试、自动生产线安全与调试；<br>专业主干课：电气控制系统设计与安装、城轨应急处理、城轨车站机电设备、城轨车辆构造、城轨牵引供电 |

续上表

| 平台名称 | | 平台课程 |
|---|---|---|
| 核心平台 | 工业机器人技术 | 专业核心课：工业机器人系统离线编程与仿真、工业机器人系统调试运行、液压与气动技术、可编程控制器应用技术、工业机器人应用系统集成、工业机器人系统维护；<br>专业主干课：工业机器人应用系统建模、电气控制系统设计与安装 |
| 拓展平台 | | 高铁信号新技术、城轨信号新技术、工业控制新技术、人工智能概论、办公自动化、创业规划与实践、创新设计与实现 |

(2)强固技能培养，设计“四递进”专业群实践课程体系

结合专业群服务区域经济和企业发展情况，分析人才职业岗位能力要求，进行实践课程开发，对接工作内容与工作情景，系统设计“专业基础技能、专业核心技能、专业综合技能、岗位工作技能”四层递进的专业群实践课程体系，各专业的实践教学学时占总学时的50%以上。实践教学实施过程是：在学习理论知识的基础上，学生在校内进行专业基础技能训练，进入专业核心技能领域，进而训练学生的专业综合技能，再到校外进行见习、实习，培养学生的岗位工作技能，实现专业技能和岗位需求无缝对接，详情见表3.2。

**表3.2 铁道信号自动控制专业群实践课程体系**

| 技能 \ 专业 | 铁道信号自动控制专业 | 城市轨道交通机电技术专业 | 城市轨道交通通信信号技术专业 | 电气自动化技术 | 机电一体化技术 | 工业机器人技术 |
|---|---|---|---|---|---|---|
| 岗位工作技能 | 1. 顶岗实习；<br>2. 铁路室内信号设备检修；<br>3. 铁路室外信号设备检修 | 1. 顶岗实习；<br>2. 城轨机电设备检修；<br>3. AFC设备检修 | 1. 顶岗实习；<br>2. 城轨正线信号设备检修；<br>3. 城轨车辆段信号设备检修 | 1. 顶岗实习；<br>2. 电子设备的检测及维护；<br>3. 电气设备的安装及维护 | 1. 顶岗实习；<br>2. 机电设备设计与组装实训 | 1. 顶岗实习；<br>2. 传感器技术及应用实训 |
| 专业综合技能 | 1. 信号工技能鉴定实训；<br>2. 高铁信号综合实训；<br>3. 毕业设计 | 1. 综合技能实训；<br>2. 毕业设计 | 1. 信号工技能鉴定实训；<br>2. 城轨信号综合实训；<br>3. 毕业设计 | 1. 专业综合技能训练；<br>2. 毕业设计 | 1. 综合技能实训；<br>2. 毕业设计 | 1. 专业综合技能训练；<br>2. 毕业设计 |
| 专业核心技能 | 1. 铁路信号基础设备维护实训；<br>2. 铁路车站自动控制系统维护实训；<br>3. 铁路区间自动控制系统维护实训；<br>4. 铁路信号设计与施工实训 | 1. 城轨低压电器控制技术实训；<br>2. 城轨综合监控系统维护实训；<br>3. 城轨AFC系统维护实训；<br>4. 城轨站台门与电扶梯设备维护实训；<br>5. 组态技术实训 | 1. 城轨信号基础设备实训；<br>2. 联锁系统运行与维护实训；<br>3. 网络技术基础实训；<br>4. 信号识图与施工实训 | 1. 电子产品组装与调试实训；<br>2. 电力电子技术实训；<br>3. 传感器技术及应用实训；<br>4. 工业机器人应用实训；<br>5. PCB设计与制作实训；<br>6. 组态技术实训 | 1. 电子产品组装与调试实训；<br>2. 电力电子技术实训；<br>3. 传感器技术及应用实训；<br>4. 电气设备的安装及维护；<br>5. PCB设计与制作实训；<br>6. 机械制图及CAD | 1. 电子产品组装与调试实训；<br>2. 电力电子技术实训；<br>3. 工控组态与现场总线技术；<br>4. 电气控制系统设计与安装；<br>5. 机械CAD/CAM |
| 专业群基础技能 | 1. 电路认知与焊接实训；<br>2. 钳工技能实训；<br>3. 电工操作技能实训；<br>4. 电子CAD制图 | | | | | |

(3)服务企业需求,打造“五位一体”创新创业教育体系

专业群将与创新创业教育相关的意识培养、能力提升、环境认知、实践模拟等四个内容体系进行细化,以课程学习强化意识培养,以课堂演练、大赛锤炼促使能力提升,以创业实践进行技术应用,以项目孵化实现创新创业,进而解决创新教育过程与实际应用脱节问题。“五位一体”创新创业体系结构如图3.1所示。

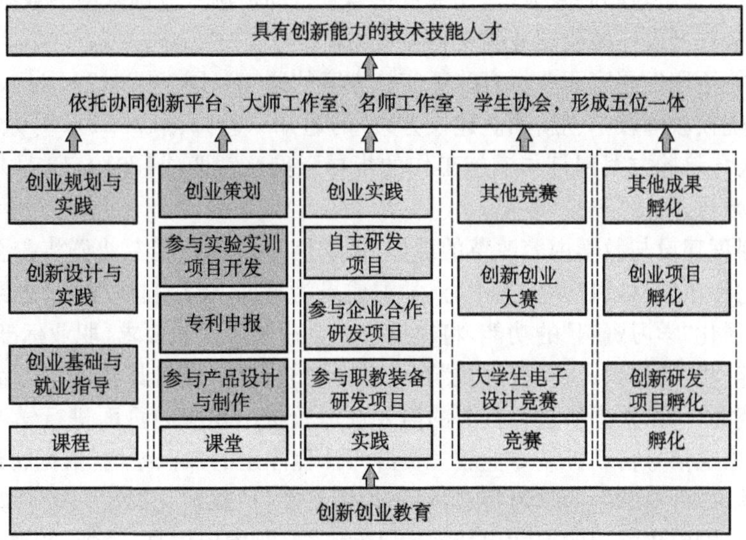


图3.1 “五位一体”创新创业体系结构图

创新创业体系构建依托协同创新平台、广西职业教育铁道信号自动控制专业发展研究基地、大师工作室、名师工作室和学生协会,创建以课程、课堂、实践、竞赛、成果孵化为主要内容的“五位一体”创新创业体系。

创新创业的课程体系融入人才培养方案具体做法是:

①在人才培养方案制定和人才培养过程中充分利用创新教学团队强大的创新条件和社会服务能力,调整专业课程设置,分阶段融入创新创业教育课程,注重课程内容与形式的创新,将创新创业理念与意识培养融入课程体系和日常教学过程。

②引导和鼓励学生积极参与创新创业第二课堂,进行轨道交通信号与控制产品设计与制作、专利申报、实验实训项目开发。

③开设实战性创新创业课程,提高学生对创新创业的认识;聘请创新创业导师,制定创新创业培训计划,将科研课题、专利成果等进行总结、提炼,同时为学生提供创新创业实践项目,开展实践活动。

④将大学生电子设计竞赛、大学生科技创新设计大赛、大学生创新创业大赛等各类竞赛的标准和要求融入创新创业课程,依托各类竞赛,提升学生创新创业能力。

⑤支持和鼓励学生创新创业项目孵化,实现创新创业目标,使创新创业教育贯穿人才培养的全过程。

3. 提升信息技术应用能力,开展“线上+线下”课堂教学改革

(1)校企共建共享“在线开放式”课程教学资源

①精品在线开放课程建设。依据国家级精品在线开放课程标准,遵循“碎片化资源、结构

化课程、系统化设计”的思路开展精品在线开发课程的建设；从岗位需求和人才的全面发展要求出发，沿着“课程教学设计→基础教学资源开发→可视化教学资源开发制作→应用于教学实践→优化完善”这一路线展开。

②校企共建共享专业群优质教学资源库。通过校企深入合作，对接最新职业标准、行业标准和岗位规范，紧贴岗位实际工作过程，通过对课程“模块化”的改造，建设专业群课程的教学资源库。建设国家特色品牌专业群，完成铁道信号自动控制专业国家级专业教学资源库建设。

（2）校企合作开发一体化职业教育特色教材

《国务院关于印发国家职业教育改革实施方案的通知》（国发〔2019〕4号）、《教育部关于印发〈全国职业院校教师教学创新团队建设方案〉的通知》（教师函〔2019〕4号）、《教育部关于职业院校专业人才培养方案制订与实施工作的指导意见》（教职成〔2019〕13号）等文件要求，全面推进教师、教材、教法“三教”改革。

教材是课程建设与教学内容改革的载体，铁道信号自动控制专业群将校企共同开发新型活页式一体化特色教材，以“学生为中心、学习成果为导向、促进自主学习”思路进行新型活页式开发设计，强化“学习资料”的功能，将轨道交通企业岗位任职要求、职业标准、工作过程作为教材主体内容，将“立德树人、课程思政”有机融合到教材中，通过具体的学习活动使学生掌握相关知识和技能，可以根据所进行任务的需要选择教材中相应的页面进行学习以完成相关任务，然后根据铁道信号自动控制专业教学资源库课程体系的知识结构，依据轨道交通行业企业人才岗位的需求，针对学生的学习特点，对知识体系进行“颗粒化”处理，配套新型活页式教材开发颗粒资源（颗粒化资源的形式包括文档、图片、微课、虚拟仿真、动画、音视频、练习题等）颗粒资源可以做成网络连接，学生可以随时随地调用颗粒资源，形成新型活页式一体化特色教材，同时根据每个专业的特点和需求校企合作开发教学做一体特色教材。校企合作共同建设优质核心课程、开发课程训练项目、合作编写产教融合特色教材。

（3）完善专业群课程评价和诊断

铁道信号自动控制专业群在目标评价模式改革的基础上，采用CIPP评价模式对专业群课程进行评价和诊断，分为四个评价步骤，依次是背景评价（Context）、输入评价（Input）、过程评价（Process）和成果评价（Product）。

①背景评价

在铁道信号自动控制专业群课程中的应用背景评价实际上是对专业群课程的开设是否紧密结合社会经济实际需求和轨道交通产业链发展做诊断性评价，这就需要专业群构建多元化、科学合理的评价机制。首先是对人才培养方案进行评价和诊断，人才培养方案的目标是否与轨道交通行业企业相关岗位的实际需求相一致。背景评价需要解决人才培养方案里必修课和选修课的设置问题，公共基础课和专业（技能）课、专业理论课和专业实践课的开设比例问题，课程开设的先后顺序是否恰当等问题，还需要评价和诊断课程学分分配是否合理的问题，对每门课程标准设定的课程目标、能力目标、情感目标、教学内容和学时分配是否合理进行评价，轨道交通行业企业等用人单位对专业群学生的要求是背景评价的重要依据。

②输入评价

在背景评价的基础之上，铁道信号自动控制专业群课程中的应用依据CIPP评价模式的输入评价。从专业群背景评价可知，评价和诊断机制是否能建构好，首先要结合轨道交通行业企业需求来评价人才培养目标里的专业知识与技能、专业迁移能力和人文素养课程的设置。课程的输入评价，教师在选择教材时应尽可能地选择和开发专业群特色的教材，要注重培养学生的专业群基础素养、理论和技能，同时要注重专业特色，针对性地涵盖专业知识。同时，要注重学生的专业知识和能力的培养，输入专业核心知识、岗位工作技能、专业综合技能、专业核心技能、素质拓展、创新创业等专业能力，教师在专业知识和能力输入过程中不能完全依赖于教材，还应结合信息化的网络学习平台，采用引导启发、问题导向等传统教学方法和模拟场景法、项目教学法等新的教学方法相结合，让学生理论结合实际案例，培养学生思考、分析和解决问题的能力。

③过程评价

在铁道信号自动控制专业群课程的CIPP评价中，过程评价是评价环节中最核心的部分，需要对课程实施过程进行全面的评价和诊断，分析课程的教学效果是否达到课程标准设定的目标。过程评价需要教师、学生、专家三方的紧密合作，这样才能得出客观评价结论，学生平时成绩的考核需要有相应的文字、PPT、视频、信息化教学平台等方式进行跟踪记录，课程评价时可以查看这些记录并对其进行质量评价和监督，通过座谈和教学督导的方法了解学生的学习积极性和参与度、任课老师授课方法的有效性、学校硬软件设施是否配套等，通过座谈会、学生评教或者调查问卷的方式，了解学生对教师的积极性和教学实施的效果评价，通过定期课程考核和诊断，了解课程实施是否达到了教学标准所设定的目标，通过评价和诊断，形成对下一轮课程实施过程进行调整和改进意见。

④成果评价

铁道信号自动控制专业群课程的成果评价是CIPP评价模式中对背景评价、输入评价和过程评价做出的终结性评价。专业群学生培养质量高低评价的决定性因素在于轨道交通行业企业的评价，成果评价的报告应主要来源于轨道交通行业企业和毕业生。专业群学生在工作岗位上所展现出来的专业技能、学习能力、适应能力、人际沟通能力、创新能力、职业素养及职业发展能力等都能反映出课程建设和在校学习的效果。专业群教学团队应定期到校企合作单位和轨道交通行业企业进行调研，并邀请毕业生召开座谈会，了解企业对人才的最新需求。

### 3.3.4 专业群教学资源开发

1. 铁道信号自动控制专业教学资源库建设

铁道信号自动控制专业群依据最新的《职业教育专业教学资源库建设工作手册》，以真实铁道信号设备检修情境为载体，以优质多样的教学和生产实践资源为基础，以现代信息技术和手段为保障，搭建专业群15门课程共享的系统化教学资源库，以满足教师、学生、企业员工和社会学习者的学习需求，建立"人人皆学、时时能学、处处可学、样样有学"和"能学能测、互学共进"的新型学习模式。以培养铁道信号自动控制专业的高素质技术技能型人才，满足轨道交通高速发展对专业人才的需求为宗旨，为轨道交通企业培养大量的高素质技术技能型人才，成为在校学生学习园地、在职员工技能培训基地、学校教师教学教研宝库、政府技能等级鉴定基地、行业企业交流推广平台。采用现代信息技术，校企合作共同开发，建成一个资源内容丰富、先进技术支撑、适用面广、可持续更新的智能、共享、动态的国家级铁道信号自动控制专业教学资源库。

截至2020年3月，专业群的国家级铁道信号自动控制专业教学资源库建设和使用15门专业核心课程，每门课程积累了内容较为丰富、形式多样的教学资源。目前，颗粒化资源总量为4 870条，题库资源6 346条，活跃资源占比超过98.95%，用于自主学习的典型工作任务或重点技能训练模块17个，实现了网上资源的共享，每门课都具有完整的线上教学周期，文本类和图形(图像)类资源数量占比为49%，已被组课应用的资源占比为58%，素材应用良好，满足专业群相关课程的信息化教学的需要，学习者可以在课堂教学以外，通过使用资源库巩固所学和拓展学习，进行自主学习、测评考试，教师可以利用资源库灵活组织教学内容、进行教学设计、辅助教学实施、记录教学过程、实行教学评价，实现教学目标。

2. 线上线下混合式教学实例——《铁路信号集中监测系统维护》教学模式构建

(1)线上教学平台的选择

教学平台是开展混合式教学活动的载体，要求有友好的操作界面、稳定的操作性、智能化的交互性。目前，可以供教师选择的混合式教学平台较多，《铁路信号集中监测系统维护》采用的是职教云平台，这是专业的国家职业教育专业教学资源库共享的在线教育服务平台，以服务学生为中心，构建了从课堂教学、在线学习、实验实训等全过程教学服务体系。

职教云平台可在PC端及智能手机、平板电脑等移动终端登录，职教云可将智慧职教平台的专业教学资源库的课程内容导入，便于课堂上师生之间进行灵活的学习方式和设计趣味性较强的互动，例如创建和管理班级、利用专业教学资源库的资源进行组课，调整课程结构，线上和课堂上开展签到、布置作业、在线做作业、测验、讨论、答疑、互动和评价等教学活动，融教学的知识性、实用性、灵活性等为一体，有效地实现《铁路信号集中监测系统维护》课程的线上线下混合式教学。

(2)知识点技能树设计

“铁路信号集中监测系统维护”课程以职教云为平台开展线上线下混合式教学，采用以“学生为主体、教师为主导、项目任务为主线、问题为导向”的方法，学生与学生之间，教师与学生之间进行全面深入地互动，激发学生的学习兴趣，培养学生善于提出问题，解决问题的能力，使学生的素质得到了全面发展。为了构建和开展“铁路信号集中监测系统维护”线上线下混合式教学，需要将课程教学资源进行优化整合，将课程项目任务的知识点颗粒化之后，形成知识点技能树，在相应的知识点上传文档、图片、动画、视频、微课、虚拟仿真等教学资源，这样便于资源的查找和课程的构建，同时方便学习者进行个性化的自主学习，教师组织多种形式的教学活动。

根据“铁路信号集中监测系统维护”课程的教学内容和特点分析结果，构建课程的知识点技能树，共分成“课程—模块—项目—任务”4级节点，一级节点课程作为“树干”，然后根据课程重构二级节点，分成6个模块“主干”，分别为：信号集中监测系统认知、信号室外微机监测设备维护、信号室内模拟量微机监测设备维护、信号室内开关量微机监测设备维护、信号集中监测接口和故障案例、信号集中监测系统应用等，三、四级项目任务作为主干的“枝叶”，每个项目均有3～6个任务，每个知识点进行了颗粒化，表述的任务内容具体明确，知识的目标性很强，作为课程资源和组织结构。

本文以模块二“信号室外微机监测设备维护”为例，说明“铁路信号集中监测系统维护”课程知识技能树的设计，模块二共有3个项目，每个项目均有3～6个任务，共28个任务，见表3.3。

表 3.3 模块二"信号室外微机监测设备维护"知识技能树设计

| 一级节点 | 二级节点 | 三级节点 | 四级节点 |
| --- | --- | --- | --- |
| 铁路信号集中监测系统维护 | 模块二：信号室外微机监测设备维护 | 项目一：电源屏监测设备维护 | 任务一：电源屏监测对象 |
| | | | 任务二：电源屏监测设备监测点 |
| | | | 任务三：电源屏监测流程 |
| | | | 任务四：电源屏监测设备认知 |
| | | | 任务五：电源屏监测设备故障处理 |
| | | 项目二：列车信号机点灯回路电流监测设备维护 | 任务一：列车信号机点灯回路电流监测对象 |
| | | | 任务二：列车信号机点灯回路电流监测点 |
| | | | 任务三：列车信号机点灯回路电流监测流程 |
| | | | 任务四：列车信号机点灯回路电流监测设备认知 |
| | | 项目三：轨道电路监测设备维护 | 任务一：站内轨道电路监测对象 |
| | | | 任务二：站内轨道电路监测点 |
| | | | 任务三：站内轨道电路监测标准 |
| | | | 任务四：站内轨道电路监测流程 |
| | | | 任务五：站内轨道电路监测设备认知 |
| | | 项目四：转辙机模拟量监测设备维护 | 任务一：转辙机监测对象 |
| | | | 任务二：转辙机模拟量监测监测点 |
| | | | 任务三：转辙机模拟量监测设备认知 |
| | | | 任务四：转辙机模拟量监测流程 |
| | | 项目五：转辙机开关量监测设备维护 | 任务一：转辙机开关量监测监测点 |
| | | | 任务二：转辙机开关量监测设备认知 |
| | | | 任务三：转辙机开关量监测流程 |
| | | | 任务四：直流和提速道岔采集板认知 |
| | | | 任务五：转辙机监测设备故障处理 |
| | | 项目六：道岔表示电压监测设备维护 | 任务一：道岔表示电压的监测对象 |
| | | | 任务二：道岔表示电压监测点 |
| | | | 任务三：道岔表示电压监测流程 |
| | | | 任务四：道岔表示电压设备认知 |
| | | | 任务五：道岔表示电压设备故障处理 |

(3)教学资源优化整合

根据"铁路信号集中监测系统维护"的课程目标和知识点的具体要求，对知识点技能树的教学资源进行优化整合，以文档、图片、动画、视频、微课、虚拟仿真等教学资源形式讲解，并且保证每个知识点的教学资源数量。"铁路信号集中监测系统维护"的课程知识点主要从监测对象、监测点、监测设备认知、监测流程和监测设备故障处理等方面进行设计，对教材中的监测设备按照室内和室外、开关量和模拟量进行了优化调整，同时引入了最新的信号设计与施工技术。

知识点的教学资源优化整合按照以下方法进行：课程新技术发展、课程技术标准、设备检修工作流程、设备操作规范等知识点采用文本资源；设备检修工具、检修场景、校内外实践条件等采用图片资源；设备检修过程、实验实训步骤、课程教学等知识点采用视频资源；教学过程中较难解决的重点和难点内容，适合选择微课形式作为教学资源；系统设备工作原理、工作过程、内部结构等适合开发动画资源；虚拟场景、虚拟操作、虚拟设备认知等一般采用虚拟仿真教学资源；校外顶岗实习、检修规章制度等适用企业网站链接、企业案例等资源；每个知识点应配备数字化教材、PPT课件等教学资源；根据课程的考核评价内容和要求，需要习题库、试题库各2个以上，习题300道以上。

3. 专业群教学资源开发案例——“列车运行自动控制系统维护”课程微课设计

(1)内容选取

在微课内容的选取上，“列车运行自动控制系统维护”课程的微课充分考虑“短、小、精、悍”的特点，选取的内容制作微课视频时间为5～10 min，因为这个时间学生的注意力能够集中，随着视频时间的增长，学生学习视频的耐心就会不足，所以选取的知识点容量要小。一个微课一般只需要对一个完整的知识点进行研究，切记不能“大而空”，涵盖内容太多，会给学生的学习带来一定的难度，能接受的内容也会很少，“列车运行自动控制系统维护”课程对于微课的设计遵循思路清晰、结构完整、容量适当的原则，对个别较大的知识点进行细分，单独制作微课，做成系列微课。目前，“列车运行自动控制系统维护”课程的微课知识点从4个模块中选取，模块一“机车信号与LKJ”选取了《认识机车信号》《机车信号信息使用》、$JT_1$-CZ2000型机车信号主机的功能与原理、LKJ主机箱插件功能等知识点；模块二“站内轨道电路电码化”选取了正线正方向接车进路预叠加电码化电路、载频自动切换的时机和逻辑等知识点；模块三“CTCS-2级列控系统”选取了分级制动模式、车站列控中心的功能及其基本原理、$LKD_2$-YH列控中心结构、$LKD_2$-YH列控中心主机、CTCS-2级列控系统的结构等知识点；模块四“CTCS-3级列控系统”选取了CTCS-3级行车许可的生成、无线闭塞中心系统的结构等知识点。

(2)脚本编写

微课设计是微课的核心部分，“列车运行自动控制系统维护”课程在微课脚本撰写时，分为开场白—案例导入—知识点或技能点讲解—未来职业岗位的应用—课程小结等环节，结构完整，在微课脚本编写过程中注重真实情境的创设，让学生学习微课时能进入学习情境，主动探索和研究新知识，发挥他们的创造性，在知识点或技能点讲解时，注意突出重点、突破难点。在微课设计时还要做到“悍”，也就是讲究实效，“列车运行自动控制系统维护”课程的微课脚本注意语言技巧，通常采用“问题导向”的方法和生活中和专业相关的例子讲解抽象枯燥的知识，激发学生的兴趣，通过语言或者视频画面的文字等手段吸引学生的注意力，积极参与到微课的学习、思考、探究，脚本解说词连贯、完整、口语化，一气呵成，不出现废话和套话。

(3)微课拍摄

在录制“列车运行自动控制系统维护”课程的微课时，根据脚本解说词进行讲解，设计的问题让学生有思考的环节，让学习微课的学生充分参与进来。为了设计“一对一”模式的情景，采用了“你好”的问候语。教师尽量出境，可以增加微课的亲切感，语速和平时课堂授课一致，不能太快也不能太慢，控制在每分钟220～320字之间。录制微课时，还注意了语调，讲解时亲切幽默，增加微课的吸引力和学习的有效性。

# 3.4 专业及专业群教学方法改革

## 3.4.1 专业及专业群教学方法现状

教学方法是构成教学系统的一个要素，它与教学系统中其他一些要素紧密相关。教学方法取决于教育思想、教学目的、教学内容、学生的年龄特征、教学的具体环境及教师本人的兴趣、爱好和业务素质。教学方法运用的成败，不仅与以上因素单独有关，更与以上各因素的配合所产生的具体教学环境有关。因此，教学方法是教学系统中一个牵涉到许多因素的复杂的要素。

技能训练、专业知识与职业素养相融合，是铁道信号自动控制专业群的教学改革与不断发展的需要，也是专业群适应轨道交通行业企业用人需求，提高毕业生就业竞争力的有效途径。铁道信号自动控制专业群各专业具有不同的专业侧重点、就业方向、岗位能力要求，生源情况不完全相同。目前，普遍采用讲授法、图片展示法、启发法、讨论法、实验法、练习法、案例分析法、小组互动法、多媒体辅助教学法等传统的教学方法，很多教师以书本为中心，系统地完成教材所规定的内容，简单地围绕专业岗位能力要求对相关知识进行强化训练，学生是通过老师的传授被动地接受知识，这种学习方法不仅束缚了学生的思维发展，也使学生逐渐失去学习的主动性、积极性和创造性，甚至认为是被迫学习，根本体会不到学习的快乐。

随着铁道信号自动控制专业群教学改革的推进，传统教学方法不再能满足课堂改革的需求，需要引入和创新多种教学方法应用于专业群教学中，例如可以引入模拟场景法、项目教学法、角色扮演法、问题教学法、任务驱动法、游戏竞赛法、网络教学法等新的教学方法。这些教学方法各有所长，各具特色，教师在专业群教学活动中可以创新地组合运用多种教学方法，开发教学资源、利用现代信息技术改进教学方法，做到培养职业技能的同时，渗透职业精神养成内容，在专业课和公共基础课的教学中，融合职业精神养成，这样具有针对性、实效性，并且更易于被学生接受，更好地实现课程标准的教学目标，培养学生的专业知识、技能和职业素养。

## 3.4.2 专业及专业群教学方法存在问题

《国务院关于印发国家职业教育改革实施方案的通知》(国发〔2019〕4 号)、《教育部关于印发〈全国职业院校教师教学创新团队建设方案〉的通知》(教师函〔2019〕4 号)、《教育部关于职业院校专业人才培养方案制订与实施工作的指导意见》(教职成〔2019〕13 号)等文件要求，全面推进教师、教材、教法“三教”改革，创新人才培养模式，提升职业教育质量。《国家职业教育改革实施方案》(职教 20 条)指出，要“适应‘互联网＋职业教育’发展需求，运用现代信息技术改进教学方式方法。”

教法是“三教”改革的路径，教师和教材的改革最终要通过教学模式、教学方法与手段的变革去实现。在教学实践中如何落实文件精神，如何探索出符合专业群教学实际、具有特色的教学方法改革路径，是铁道信号自动控制专业群迫切需要解决的问题，模拟场景法、项目教学法、角色扮演法、问题教学法、任务驱动法、游戏竞赛法、网络教学法等新的教学方法的有效实施和组合运用需要进行教法改革。铁道信号自动控制专业群的课程对于这些新的教学方法运用还不够成熟，对课堂教学方法的改革与探索还不到位，在一些方面还存在一些不足。

1. 教学理念不够先进

先进的教学理念是保证课堂教学效果的关键。课堂教学在教会学生如何掌握专业知识和技能的时候,更应该培养学生的学习能力和职业素养,如何充分利用图书馆、信息化教学平台和网络等便利条件,快速有效地找到自己所需要的知识,了解专业的新技术、新设备和新工艺,并能够灵活运用所学知识分析和解决问题,实现技术技能的创新和突破,不断提高自身能力和素养。但是,铁道信号自动控制专业群很多教师围绕"教材内容"展开教学,由于教学计划、教材内容、教学学时的限制,教师没有足够的时间进行新教学方法的灵活应用,同时如果课程教学过程中加入拓展性的内容讲解,会导致教学计划不能完成或进度过快,学生没有足够的思考时间,对内容理解不够深入,只能按照教学计划按部就班地进行教材内容的讲解,严重影响教学效果。

2. 教学方法不够丰富

铁道信号自动控制专业群教学普遍采用"以教师讲解为主,学生被动式接受"的传统教学方法。在课堂讲解过程中,由于有些课程的内容比较抽象或者枯燥乏味,有些课程缺少相应的专业知识所需要的设备,这些课程的课堂教学使学生认为难度较大,容易导致学生逐渐失去信心和兴趣。有些教师为了完成教材的内容,每节课的课程内容较多,导致学生理解和记忆往往不够深刻。有些教师为了让学生理解课程内容,对重点或难点内容进行重复详细的讲解,严重影响了教学进度和连续性。传统教学方法不利于课堂的管控,给了学生更多的自由,不利于检验学生的听课效果,导致学生容易出现玩手机、注意力不集中等情况,导致课堂效果大打折扣。

3. 教学内容跟不上行业企业的发展

由于教材编写时间、出版周期等的影响,教材内容滞后于行业企业的发展,不能与岗位工作出现的新设备、新技术和新工艺等紧密结合,有些教师不愿意进行教材的更新,以避免重新进行备课,进一步加深了课程内容更新的难度。专业群有些专业实训室建设由于场地、成本等因素影响,建设进度滞后于行业企业的发展速度,学生所学的一些知识缺乏实践技能操作的巩固,导致学生理解不够深入,缺乏活学活用的能力,没有很好地起到预期效果。

4. 信息化教学改革不够深入

铁道信号自动控制专业群搭建了专业群15门课程共享的系统化教学资源库,开发了内容较为丰富、形式多样的颗粒化教学资源,但是存在资源质量不高、部分资源闲置等问题。铁道信号自动控制专业群信息化教学改革管理制度与标准还不健全,还未制定适应信息技术和专业背景的教学效果评价标准、学生在线学习学分认定标准、"1+X"证书信息化教学资源使用制度、现代学徒制信息化教学资源使用制度,教学资源推广、应用等共建共享激励机制还需要进一步完善。教师开发在线课程、教学资源的设计和制作能力需要进一步提高,基于信息化教学平台的线上线下混合式教学等的教学组织、设计、实施能力不够强,学生系统化学习信息技术的素养需要提高。

### 3.4.3 专业及专业群教学方法改革

教法改革的核心是课堂教学模式改革。如何建立适合不同专业群特点的课堂教学模式,是每个专业群都应该深入探索和实践的问题。为了培养符合轨道交通行业企业需要的高素质技术技能型人才,使铁道信号自动控制专业群的教学过程与企业生产过程相对接,需要改革传统的课堂教学模式、专业群课堂教学模式设计，就要既适应高素质技术技能培养，又要有利于培养学生学习能力、创新能力和适应能力，培养学生的职业素养和工匠精神。

1. 改革教学理念

教学理念要由注重教材内容向注重教学效果转变，以学生对课程知识和技能的掌握程度、学生的职业素养提高作为衡量标准。开发或选取新型的活页式一体化教材，选择典型内容进行重点学习，重点进行学习方法的讲解，在不影响教学进度，保证学习的系统性、全面性的基础上，注重培养学生的学会学习、学精内容、融会贯通的能力，保障学生学习的效果。

2. 融合教学方法

铁道信号自动控制专业群将推行面向轨道交通行业企业真实生产环境的混合式教学模式，借助铁道信号自动控制国家级专业教学资源库，广泛融合采用模拟场景法、项目教学法、角色扮演法、问题教学法、任务驱动法、游戏竞赛法、网络教学法等新教学方法。紧密对接专业群人才培养目标和要求，全面推行基于信息化教学平台的线上线下混合式教学，专业群课程将对教学内容进行重构，设计基于行业企业真实生产环境主题的知识技能项目、生产实践项目、技能竞赛项目和创新创业项目，真正实现"学生为主体、教师为主导"的教学原则，让学生以"企业职工"的身份在行业企业工作环境中独立学习、自主训练、共同研讨，把岗位能力需要的知识技能与工作任务的知识体系结合起来，在完成工作任务和解决工作难题过程中，提高分析和解决问题的能力，锻炼职业素养所需要的各种能力。

3. 更新教学内容

将轨道交通行业企业岗位的目标、内容、操作规范、要求标准等引入课堂，根据不同年级、不同专业方向，同一专业的单独招生生源、对口招生生源和普通招生生源等不同层次的学生，综合把握教学内容，综合考虑、选取教学项目和教学方法，进行因材施教。建立企业课堂，创新实践教学方法，引入行业企业岗位生产进校园，采用真实设备和虚拟仿真结合的实践教学方法，创设教学场景，模拟电务段工班作业环境和工作流程，按信号车间的工班管理模式实施"工班式"教学，构建职业化氛围。铁道信号自动控制和电气自动化技术专业是自治区级现代学徒制试点专业，需要校企深度合作，建设实体企业课堂，聘请企业教师，校企双师授课，开展现代学徒制培养，满足跟岗实训、工学交替培养和顶岗实习的需要。

4. 开发教学资源

大力开发高质量的教学资源和建设专业教学资源库，搭建专业群智慧学习环境。专业群需要健全信息化教学改革管理制度和标准，开展教师信息化教学能力培训，努力营造良好的线上线下混合式教学方法改革氛围，提高教学资源的使用率，教学团队通过开发高质量的文本、图片、音视频、动画、微课、虚拟仿真等多种资源，信息化教学组织、设计、实施等实践，提高开发在线课程、设计制作教学资源能力，对教材、教学资源和教学方法进行一体化设计，同时通过培训等方式提高学生系统化学习信息技术的素养，以适应"互联网＋职业教育"发展需求，建设好和使用好铁道信号自动控制国家级专业教学资源库，促进优质资源共建共享。专业群还要制订适应信息技术和专业背景的教学效果评价标准、学生在线学习学分认定标准、"1＋X"证书信息化教学资源使用制度、现代学徒制信息化教学资源使用制度，进一步完善教学资源推广、应用等共建共享激励机制。

### 3.4.4 专业群混合式教学方法案例——“列车运行自动控制系统维护”课程

1. 线上线下混合式组课准备

教学团队将“列车运行自动控制系统维护”根据“课程—模块—项目—任务”4 级节点，利用课程内容的内在关联，细分为 102 个任务，每个任务是不可分割的知识点，包括理论教学和实践教学的知识点，然后构建知识技能树，对应每个任务开发文档、图片、视频、微课、动画、虚拟仿真、PPT 课件等教学资源，开发的教学微课、视频的时长约为 200 min，将这些资源上传到“智慧职教”平台的“铁道信号自动控制”专业教学资源库，组建标准化课程，在“职教云”平台灵活组建个性化课程进行教学，每个任务包括知识链接、知识点内容、阅读材料、技能训练、例题、练习题及自我评价，对一些重要的技能采用详细的微课和三维动画，让学生更容易理解。为了让学生更好掌握和运用知识点，建设了试题库，在一些重要的任务还设置了趣味游戏，增加学生学习的趣味性，寓教于乐，使学生可以将学到的知识点应用到分析和解决问题中，提高课程学习的成就感和兴趣。

2. 线上线下混合式教学实施

“$LKD_2$-YH 型列控中心设备故障查找”知识点的具体教学实施分为课前巩固预习、课内教学过程和课后拓展 3 个阶段。

(1)课前巩固预习阶段

学生通过平板电脑、智能手机或 PC 机登录“职教云”平台，完成以前相关课程内容的复习，完成新课程内容的学习、讨论和测试题。教师在上新的内容前，利用大屏幕显示学生测试结果，鼓励学生在课堂上多提出问题，发表观点。教师提问学生，学生进行抢答，利用游戏等教学手段，极大地提高学生的兴趣和积极思考、参与讨论的热情。学生课前学习的情况都会被记录在“职教云”平台上，作为过程考核的数据。教师根据测试结果，掌握学生预习情况，调整和确定教学目标，明确难点，灵活调整线上线下混合式教学活动的内容。

(2)课内教学过程

课内教学过程，遵循学生认知规律，每个任务一般将教学划分为 6 个环节。

环节一：创设情境，引入任务。利用视频或企业案例等教学资源将学生带入到强烈的信号工责任意识体验中，激发学习兴趣，并引出学习任务。

环节二：分析任务。围绕案例，教师提出问题，学生小组合作，头脑风暴式地探究讨论故障处理步骤和方法。学生分享讨论结果，分析任务时激发学生主动思考的热情，肯定学生预习情况，增强学生的自信心，帮助学生做好分析。

环节三：$LKD_2$-YH 型列控中心设备原理。采用三维动画、虚拟仿真、微课、视频、图片等教学资源，指出设备的位置，引导学生学习工作原理。采用小游戏和 PPT 动画等教学手段加深学生对设备工作原理的思考和记忆，完成教学重点。

环节四：故障处理。教师引出故障问题，学生查阅资料和小组进行讨论抢答，教师讲解故障处理步骤，请分组学生指出与该故障处理有关的设备和仪表，通过平台直播。教师设置故障，抽出部分同学进行分组讨论，对现象进行分析，教师指导故障查找流程，然后抽取一个学生进行故障查找直播拍摄，边操作边讲解，教师指出不当之处。

环节五：练习考核。每小组在实训设备上安装的虚拟仿真软件进行操作巩固的演示，操作得分将上传到教师端进行投影，教师下发 $LKD_2$-YH 型列控中心设备工作原理测试题，学生通过手机进行扫码答题，教师解答错误率较高的题目。

环节六：总结内容。教师总结 $LKD_2$-YH 型列控中心设备的工作原理，快速进行故障查找步骤和方法。

(3)课后拓展

引导学生利用微信公众号和手机 APP，学习 $LKD_2$-YH 型列控中心设备其他故障查找，然后在实训设备上进行练习，将练习故障处理过程制作成视频上传到资源库课程平台。教师布置学生预习下一个任务的知识。综合学生课前、课中、课后的表现，借助平台，教师完成针对每名学生的多元化考核评价。

# 第 4 章　实训基地建设

## 4.1　专业及专业群实训基地建设现状

专业群围绕服务区域经济社会发展，对接铁路、城市轨道交通及智能制造产业链中的信号、机电及控制类行业企业的技能需求，建设形成以高铁信号实训基地为核心、城市轨道交通实训基地为重点、智能控制实训基地协同发展的专业群实训基地体系。

### 4.1.1　专业群校内实训基地情况

建成铁道信号自动控制实训基地、高铁信号实训基地、城轨信号控制实训基地、室外轨道信号实训基地、自动化技术实训基地、现代电子技术实训基地、电工电子基本技能训练基地等专业基地。各个实训基地工位数能满足专业学生的实践教学需求，基地的实践教学项目开出率 98%以上。

### 4.1.2　专业群校外实训基地情况

专业群主要依托行业企业建设了实习实训基地，主要完成专业群各专业学生的企业实践及顶岗实习、毕业设计等实践教学任务。同时，通过校外实习实训基地的建设，进一步加强专业群专任教师与企业技能人员的交流、岗位互聘等合作，提升专任教师，尤其青年教师的双师型能力水平。

### 4.1.3　专业群实训基地建设成效

专业群的实训基地建设，按照校企合作边用边建，分阶段建设的建设思路，经过几年的建设，初步形成了校内实训基地服务于专业课程的教学需求和社会技能培训与技术服务需要；校外实训基地服务于专业学生的毕业设计、顶岗实习＋就业的专业实践基地的“双核”实训基地。同时，校内外实训基地建设按照轨道交通类和智能制造类“双轨”模式进行建设。其中，轨道交通类校内实训基地已初步形成了以信号为核心的高铁信号实训基地，以城轨信号和城轨机电为主的城轨智控实训基地作为两翼协同发展的格局。智能制造类校内实训基地形成了以自动化为核心的工业自动化实训基地，智能控制实训基地为延伸。为更好地服务电类专业的专业基础实训，专业群的校内实训基地建设了电工电子实训基地，为专业群的通识基础类实验实训及电工考证打下了坚实的专业基础。为更好地服务区域经济社会发展，进一步扩大专业群的技术服务优势，深度产教融合，可以建设工程中心、技能大师工作室、先模创新工作室、名师工作室等专业技术研发基地。工程中心的技能竞赛集训中心、综合项目开发室、应用技术创新室、机器人创客空间等基地，为专业群学生的技能训练及创新培养提供了专用训练场。

## 4.2 专业及专业群实训基地建设存在的问题

铁道信号自动控制专业群校内实训基地虽然初步形成了“双轨两翼三延伸”的格局，但专业群内各专业的实验实训教学，均是按照专业人才培养方案实施，在一定程度上存在“各自为政”的实训基地建设零碎化，不能更好地适应专业群内各专业实践课的互通共融，难以形成综合性的跨界融合实训基地，不能更好地服务专业人才培养的综合技能发展。

1. 专业群的通识类实训室工位数不足

专业群涵盖了信号与控制类的6个专业，在专业群各专业的人才培养方案中，构建了课程体系，其中的基础类平台重点以电工电子类课程为专业通识课。按照专业群各专业人才培养方案的教学进程编制与安排，6个专业均需在一年级先开设电工电子类基础通识课程，尤其是低压电工操作证的培训与考证。一年级上学期所有专业班级均开设“电路分析”课，近20个班的实验课程需要在电工电子实验室进行实验实训，现有的电工基础实训室的工位无法满足实验实训课的工位需求。每个班级有1周的电路认知与焊接技能实训，现有的实训室只有1间，在安排实训课进程时就遇到了问题，难以解决。一年级下学期所有专业均开设“电子技术基础”课程，同样无法满足课程的实验实训工位需求。每个班级在一年级都有2周的电工证考证培训，同样由于实训室工位数不足难以安排。

2. 专业群专业实训室建设孤立而未形成系统规模

专业群的6个专业按照大类可以分为铁道运输1个专业、轨道交通运输2个专业及控制类3个专业。在进行专业实训室的建设过程中，由于专业之间人才培养的技能要求不同、专业课程的核心能力训练不同，以及专业岗位技能需求等的不同，使得各专业在对专业实训室的建设中重点考虑满足本专业的专业课程教学需求，而对专业群的概念及专业对应产业链职业岗位的技能综合性或者说延伸性考虑的不足，导致了专业群的实训室建设显得断点似的孤立化，完全没有形成群架构的规模和系统化。这为专业群的实训基地建设提出了较为迫切的发展建设改革。

即便同是轨道交通类的城轨信号和城轨机电2个专业，在进行实训室的建设中，也是更多地考虑专业的核心能力所需的实训室功能，而未能更大范畴和系统性的考虑整个轨道交通现场岗位技能实际的技能级联，现有的实训室用地用房也没有办法满足。在建设实训室的系统层级上，由于专用的轨道交通实训设备价格高昂，不具备系统性的建设方案，只能是系统性规划，分步建设专业实训室建设思路。

3. 校企合作共建校内实训基地力度不够

校企合作，共建共享共赢，是职业院校进行专业实训基地建设需要考虑的重要因素。只有把优质的、行业领域具有重要影响的企业引进到院校的实训基地建设中来，才能更加有效地促进校企合作育人，培养行业企业需要的专业技能人才。

专业群的专业在进行实训基地建设时，也充分考虑了引进专业领域的主要大型企业来一同建设实训室，但实际情况是，校企间合作的初衷，并未十分明确和清晰。专业群内专业对应的企业，要么是铁道或轨道交通各站段，要么是专业专用设备研发制造商，或者是技术服务及维保服务第三方等。企业追求产值或产能等，最终要实现的是利润利益。而学校，更大程度上就是服务于专业人才培养，提供高质量的毕业生，最终服务于行业企业及区域经济建设。企业和学校二者在最终的目标聚焦点上，并不是很一致，更多地造成了“学校热企业凉”的现象，直接影响了校企合作共建实训基地的效果。在专业进行实训基地建设时，更多的是依靠政府的教育投入及学校自筹资金进行建设，在投入上，显然不能满足专业实训基地建设的需求。在校企合作共建的力度上，显得严重不足，未能形成共享共赢的目的。

4. 创新创业实践基地建设力度不足

高校的创新创业“双创”工作，在现代职业教育中将越来越重要。“双创”在一定程度上可以解决大学生的就业问题，同时也极大地发挥大学生的创新能力，为专业科技创新提供强大动力和支撑。专业群在专业课程体系设计中，都有一定学时的创新创业课程，在进行课程教学的实践教学部分时，需要提供更广阔的创新实践基地，或者创新创业孵化场地场所，给学生进行创业实践。这是专业群人才培养“双创”人才所急需的，恰恰又是现有实训基地建设的短板。学校有创新创业学院，主要是进行“双创”孵化的项目实践的，难以提供专业实践教学的基地。而各专业在进行“双创”实践教学时，因专业技术及教学安排等的不同，需要建设专业“双创”实训基地，目前还没有建设规划，同时场地、设备等也不具备建设条件。

## 4.3 专业及专业群实训基地建设方案

### 4.3.1 专业群实训基地建设目标

1. 更合理的专业基础实训资源配置

针对专业群通识类课程的实验实训工位数不足、实训资源配置不充分的问题，专业群实训基地在建设升级的过程中，需要充分考虑优化资源配置问题。根据专业群各专业的人才培养方案中通识类技能的需求，以及基础课程体系构建等因素，综合考虑将现有的基础类实训室进行重新优化布局，按专业群的办学规模进行扩充基础实训基地的工位数。建设形成专业基础通识类实验实训教学资源，配置充分、系统、合理的专业群实训基地。

2. 更系统化的专业综合实训基地

针对专业群的专业类别有差异、专业与专业之间的核心技能不同等问题，专业群实训基地在建设升级的过程中，充分考虑专业核心技能之间的岗位衔接综合性、内在关联性及对应产业链职业岗位群间的系统性，是首要考虑解决的问题。按照高铁信号、城轨控制、工业控制 3 大类进行专业群的实训基地建设布局系统规划，对接产业，进行实训室功能升级。按照系统级的职业岗位技能培养需求进行专业群的实训基地优化升级，建设成为系统化的专业综合性融合融通，又具有自身专业特色的综合性实训基地。

3. 更深度融合的“两头热”校企合作共建实训基地

面对专业群的实训基地建设“学校热企业凉”的难题，如何有效充分破解，形成更深度融合的校企“两头热”“你情我愿”的“产教融合”型专业实训基地，是校企合作共建共享共赢实训基地建设的目标。企业有意愿投入资金和设备，学校提供技术和场地，双方在实训基地的共建上形成各自发挥自身优势的良好态势。企业在实训基地可以进行职工技能培训、岗位练兵、技术比武、科研技术项目合作等，充分利用实训基地进行企业的技术发展升级，从而达到产生经济效益和节约技术成本等的目的。学校利用实训基地进行专业人才培养，与合作企业进行订单式培养，为企业输送行业技术人才，间接为企业节约了成本。校企合作进行科技项目的研发合作，也能够为双方带来经济效益，实现共赢。更进一步，校企合作共建产业学院，或者成立混合所有制学院，以合作共建的实训基地为依托，实现更深度的产教融合合作。

4. 更广阔的创新创业实践空间

充分利用学校创新创业学院的“双创”孵化基地，结合专业群的专业人才培养目标，将专业群的实训基地按照专业人才培养方案的技能素质目标、课程体系等关键因素进行有机结合，把专业的“双创”教育融入专业课教学中。建设以专业实训室为主要实践阵地、“双创”实践基地为课外项目孵化实践阵地的创新创业空间，为学生提供更为广阔的创新创业实践机会和空间，进一步增强专业学生的创新意识和就业竞争力。

### 4.3.2　专业群实训基地建设思路

全面深化校企合作，优化资源配置，产教融合，建设专业群系统性的全功能“七位一体”产教融合型实训基地。

1. 专业群实训基地的建设功能

充分对接产业链内企业的技能需求和专业群内专业的人才培养课程体系，厘清校企双方的实训基地建设目标需求，有效整合双方资源，打造“产、学、研、训、创、鉴、服”七位一体的“全功能”专业群实习实训基地，适应行业企业技术新发展，提升实训基地的生产、专业教学、科技研发、职工培训、创新创业、技能鉴定、技术报务等七大功能。

(1)教学、生产功能：工学结合、校企合作为学生提供真实的生产性的实训环境，让学生在校内完成上岗前的专业课程学习和职业技能训练；学生在校外实习实训基地进行企业实践、跟岗、顶岗实习等教学环节，极大地促进了专业人才培养的技能实践，满足企业对人才的需求。

(2)科研功能：教师通过到合作企业的基地进行挂职锻炼，及时学习专业技术在行业企业的最新发展和应用，在更新教师专业技能的同时，提升了教师的科研能力和专业教学水平。同时，也更能为教师对接企业的技术创新需求，结合自身理论水平，可以更好地开展专项技术科研工作，为企业提供技术支撑。

(3)培训功能：与合作企业开展高铁信号技术培训、电务信号工长资格性和适应性培训、转岗人员培训、城轨机电检修、机电检修、自动化技术应用等职工技术培训。同时，实训基地还可以为企业职工提供岗位技术练兵、技能比武等提供场地和培训指导。以轨道交通信号专业师资培训基地为依托，开展全国轨道交通信号专业教师的师资培训。以工业机器人操作与运维“1＋X”证书试点为依托，开展工业机器人操作与运维培训“X”证书培训考证培训。

(4)创新创业功能：利用实训基地进行专业学生创新创业能力的培养，学生更贴近职业岗位技能需求和技术创新需求，更有利于提升专业学生的创新能力，增加创业机会。

(5)职业资格鉴定功能：建设轨道交通信号国家技能鉴定机构1个，开展城轨信号工职业资格的鉴定。同时，实训基地还具有电工(中级)职业资格鉴定资格，按计划申报电工(高级)职业资格鉴定资格。

(6)技术服务功能：依托实训基地的科研环境及教师的专业技术，积极开展技术创新，与企业进行科研项目合作开发，进行职教装备研发、智能控制技术服务等，为高铁、轨道交通、智能控制、工业自动化等行业企业提供技术项目研究和技术支持等服务，促进校企技术服务深度融合合作。

2. 专业群实训基地的建设思路

通过整合优化现有实训室，升级扩建专业实训室，形成以高铁信号实训基地为核心，轨道交通实训基地、工业自动化实训基地为两翼，其他实训基地为延伸的专业群系统级实训基地。校内实训基地主要有高铁信号实训基地、城轨智控实训基地、工业自动化实训基地、智能控制实训基地、电工电子实训基地、柳州铁道信号工程中心等6个实训基地。主要重构了自动化研究所、城轨信号工技能鉴定站、铁道信号和高铁信号室外实训场、信号基础设备等20多个专业实训室。同时，建设跨坐式单轨道岔实训室、屏蔽门实训室、城轨车辆段联锁实训室等；建设具有混合所有制形式的高铁信号产业学院；建设技能大师工作室、名师工作室、机器人创客空间、先模创新工作室、学生技能训练中心等创新创业实践基地及科技研发中心，极大丰富了实训基地的科技创新功能。优化升级校外实训基地的功能建设，同时积极推进校企协同共建，新建一批校外实训实习基地，构建系统化的专业群校外实训基地。

专业群实训基地按照服务专业建设需要整合优化，调整扩充硬件条件资源，以满足专业实践教学的需求。同时又按照专业技能训练的进阶，由基础技能到复合技能，由岗位需求到职业资格，由工作项目到技术应用等技能递进模式进行基地建设，实现"产、学、研、训、创、鉴、服"七位一体的"全功能"高水平专业群实习实训基地。专业群实训基地建设示意图如图4.1所示。

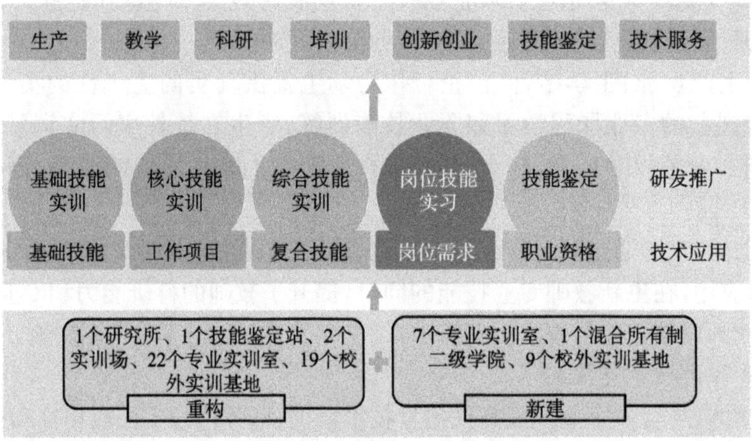


图4.1 专业群实训基地建设示意图

## 4.4 专业群实训基地建设标准

专业群内的各专业实训基地的建设，应按照专业建设规划，以及高等学校专业实训教学条件建设标准进行总体性、系统性的建设。

### 4.4.1 专业群实训基地建设需要符合专业实训教学条件建设标准

专业群内的6个专业，在实训基地优化和建设中，必须严格按照教育部已经发布的高等学校专业实训教学条件建设标准进行建设。其中除了城市轨道交通机电技术专业的实训教学条件建设标准尚未发布外，其余5个专业均已发布。专业实训教学条件建设标准明确了实训室建设的场地条件，包括实训室面积、设备、水电等方面的建设标准要求。同时还明确了各专业的基础实训室、专业实训室、专业拓展实训室等专业技能实训室的建设标准。

专业群内各专业的实训基地建设，还应在系统性、专业性等方面符合技术融合、领域衔接的要求。高铁信号与铁道信号、城轨信号与城轨机电、电气自动化技术与机电一体化技术及工业机器人技术，它们之间的实训室功能上的综合性，以及各类别之间的兼容性，都是在实训基地建设的过程中需要着重考虑的因素。高铁信号控制与城轨信号控制，这两个专业群类别之间的技术有相同的部分，也有完全不同的部分，应将这些因素充分地进行系统性和专业性的分析、划分，进而将专业实训基地建设得更加有效，更加符合技术融合的需求。

### 4.4.2 专业群实训基地建设需要满足专业人才的专业技能培养需求

专业群实训基地在建设和使用的过程中，需要满足群内各专业人才培养的专业技能培养及技能更新的需求。要实现专业人才培养方案中的技能培养目标，就需要实训基地具备专业基础技能、专业核心技能、专业拓展技能及创新能力等的培养功能，全面提升专业人才培养质量。同时，要充分满足行业企业对于技术培训及科研服务的需求，更好地为合作企业职工培训、技术服务和科技研发提供便利。

实训基地建设的功能，应可随着现场技术的不断更新而能够自适应地更新。现场的技术更新发展飞快，专业实训基地的设备、技能培养功能就应该可以与现场技术的更新而相适应，如已经无法适应的实训室，需要及时更新，与企业对接，进行优化升级。

### 4.4.3 专业群实训基地建设需要满足专业人才的职业素养塑造需求

专业实训基地在服务专业人才培养的专业技能需求过程中，还需要重点考虑实训基地在专业人才的职业素养塑造需求。专业人才的职业素养主要包括职业道德、职业安全规范、职业行为规范、爱岗敬业、职业能力等。专业学生的职业素养，要在实践教学过程中形成，实训基地就需要为专业人才培养提供环境和条件。

丰富的企业文化，贴近企业现场的实训环境，与现场职业岗位工作流程一致的实训教学过程，一系列的职业环境熏陶，让学生在进行实践教学的全过程中都能够塑造个人职业素养。因此，在实训基地建设的标准中，符合职业岗位实际的企业文化建设、职业环境建设，尤为重要。

### 4.4.4 专业群实训基地建设需要满足专业人才的岗位技能综合性培养需求

专业实训基地在服务专业人才培养的岗位技能需求过程中，需要注重考虑实训基地对专岗位技能综合性培养的需求。现代职业岗位(群)的技能要求岗位员工需具备较为综合性的业务技能水平。要求在突出专业核心技能的同时，还需具备专业领域相关的其他综合技能等。高铁信号专业及城轨信号专业，需同时具备自动控制及机电技术方面的技能；城轨机电专业，需同时具备自动控制、信号控制方面的技能；机电、自动化、工业机器人专业需具备一定的智能控制方面的技能。这些需求就对专业群的实训基地提出了更高的要求标准，需要满足专业类别之间的相融性及综合性。同时，各专业的综合技能培养，都必须包含创新能力的培养，在进行创新能力培养的过程中，学生的综合技能能够得到更好的提升。

# 第 5 章　师资队伍建设

## 5.1　师资队伍建设概述

教育，是国之大计，党之大计。教师，是教育之根本。加强师资队伍建设，尤其是创新团队的建设，对教育的发展一直起着决定性的作用。2012 年 8 月 20 日，国务院制定印发了《国务院关于加强教师队伍建设的意见》（国发〔2012〕41 号）。对如何全面加强教师队伍建设、创新教师管理体制、加强教师工作薄弱环节等关键问题提出了具体的任务、要求和措施，有很强的政策性、针对性和可操作性，是指导教师队伍建设的纲领性文件。《国务院关于加强教师队伍建设的意见》提出，到 2020 年，形成一支师德高尚、业务精湛、结构合理、充满活力的高素质专业化教师队伍。《国务院关于印发国家职业教育改革实施方案的通知》明确提出：到 2022 年，分专业建设一批国家级职业教育教师教学创新团队。多措并举打造“双师型”教师队伍。探索组建高水平、结构化教师教学创新团队，教师分工协作进行模块化教学。

铁道信号自动控制专业群始终坚持教师发展战略，以提升学校师资队伍的能力水平为核心，打造高水平的“双师型”教学团队。铁道信号自动控制专业群的师资队伍，伴随着专业的不断建设发展而不断成长壮大，具有深厚的行业底蕴、行业职业技能水平高、在行业领域的影响力不断扩大。职业院校专业教师队伍的建设发展，必须紧紧围绕着行业企业的发展需求，对接专业新技术发展。铁道信号自动控制专业群在服务飞速发展的高速铁路过程中，必须适应现场技术技能要求。

## 5.2　师资队伍建设现状

铁道信号自动控制专业群创新“专业双带头人”制度，建设高水平专业教学团队，以学术大师、行业名师为核心，发挥“双带头人”的引领、辐射与带动作用，有效推进学术与技术深度融合，快速提升教学团队的教学与实践水平，增强专业群的核心竞争力与影响力。

## 5.3　师资队伍建设存在的问题

### 5.3.1　铁道信号自动控制专业群师资队伍建设结构性不够合理

铁道信号自动控制专业群的专任教师年龄结构呈现年轻化，两头大中间小的分布曲线，不利于团队内部的传帮带作用，团队教师的学历结构仍需提升，才能适应新时期现代职业教育的发展需求。具有高级职称的专任教师人数少，还不能达到国家级高水平专业群的教师队伍建设目标的要求。专业群专任教师团队结构性不合理的主要原因，是专业群的办学规模不断壮大，近年来引进了较多的年轻教师。

### 5.3.2　铁道信号自动控制专业群师资队伍建设双师水平不够高

铁道信号自动控制专业群师资队伍的“双师型”教师比例距离国家、自治区高水平专业群师资队伍的“双师型”比例要求还有一定差距，其主要原因是多数教师在职业技能等级证书获取和到企业实践挂职锻炼的经历不足，难以满足广西壮族自治区的“双师型”等级证书评审条件要求。

### 5.3.3　铁道信号自动控制专业群师资队伍建设科技服务能力不足

铁道信号自动控制专业群师资队伍在科研和技术服务方面的能力水平还有很大的提升空间。专任教师日常的教学任务很重，难以集中精力在专业技术服务、科技创新及技术攻关等方面，没有能够形成合力，产出具有较大影响力的标志性成果。专任教师参与企业技术改造和新技术研发方面的力度不够，没有开拓有效的校企合作进行科技项目研发的途径，有较大的壁垒未能打破。

### 5.3.4　铁道信号自动控制专业群师资队伍建设国际化水平不高

铁道信号自动控制专业群师资队伍参与专业建设的国际化能力水平还不高，专业群在引进国际先进职业教育理念和经验方面也还没有做好。在铁道信号自动控制专业的专业建设标准、实训基地建设标准、职业教育标准等国家标准输出迈出了步伐。专业群在国际职业教育师资培养、国际化职业教育教材编写、服务“一带一路”职业教育国际化的专业人才培养等方面，还需要进一步提升服务能力。

## 5.4　师资队伍建设的举措

### 5.4.1　建设“大师+名师+骨干”师资队伍，提升创新型教学团队的专业影响

以技能大师、教学名师、骨干教师为建设重点，建立健全教师培养培训机制，建设专业双带头人引领、技能大师及名师带动、骨干教师支撑的教学团队。优化双师型教师培养方案，完善兼职教师管理机制，构建结构合理、专兼结合，具有高水平教学、科研和服务能力的双师型师资队伍。打造“产教融合型”技能大师、“教学科研型”教学名师，建设国内有影响的“大师引领、名师突出、骨干拔尖”的高水平创新团队。

1. 引进技能大师，建立专业双带头人制度，引领专业错位特色发展

建立专业群专业双带头人机制，引领专业发展，走错位发展、特色发展之路。一是聘请交通类知名大学的轨道交通信号与控制知名专家为铁道信号自动控制专业群的校外带头人，并聘为专业群建设首席顾问。二是创新人才引进机制，设立特聘教授岗位及技能大师工作室，柔性引进或特聘行业企业知名技能大师、技术专家，作为核心专业的带头人，以大师工作室建设为平台，参与专业建设指导。三是发挥行业企业技能大师的引领和指导作用，实施柳州铁道职业技术学院《专业带头人、学科带头人选拔与考核管理办法》，完善专业带头人动态遴选、培养、激励机制，培养具有高级职称、高水平的技术骨干成为核心专业的校内专业带头人。通过实施行业企业和学校双层次的专业带头人机制，发挥行业企业专业带头人的技术技能引领作用，发挥校内专业带头人的教育教学带动作用，共同引领专业错位发展、特色发展。

2. 培养专业名师，编制名师专家培养规划，建设高水平创新型团队

培养高职称名师专家。一是，制定骨干教师素质提高行动计划，实施“名师精培”工程，通过柳州市拔尖人才、优秀青年科技人才培养，自治区“十百千工程”教师及“万人计划”优秀教师培养等多种途径，扩大名师专家的专业影响力。二是，开展“百高扶优”工程及“教授工程”，编制名师专家培养规划，制定年度专业名师培养工作实施方案。三是，依托轨道交通信号协同创新平台，开展技术研发及科技服务，提高科研服务能力及创新水平；参与职业技能竞赛指导及专家评委等专业技术实践，扩大专业影响力。四是，依托技能大师工作室，积极与行业企业开展合作，学习行业新技术、专业新理念，扩大在行业专业领域的知名度。五是，通过建设名师工作室，带动名师专家培养。建设高水平创新团队，引进高层次紧缺人才。创新人才引进机制，实施高层次紧缺人才引进计划，重点从企业引进专业急需的应用型人才，从高校引进科研领军人才，提升创新型团队的实力。

3. 培育拔尖骨干，完善骨干教师培养机制，提升团队技术服务水平

“内培”和“外送”相结合，培育拔尖骨干教师。“内培”的主要途径有：一是，实施“老带新”导师制培养工作方案，与专业名师、专业带头人等“结对子”进行“传、帮、带”培养。二是，通过参与技能竞赛指导、大师工作室、名师工作室技术项目研发等专业技能提升活动，提高科技服务水平。三是，通过开展教师互听课评课的教学活动，以及青年教师教学能力提升工程的实施，提高骨干教师的专业教学能力。“外送”主要是有计划安排骨干教师参加行业企业实践锻炼、国内师资培训、国外访学等，进行专业技能实践、职业教育新理念新技术学习，拓宽行业视野，提升国际化服务能力。选派骨干教师到德国、日本等国家的轨道交通企业进行学习培训；参加国际企业、境内外职业教育研究机构组织的境外培训、专业研修；国内师资培训。培养面向国际职业教育轨道交通领域的专业师资输出、专业双语授课教师、创新创业导师。

制定骨干教师学历学位进修及职称晋升行动计划，提高师资队伍的学历和技术职称层次，提升师资团队的科研水平。政策上支持、鼓励青年教师进行学历学位进修，提高团队的学历层次，专任教师中具有研究生学历或硕士学位的教师比例达到70%以上。落实骨干教师职称晋升行动计划，通过进行课题研究、参与教育教学技术应用大赛、指导职业技能大赛、科研项目研发、论文发表等多渠道提高教科研能力，积累成果，晋升职称。

4. 加强企业实践，优化双师教师培养方案，提高教师实践教学能力

成立“双师型”教师培养工作领导小组，制定实施“双师型”教师培养行动计划，加强对“双师型”教师的培养。实行教师培训与实践锻炼制度，扎实落实骨干教师参加师资培训及到企业实践挂职。完善骨干教师赴企业实践锻炼工作方案，新职工岗前到企业实践累计不少于6个月；专任教师每两年到企业实践相关活动累计不少于3个月；有计划安排骨干教师到专业领域相关行业企业挂职锻炼，积累专业技能实践经验及管理经验。骨干教师到企业实践期间，与企业技术专家、技艺能手建立“老带新”师徒关系，与校内“老带新”形成校企“双导师”制，有效提升骨干教师的培育质量。支持教师参加“双师型”教师专业技能培养和认定，取得高级技师资格证书及企业技能鉴定考评员资格证书。通过产教融合，校企合作等形式组织教师参与专业实践活动，提高教师的实践技能，提高职业技能等级证书获证率。拓宽人才引进渠道，从行业企业引进高层次人才加快“双师型”教师培养。借力技能大师工作室及校企“双导师”的指导和带动，加快“双师型”教师队伍建设，“双师型”教师占专任教师的比例达到80%以上。

5. 外聘行业工匠，构建专兼结合教学团队，实现校企共同培养人才

建立健全企业兼职教师管理制度，推行《企业兼职教师聘用管理实施办法》，进一步提高兼职教师教学水平。通过与校企合作企业进行技术技能人才资源共享，遴选具有实践经验的行业专家、企业工程技术人员、高技能人才及能工巧匠，建立"企业兼职教师人才资源库"，形成一个100人以上的动态"企业兼职教师资源库"，每年从库中遴选50人聘为兼职教师。完善兼职教师的教学能力培训制度，组织教育教学专家、教学经验丰富的老教师定期对兼职教师进行教学、师德及教育心理学等专项培训指导，提高兼职教师的教学能力与素质。选聘、企业兼职教师，与专任教师共同构建一支结构合理、素质能力强的专兼结合教学团队，兼职教师每年承担专业实践课的学时数占总学时的20%以上。

6. 注重实践技能培养，打造高水平实训指导教师教学团队

《关于全面提高高等职业教育教学质量的若干意见》《国家中长期教育改革和发展规划纲要(2010—2020年)》及《国务院关于印发国家职业教育改革实施方案的通知》等国家文件明确指出，加快发展现代职业教育，深化工学结合、现代学徒制等高等职业教育人才培养模式改革。在人才培养模式改革中，毕业生的培养质量是核心指标，而师资队伍建设及教学改革则是人才培养质量的关键要素。对于职业院校而言，实践教学作为工学结合、现代学徒制模式的主要教学组成，为此，铁道信号自动控制专业群的师资队伍建设，尤其注重培养高质量的实训指导教师队伍，探索出了一条特色鲜明的实训教师培养途径，形成了"柳铁模式"。

(1)实训指导教师队伍建设的内涵及要求

职业院校的实训指导教师队伍是师资队伍的重要组成部分。职业院校的人才培养模式主要有订单式、工学结合及现代学徒制等，无一不是都将实践教学作为专业课程教学的核心，实践教学学时比例占总学时的一半以上。国家职业教育已经启动"学历证书＋若干职业技能等级证书"试点(1＋X证书制度试点)工作，到2022年，要求"双师型"教师(同时具备理论教学和实践教学能力的教师)占专业课教师总数超过一半，这些职业教育的新要求，使得职业院校的实践教学的指导需要专业能力和操作技能，需要教师具备很高的职业素养及专业实践能力。与职业岗位能力要求相匹配的专业技能、动手实践能力及职业素养，是实训指导教师培养的主要内涵。职业教育师资队伍建设对实践教学指导教师的能力要求主要有：

①具有相关专业的行业或企业实践经历，熟悉相关专业的技术发展、专业职业岗位的技能要求；了解行业企业相关技术技能及管理的标准。

②具备国家职业技能标准规定的专业能力和操作技能，同时具有综合教学能力及技能指导与学者技能实践评价的能力。

③掌握实践教学指导教师的角色能力。应具有实训内容的设计及实施能力、实践教学活动的组织能力、实践操作的指导引导能力及技能实践的评价能力。

(2)实训指导教师实践教学能力培养途径

实训指导教师在职业教育教学中有着极为重要的作用，对其实践教学能力及指导能力的要求也很高。职业教育要培养高素质技术技能型人才，就必然要求教师首先要具备非常强的实践教学指导能力。实训指导教师多数为从企业引进的具有丰富的企业现场工作经验，或是高校引进的高学历专业人才。然而，或多或少都会存在一个问题，就是有企业现场经验的实训教师没有课堂教学经验，有课堂教学经验或理论教学水平的教师在实训教学指导上又缺乏现场职业岗位技能及经验。如何把实训教师队伍的综合实践教学能力提升，是现阶段各职业院

校在进行师资队伍建设发展的过程中要着重考虑的问题。探索实训指导教师的实践教学能力培养的有效途径,可以从以下几个方面进行。

第一,深化校企合作师资共建共享,坚持教师到企业挂职锻炼制度。从各大高校毕业生中引进的新专任教师,从学校层面制定新教师培养工作实施方案,明确要求新教师三年内至少要到专业相近或从教专业相近的企业进行挂职锻炼一年及以上的时间。专业课教师也要求每年至少到企业进行锻炼1个月以上。实训指导教师尤其要完成该项工作,以确保教师具备一定的企业现场岗位工作要求规范及行为标准、岗位技能要求及专业性问题的发现、解决思路。唯有如此,才能够将所学的专业理论和专业实践相结合起来,进而能够胜任职业教育的实践教学的指导工作。同时,即使是理论课教学的新专任教师,也应该先在实训室从事实验室管理及实践教学辅导指导等相关工作至少一年,积累相关课程的实验实训项目及实践教学的指导与管理经验,为课程教学能力的提升打下坚实的基础。

第二,建设教师发展平台,坚持推进实施教师业务能力提升工程。企业引进的具有高职称或丰富现场工作经验的教师,在岗位工作的技能实践、技术规范要求等方面是一把好手,但却缺乏教学和指导经验。引进后,一般会成为专业实践性课程的教学及指导教师或实验员。对此,需要在课程的理论教学方法、教学手段及教学魅力等方面进行业务能力培养。通过基础能力提升专题培训、课堂教学比赛等形式,重点加强实训教学方法的学习与训练。积极提升实训指导教师在讲授法、研讨法、程序教学法、数字化学习法、练习法等知识技能型教学方法方面的能力提升。同时,将现场的工作经验融入工作指导法、案例分析法、头脑风暴法、行动学习法、模拟训练法、角色扮演法等实践操作技能型教学方法中。

第三,加强业务能力培养,坚持落实实施实践教学业务能力"老带新"指导工作制度。指导教师应选聘业务水平高、教学经验丰富、科研技术服务能力强的老教师,重点在实践教学方法、实验实训项目开发、专业技能大赛指导、专业技术领域科技项目研发等方面进行师徒一对一指导。通过"老带新"的传、帮、带指导,让实训指导教师全面提升实践教学的指导及管理能力,为培养专业学生的综合技能服务,提高专业人才培养质量。

第四,深入实施专业技术创新带动工程。全面参与专业学生技能协会的指导及学生创新创业指导工作,提升实训指导教师在专业领域的创新能力,有效促进专业人才培养创新意识、协作意识和就业竞争力。实训指导教师主要负责指导专业学生协会开展各类专业技术活动,指导专业学生积极参与创新创业大赛。通过带动专业学生协会的发展提升自身的专业技术服务能力和专业毕业生的知名度。通过指导专业学生进行创新创业大赛,提升自身的专业发展新思路、新技术,更好地进行专业综合实践教学指导。

(3)实训指导教师培养质量监控

建立科学有效的实训指导教师培养质量监控与评价机制,对于培养技术能力突出的实训指导教师,具有重要意义。职业院校需通过培养质量监控机制监督培训培养的组织实施和评估培训培养成果。

一是院校建立教师企业挂职锻炼工作实施方案,各教学系部严格执行,并将企业锻炼经历与教师职业发展、职称晋升及评优评先等相关联。各专业依据专业建设发展规划的指标有组织实施专业教师到企业挂职锻炼,提高专业专任教师队伍的"双师"比例。同时,各系部建立健全教师到企业挂职锻炼的考核制度。挂职锻炼前提出明确清晰可量化的预计成果目标,在企业锻炼期间全过程跟踪督导,确保挂职锻炼有实效。挂职锻炼结束后,教师应提交锻炼成果及总结报告，学校将以目标成果为报销相关费用及绩效考评的主要依据。表5.1为教师企业挂职锻炼的主要考核指标（部分）。

**表5.1 教师企业锻炼主要考核指标**

| 序号 | 项目 | 主要指标 |
|---|---|---|
| 1 | 申请报告 | 挂职锻炼时间、预计成果（具体成果形式及数量） |
| 2 | 过程督导 | 挂职锻炼期间的考勤记录、技术研究工作参与行为痕迹原始材料 |
| 3 | 总结报告 | 企业挂职锻炼期间完成的相关成果佐证材料、企业鉴定报告、个人总结 |
| 4 | 成果应用 | 期间完成的成果对专业建设的作用、锻炼经历在教师中的分享效果 |

二是院校建立青年教师成长工作实施方案，指导青年教师，尤其实训指导教师的专业成长。实训指导教师提出个人三年发展目标，具体且可量化考评，将发展目标分解到每一个学期的教学工作中。重点加强在实践教学设计、教学方法及实操指导上有成果。要求实训指导教师努力提升专业实践教学新项目的开发能力、现代教育教学技术在实践教学中的应用能力、职业技能竞赛水平及指导学生参赛的水平、专业新技术的研究学习能力。院校对在实践教学中取得突破性、标志性成果的教师，给予重奖激励，树立典型。表5.2为青年教师个人发展目标主要指标。

**表5.2 青年教师个人发展目标主要指标**

| 序号 | 项目 | 主要指标 |
|---|---|---|
| 1 | “双师型”证书 | 三年内至少获得初级“双师型”证书 |
| 2 | 课题项目 | 三年内至少主持完成校级课题1项、参与区级课题1项 |
| 3 | 教学技能比赛 | 每年参加校内教学能力提升比赛2项、教育教学能力应用比赛1项 |
| 4 | 技能竞赛 | 每年参与指导学生职业技能大赛1项、创新创业大赛1项 |
| 5 | 科研项目 | 每年发表专业技术或教改论文2篇、专利1项；参与技术服务1项 |

三是院校进一步加强实施教学能力“老带新”指导工程。进一步健全“老带新”师徒指导工作方案，优化指导评价指标，把“老带新”指导成果、结论作为教师年度考核、职称晋升及评优评先的重要参考依据，形成具有特色的技术传承及传帮带氛围。重点落实实施实训指导教师在专业知识、职业岗位技能、职业态度及个人魅力等层次的指导培养考核评价体系。表5.3为实训指导教师培养考核评价主要指标。

**表5.3 实训指导教师培养考核评价主要指标**

| 序号 | 项目 | 主要指标 |
|---|---|---|
| 1 | 专业知识 | 实践教学内容的熟悉度、专业前沿技术发展的理解情况、学生的课堂教学评价、指导老师及教学系部的听课评课反馈 |
| 2 | 职业技能 | 职业岗位操作规范、实践教学技能、指导学生分析解决问题的水平、学生的课堂教学评价、指导老师及教学系部的听课评课反馈 |
| 3 | 职业素养 | 职业道德评价、个人行为规范、在专业发展及就业等方面的贡献 |
| 4 | 技能竞赛 | 在职业技能竞赛工作中取得的成果 |
| 5 | 科研课题 | 在专业技术领域取得的成果及技术服务参与度 |

四是院校建立专业学生协会及创新创业团队的教师指导评价体系。将专业学生的各类协会组织开展的专业技术活动及参加创新创业大赛取得的成绩纳入专业学生学业成绩认定及学分置换，以激发专业学生的积极性。同时考核指导老师在其中的指导成效，可作为教师的科研业绩认定、折算工作量等形式进行认可，激励教师积极参与专业学生协会活动的指导及创新创业大赛的指导。

现代职业院校的发展，实践教学必将继续作为核心教学环节对职业教育人才培养质量产生关键作用。实训指导教师作为专业教师队伍中极其重要的部分，其职业素养、知识水平、技能水平是职业教育师资队伍建设培养的重点工作。不断深化职业教育改革，深刻理解实训指导教师的内涵及发展要求，探究实训指导教师队伍的技能培养有效途径，健全实训指导教师培养工程的督导及质量评价机制，是有效提升职业院校高素质技能型人才培养质量的重要工作。

### 5.4.2 柳州铁道职业技术学院教师发展实例

(1)铁道信号自动控制专业群成立技能大师工作室，充分发挥行业企业技能大师的专业指导和技术引领作用。依托技能大师工作室，开展行业新技术新发展研究，挖掘专业发展的优势，凝练专业发展特色，引领轨道交通信号与控制专业群建设发展与技术服务。建设自动化、铁道信号、城轨信号等3个技能大师工作室，开展专业建设。技能大师工作室建设与预期成效见表5.4。

**表5.4 技能大师工作室建设与预期成效**

| 名称 | 面积($m^2$) | 主要硬件 | 建设内容 | 预期成效 |
|---|---|---|---|---|
| 自动化技能大师工作室 | 105 | 高配置计算机、信号发生器、示波器、移频表 | 1. 指导设计电气自动化技术专业人才培养方案；<br>2. 指导青年骨干教师；<br>3. 指导实训基地建设；<br>4. 开展技术服务、技术攻关及科技项目研发；<br>5. 引入企业作业标准、职业规范开发实训项目，编制实训指导书；<br>6. 组织企业管理、专业先进技术等专题讲座 | 1. 修订专业人才培养方案2次；<br>2. 指导双师型青年骨干教师5人；<br>3. 技术项目合作1项，技术服务1项，科技项目研发1项；<br>4. 实训室标准化建设融入企业管理与文化；<br>5. 编制实训指导书3份；<br>6. 举办先进技术讲座1场 |
| 铁道信号技能大师工作室 | 227 | 高配置计算机、信号发生器、示波器、移频表 | 1. 指导设计铁道信号自动控制、城市轨道交通通信信号技术专业人才培养方案；<br>2. 指导青年骨干教师；<br>3. 指导实训基地建设；<br>4. 开展技术服务、技术攻关及科技项目研发；<br>5. 引入企业作业标准、职业规范开发实训项目，编制实训指导书；<br>6. 组织企业管理、专业先进技术等专题讲座 | 1. 修订专业人才培养方案4次；<br>2. 指导双师型青年骨干教师5人；<br>3. 技术项目合作1项，技术服务1项，科技项目研发1项；<br>4. 实训室标准化建设融入企业管理与文化；<br>5. 编制实训指导书5份；<br>6. 举办先进技术讲座1场 |

续上表

| 名称 | 面积($m^2$) | 主要硬件 | 建设内容 | 预期成效 |
| --- | --- | --- | --- | --- |
| 城轨信号技能大师工作室 | 105 | 高配置计算机、信号发生器、示波器、移频表 | 1. 指导设计电气自动化技术专业人才培养方案；<br>2. 指导青年骨干教师；<br>3. 指导实训基地建设；<br>4. 开展技术服务、技术攻关及科技项目研发；<br>5. 引入企业作业标准、职业规范开发实训项目，编制实训指导书；<br>6. 组织企业管理、专业先进技术等专题讲座 | 1. 修订专业人才培养方案2次；<br>2. 指导双师型青年骨干教师3人；<br>3. 技术项目合作1项，技术服务1项；<br>4. 实训室标准化建设融入企业管理与文化；<br>5. 编制实训指导书3份；<br>6. 举办先进技术讲座1场 |

(2)建设“信号名师工作室”“自动化名师工作室”，开展科技服务及项目研发，提升技术创新水平；建设“机电名师工作室”，开展教育教学研究，提高教学质量与教学技能水平。名师工作室建设与预期成效见表5.5。

**表5.5　名师工作室建设与预期成效**

| 名称 | 建设内容 | 预期成效 |
| --- | --- | --- |
| 信号名师工作室 | 1. 开展科学技术应用课题研究；<br>2. 开展横向课题项目开发；<br>3. 开展技术咨询与服务；<br>4. 开展专利发明研究及成果转化 | 1. 研究省级科研项目2项；<br>2. 研究省级以上自然科学项目1项，开展科技创新项目1项，申报省级科技进步奖1项；<br>3. 开展横向课题开发1项；<br>4. 开展技术咨询与服务1项；<br>5. 获得专利3项，科技成果转化1项 |
| 自动化名师工作室 | 1. 开展科学技术应用课题研究；<br>2. 开展横向课题项目开发；<br>3. 开展技术咨询与服务；<br>4. 开展专利发明研究及成果转化 | 1. 研究省级科研项目2项；<br>2. 研究省级以上自然科学项目1项，开展科技创新项目1项；<br>3. 开展横向课题开发1项；<br>4. 开展技术咨询与服务1项；<br>5. 获得专利2项，科技成果转化1项 |
| 机电名师工作室 | 1. 开展专业课程建设，教育教学方法研究与实践；<br>2. 开展信息化技术教学研究；<br>3. 开展教学改革课题研究；<br>4. 进行教材开发，实训项目开发；<br>5. 指导青年教师教学技能比赛 | 1. 研究省级教改课题4项；<br>2. 建设精品资源共享、在线开放课程国家级1门、省级2门；<br>3. 编写双语教材1本、涉外培训专业英语教材1本；<br>4. 信息化教学大赛获国家级奖1项，省部级5项 |

(3)实施企业兼职教师聘用管理制度，从中国铁路南宁局集团有限公司南宁电务段、广西沿海铁路股份有限公司钦州电务段、中国铁路南宁局集团有限公司柳州电务段、中国铁建二十五局集团第四工程有限公司、南宁轨道交通集团有限责任公司、柳州市轨道交通投资发展集团有限公司、广西汽车集团有限公司、柳州五菱汽车工业有限公司、东风柳州汽车有限公司、柳州欧维姆机械股份有限公司等企业聘用兼职教师，建立100人以上的动态“企业兼职教师资源库”，并定期更新库资源，动态适应专业及课程新发展的需要，每年从“企业兼职教师资源库”中选聘30～50人作为兼职教师，要求参与专业实践教学，开展教学能力培训2次，建立“老带新”教学指导师徒关系，每年兼职教师参与应用技术项目研发1项。

### 5.4.3 柳州铁道职业技术学院教师发展标准

为促进我校教师专业发展，提高教师队伍质量，打造一支高素质专业化的双师型教师队伍，依据中共中央、国务院《关于全面深化新时代教师队伍建设改革的意见》精神，结合高职院校内部质量保证体系建设的要求，制定了《柳州铁道职业技术学院教师发展标准》。

1. 指导思想

以教师终身发展为根本，以教师能力发展为主线，以促进教师岗位成长为目标，遵循教育规律和教师成长发展规律，从师德师风、职业素养、教学能力、研究能力、服务能力五个维度激发教师内生动力，从四有新教师、双师型教师、骨干型教师、专家型教师、领军型教师五个阶段加强教师专业梯队建设，完善教师培养机制，畅通教师成长路径，引导教师全面发展，建成一支结构合理、技艺精湛、专兼结合的双师型教师队伍。

2. 教师发展五个维度

教师发展标准从师德师风、职业素养、教学能力、研究能力、服务能力五个维度激发教师内生动力，如图 5.1 所示，具体表现为：

(1)师德师风

立德树人：具有正确的教育取向、具备崇高的职业精神。

职业道德：具有严谨的工作态度、具备宽博的爱生情怀。

行为品质：具有亲和的人际关系、具备良好的个人修为。

(2)职业素养

人文修养：滋养人文精神、提升艺术品位。

学识积淀：扩大专业视野、加强自我反思。

专业进取：融入团队合作发展、提高教育技术水平。

(3)教学能力

教学设计：合理处置教学内容、有效夯实专业技能。

教学实施：展现高效课堂、体现教学艺术。

教学评价：重视过程评价、掌握评价技术。

(4)研究能力

课程开发：课程建设实践、课程资源开发。

专业建设：坚持教学改革、参与项目建设。

科学研究：注重课题研究、扩大学术影响。

(5)服务能力

服务教学：深入企业跟岗锻炼、提高操作示范能力。

服务学生：服务学生学习、服务学生发展。

服务社会：服务企业培训、服务技术革新。

3. 教师发展五个阶段

教师发展五个阶段如图 5.2 所示。

4. 教师发展标准

分别从教师发展五个维度、五个阶段确定教师发展标准见表 5.6。

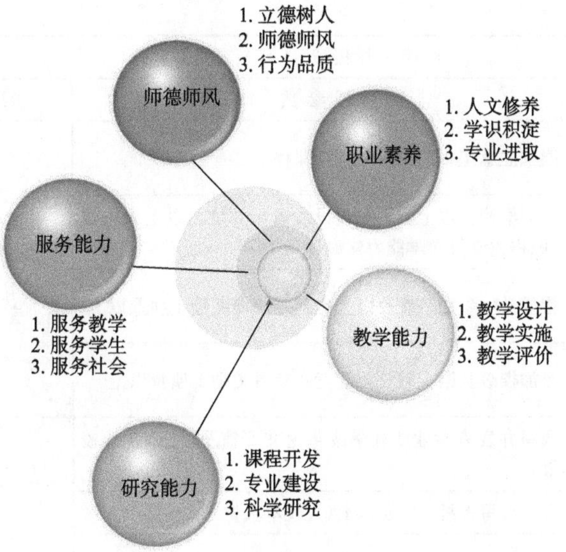


图 5.1　教师发展五个维度

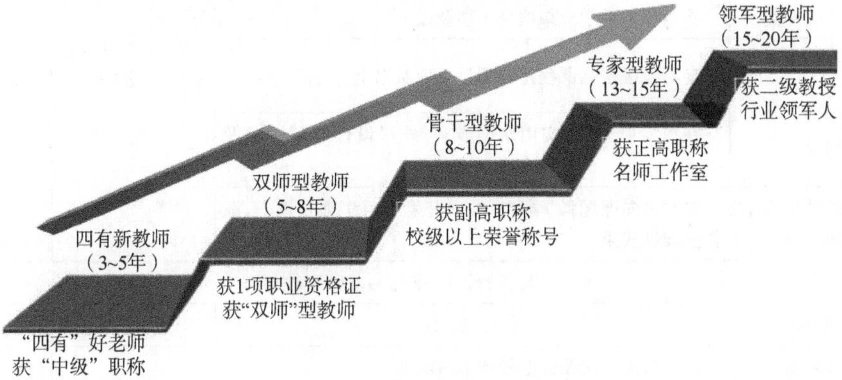


图 5.2　教师发展五个阶段

**表 5.6　教师发展标准**

| 第一阶段(3～5 年):合格新教师 | | | | |
|---|---|---|---|---|
| 维度 | 指标 | 指标参数 | 达标要求 | 目标 |
| 师德师风 | 学习活动 | 每年参加 1 次及以上师德学习活动 | 3 项指标至少完成 2 项 | 1. 成为"四有"好老师；2. 获得"中级"职称 |
| | 教育活动 | 每年参加 1 次及以上专项师德教育活动 | | |
| | 个人荣誉 | 获院级或校级及以上荣誉表彰 1 次 | | |
| 职业素养 | 各级各类培训和学习 | 如:入职教育(校史校情、高职理论、职业规划、师德修养、学生管理)、教学基本功培训(教学设计、课件制作、课堂组织)年均不少于 2 次;师徒结对培养听课≥5 次/学期 | 3 项指标至少完成 2 项 | |
| | 学历进修 | 包括学历提升、研究生课程进修等 | | |
| | 挂职锻炼 | 每两年不少于 3 个月 | | |
| 教学能力 | 课程和教学工作量 | 担任 1～2 门课程教学,教学效果良好,专任教师教学工作量年均 320 学时及以上,兼课教师年均 60 学时及以上 | "课程和工作量"必须完成；其余 4 项指标至少完成 1 项 | |

续上表

<table>
<tr><td colspan="5">第一阶段(3～5年):合格新教师</td></tr>
<tr><td>维度</td><td>指标</td><td>指 标 参 数</td><td>达标要求</td><td>目标</td></tr>
<tr><td rowspan="4">教学能力</td><td>指导实验实训教学</td><td>能独立承担1门及以上实训课程</td><td rowspan="4">“课程和工作量”必须完成;<br>其余4项指标至少完成1项</td><td rowspan="11">1. 成为“四有”好老师;<br>2. 获得“中级”职称</td></tr>
<tr><td>参与实训室和专业建设</td><td>参与学校及以上实训室建设或参与学校及以上专业建设、课程建设等教学能力建设项目1项</td></tr>
<tr><td>指导学生参加比赛</td><td>指导学生参加校级及以上比赛并获得奖励1项及以上</td></tr>
<tr><td>参加教师各项比赛</td><td>参加校级及以上教学技能竞赛获得奖励1项及以上</td></tr>
<tr><td rowspan="5">科研能力</td><td>发表论文</td><td>撰写并发表专业或教学改革论文2篇及以上(含学校学报)</td><td rowspan="7">“发表论文”必须完成;<br>其余6项指标至少完成1项</td></tr>
<tr><td>编写教材</td><td>参与编写教材1本及以上(含校本教材)</td></tr>
<tr><td>立项和完成课题</td><td>参与校级教学改革项目、课题研究1项及以上</td></tr>
<tr><td>教学成果奖</td><td>参与校级教学成果项目1项及以上</td></tr>
<tr><td>精品资源库建设</td><td>参与校级精品课程建设项目1项及以上</td></tr>
<tr><td rowspan="2">服务能力</td><td>专利发明</td><td>获得发明专利、实用新型专利、外观设计专利1项及以上</td></tr>
<tr><td>横向课题科技成果转化</td><td>参与横向课题科学研究、技术开发项目1项及以上,取得阶段性成果</td></tr>
<tr><td colspan="5">第二阶段(5～8年):双师型教师</td></tr>
<tr><td>维度</td><td>指标</td><td>指 标 参 数</td><td>达标要求</td><td>目标</td></tr>
<tr><td rowspan="3">师德师风</td><td>学习活动</td><td>每年参加1次及以上师德学习活动</td><td rowspan="3">3项指标至少完成2项</td><td rowspan="11">1. 获得1项及以上职业技能等级证书;<br>2. 获得“双师型”教师</td></tr>
<tr><td>教育活动</td><td>每年参加1次以上专项师德教育活动</td></tr>
<tr><td>个人荣誉</td><td>获校级及以上荣誉表彰1次及以上</td></tr>
<tr><td rowspan="3">职业素养</td><td>各级各类培训和学习</td><td>如:教育技术(课件制作、微课制作、在线课程等)、职业技术等培训年均不少于2次;获得1项及以上职业技能等级证书;听课评课≥5次/学期等</td><td rowspan="3">3项指标至少完成2项</td></tr>
<tr><td>访学进修</td><td>包括交流学习、学历提升、研究生课程进修等</td></tr>
<tr><td>挂职锻炼</td><td>每两年不少于3个月</td></tr>
<tr><td rowspan="5">教学能力</td><td>课程和教学工作量</td><td>担任1～2门课程教学,教学效果良好,专任教师教学工作量年均320学时及以上,兼课教师年均60学时及以上</td><td rowspan="5">1.“课程和教学工作量”必须完成;<br>2.“指导实验实训教学”必须完成;<br>3. 其余3项至少完成1项</td></tr>
<tr><td>指导实验实训教学</td><td>能担任专业课程教学,独立承担实训教学任务1年或实训课程1门及以上</td></tr>
<tr><td>参与实训室和专业建设</td><td>参与学校及以上实训室建设或参与学校及以上专业建设、课程建设等教学能力建设项目1项及以上</td></tr>
<tr><td>指导学生参加比赛</td><td>指导学生参加职业(专业)技能竞赛获得市厅级以上奖励1项及以上</td></tr>
<tr><td>参加教师各项比赛</td><td>参加教师教育教学职业(专业)技能比赛获得市厅级以上奖励1项及以上</td></tr>
</table>

续上表

| 第二阶段(5～8年):双师型教师 | | | | |
|---|---|---|---|---|
| 维度 | 指标 | 指 标 参 数 | 达标要求 | 目标 |
| 科研能力 | 发表论文 | 独立撰写并公开发表专业或教学改革论文2篇及以上 | 1.“发表论文”必须完成;<br>2. 其余6项指标至少完成2项 | 1. 获得1项及以上职业技能等级证书;<br>2. 获得“双师型”教师 |
| | 编写教材 | 参与编写公开出版教材1本及以上 | | |
| | 立项和完成课题 | 参与市厅级及以上科研或教学改革研究、科研项目1项及以上,研究取得阶段性成果 | | |
| | 教学成果奖 | 参与市厅级以上教学成果奖项目1项及以上 | | |
| | 精品资源库建设 | 省级精品课程建设团队成员或校级精品课程主要参与人 | | |
| 服务能力 | 专利 | 获得发明专利、实用新型专利、外观设计专利2项及以上 | | |
| | 横向课题科技成果转化 | 参与横向课题科学研究、技术开发项目,取得阶段性成果 | | |
| 第三阶段(8～10年):骨干型教师 | | | | |
| 维度 | 指标 | 指 标 参 数 | 达标要求 | 目标 |
| 师德师风 | 学习活动 | 每年开展2次以上师德学习活动 | 3项指标至少完成2项 | 1. 获得副高职称;<br>2. 获得校级以上“优秀教师”等荣誉称号 |
| | 教育活动 | 每年参加2次以上专项师德教育活动 | | |
| | 个人荣誉 | 获校级及以上荣誉表彰2次及以上 | | |
| 职业素养 | 各级各类培训和学习 | 如:教学改革(现代学徒制、翻转课堂、混合式教学等)年均不少于1次,听课评课(≥4次/学期) | “挂职锻炼”必须完成,其余2项至少完成1项 | |
| | 访学进修 | 包括学历提升、研究生课程进修、国内访学等 | | |
| | 挂职锻炼 | 每两年不少于3个月 | | |
| 教学能力 | 课程和教学工作量 | 担任2～3门课程教学,教学效果良好,专任教师教学工作量年均320学时及以上,兼课教师年均60学时及以上 | 1.“课程和工作量”“教学管理工作”和“培养新教师”必须完成;<br>2. 其余3项指标完成1项 | |
| | 教学管理工作 | 主持或参加教学改革等研讨活动每学期1次及以上,参加学生教育工作1年及以上 | | |
| | 培养新教师 | 指导青年教师教科研工作累计1年及以上 | | |
| | 参与实训室和专业建设 | 主要参与学校及以上实训室建设或参与市厅级以上特色专业、优质专业、课程建设或示范性实训基地建设等教学能力建设项目1项及以上 | | |
| | 指导学生参加比赛 | 指导学生参加职业(专业)技能竞赛获得市厅级以上奖励1项及以上 | | |
| | 参加教师各项比赛 | 参加教师教育教学职业(专业)技能比赛获得市厅级以上奖励1项及以上 | | |
| 科研能力 | 发表论文 | 公开发表论文3篇及以上,其中中文核心期刊(或广西优刊)发表论文1篇及以上 | 1.“发表论文”指标必须完成;<br>2. 其余6项指标完成2项 | |
| | 编写教材 | 主编或副主编公开出版教材1本及以上 | | |
| | 立项和完成课题 | 主要参与或完成市厅级及以上科研或教学改革研究、科研项目1项及以上,研究取得阶段性成果 | | |

续上表

| 第三阶段(8～10年):骨干型教师 | | | | |
|---|---|---|---|---|
| 维度 | 指标 | 指 标 参 数 | 达标要求 | 目标 |
| 科研能力 | 教学成果奖 | 主要参与并获得校级及以上教学成果奖1项及以上,科技进步奖等其他奖项比照执行 | 1.“发表论文”指标必须完成;<br>2. 其余6项指标完成2项 | 1. 获得副高职称;<br>2. 获得校级以上“优秀教师”等荣誉称号 |
| | 精品资源库建设 | 主持或作为主要负责人参加校级及以上精品课程、专业教学资源库项目建设1项及以上,完成或取得阶段性成果 | | |
| 服务能力 | 专利 | 获得发明专利、实用新型专利、外观设计专利2项及以上 | | |
| | 横向课题科技成果转化 | 主持或主要参与校级以上横向课题科学研究、技术开发项目1项及以上,取得阶段性成果 | | |
| 第四阶段(13～15年):专家型教师 | | | | |
| 维度 | 指标 | 指 标 参 数 | 达标要求 | 目标 |
| 师德师风 | 学习活动 | 每年开展2次以上师德学习活动 | 3项指标至少完成2项 | 1. 获得正高职称;<br>2. 成立名师大师工作室 |
| | 教育活动 | 每年参加2次以上专项师德教育活动,或作为专家开展1次德育教育活动 | | |
| | 个人荣誉 | 获校级、市级、自治区级荣誉表彰1次及以上 | | |
| 职业素养 | 各级各类培训和学习 | 参加教育技术、职业技术、教学改革等省内外培训、教学研讨等年均不少于1次 | “挂职锻炼”必须完成,其余2项至少完成1项 | |
| | 访学进修 | 包括国内外访学、学术研讨、学历提升等 | | |
| | 挂职锻炼 | 每两年不少于3个月 | | |
| 教学能力 | 课程和教学工作量 | 担任1～2门课程教学,教学效果良好,专任教师教学工作量年均320学时及以上,兼课教师年均60学时及以上 | 1.“课程和教学工作量”和“结对培养”2项必须完成;<br>2. 其余3项指标至少完成1项 | |
| | 结对培养 | 指导青年教师教学累计2年及以上 | | |
| | 参与实训室和专业建设 | 主持或主要参与学校及以上实训室建设或参与市厅级以上特色专业、优质专业、课程建设或示范性实训基地建设等教学能力建设项目1项及以上 | | |
| | 指导学生参加比赛 | 指导学生参加职业(专业)技能竞赛获得市厅级以上奖励1项及以上 | | |
| | 参加教师各项比赛 | 参加教师教育教学职业(专业)技能比赛获得市厅级以上奖励1项及以上 | | |
| 科研能力 | 编写教材 | 主编或副主编校级及以上优秀教材1本及以上 | 1.“发表论文”指标必须完成;<br>2. 其余7项指标至少完成2项 | |
| | 发表论文 | 公开发表论文3篇及以上,其中中文核心期刊(或广西优刊)发表论文1篇及以上 | | |
| | 立项和完成课题 | 主持或主要参与市厅级及以上科研或教学改革研究、科研项目1项及以上,研究取得阶段性成果 | | |
| | 教学成果奖 | 主持或主要参与并获得校级及以上教学成果奖1项及以上,科技进步奖等其他奖项比照执行 | | |
| | 精品资源建设 | 主持或主要参与省部级以上精品课程、专业教学资源库项目1项及以上,完成或取得阶段性成果 | | |
| 服务能力 | 培训服务 | 承担针对校外机构或人员培训服务≥30学时/学年 | | |
| | 专利 | 获得发明专利、实用新型专利、外观设计专利2项及以上 | | |
| | 横向课题科技成果转化 | 主持或主要参与横向课题科学研究、技术开发项目,取得阶段性成果;完成技术服务项目到账金额10 000元及以上(不含培训) | | |

续上表

| 第五阶段(15～20年):领军型教师 | | | | |
|---|---|---|---|---|
| 维度 | 指标 | 指标参数 | 达标要求 | 目标 |
| 师德师风 | 学习活动 | 每年开展1次及以上师德学习活动 | 完成3项指标 | 1. 获得三级及以上教授称号；<br>2. 成为行业领军人才 |
| | 教育活动 | 每年开展1次及以上德育教育活动 | | |
| | 个人荣誉 | 获市厅级及以上优秀教师、教学名师等荣誉称号1次及以上 | | |
| 职业素养 | 各级各类培训和学习 | 举办教育技术、职业技术、教学改革等各类培训、讲座、教学研讨等活动年均不少于1次 | “各级各类培训和学习”必须完成，其余2项至少完成1项 | |
| | 访学进修 | 包括国内、国外访学和进修 | | |
| | 挂职锻炼 | 每两年不少于3个月 | | |
| 教学能力 | 课程和教学工作量 | 根据职业教育特点探索产教融合、校企合作、工学结合人才培养方案，教学工作量年均200学时/学年 | 1. “课程和教学工作量”指标必须完成；<br>2. 其余4项指标至少完成2项以上 | |
| | 指导实验实训教学 | 开发生产性实训、顶岗实习实训项目，建设和完善实训设备及各类实训平台 | | |
| | 参与实训室和专业建设 | 主持完成学校及以上实训室建设或市厅级以上特色专业、优质专业、课程建设或示范性实训基地建设等教学能力建设项目1项及以上 | | |
| | 指导学生参加比赛 | 制定校级及以上学生技能比赛规则和相关制度，主持或参与指导赛项培训 | | |
| | 参加教师各项比赛 | 制定校级及以上教师教育教学职业(专业)技能比赛规则和相关制度，主持或参与指导赛项培训 | | |
| 科研能力 | 发表论文 | 公开发表论文3篇及以上，其中中文核心期刊(或广西优刊)发表论文1篇及以上 | 1. “发表论文”指标必须完成；<br>2. 其余4项至少完成2项以上 | |
| | 编写教材 | 主编自治区级及以上规划教材或获得自治区级及以上教材奖1项及以上 | | |
| | 立项和完成课题 | 指导或主持完成市厅级及以上科研或教学改革研究、科研项目1项及以上 | | |
| | 教学成果奖 | 主持并获得自治区级及以上教学成果奖1项及以上 | | |
| | 精品资源建设 | 主持完成自治级及以上课程、教学资源库等项目建设1项及以上，建设成果已得到推广应用 | | |
| 服务能力 | 培训服务 | 在市厅级及以上同层次学校同专业领域中具有较高威望和知名度，针对校外机构或人员制定培训技术标准；指导专业教师参与教学实践和企业实践 | 1. “横向课题与科技成果转化”必须完成；<br>2. 其余2项指标至少完成1项 | |
| | 专利 | 以第一发明人获得国家发明专利1项以上，或实用新型或外观设计专利3项以上，或获得具有产业价值的技术专利 | | |
| | 横向课题科技成果转化 | 主持完成相应行业企业横向课题1项及以上，到账金额10万元及以上；积极参与行业企业技术革新与改造、新技术推广工作，取得明显的经济效益和社会效益 | | |

(1)个人荣誉(可从以下选填)

①省部级：教学名师、教坛明星、卓越学者、新长征突击手、五一劳动奖章、劳动模范、先进

个人、优秀共产党员、优秀党务工作者、十佳高校团委书记、优秀团干、优秀共青团员、优秀教师、优秀教育工作者、优秀辅导员、优秀班主任、巾帼标兵、中青年骨干教师、优秀工会干部、优秀工会积极分子等。

②市局级:科技拔尖人才、"个十百"人才工程优秀人才、优秀书记、优秀校长、优秀青年科技人才、优秀教师、优秀教育工作者、优秀班主任、优秀辅导员、优秀共产党员、青年岗位能手、师德模范、优秀团干、巾帼标兵、先进个人、"十佳"青年教师、先进个人、优秀工会主席、优秀工会积极分子等。

③校(院)级:校(院)级教学名师、优秀教师、优秀辅导员、优秀教育工作者、爱生模范、师德模范、我最喜爱的老师、优秀工会积极分子、巾帼标兵等。

(2)师德教育活动(可从以下选填)

师德征文活动、师德先进报告会、师德建设论坛、书记论坛、青年学者沙龙、名师讲堂、辅导员讲坛、思政教育培训、党员组织活动等。

(3)师德学习活动(可从以下选填)

用网站、微信、微博、手机 APP、视频、广播、校报等媒体平台,通过优秀人物先进事迹推送、评优评先活动、主题学习、专栏宣传、辅导报告、知识竞赛等活动形式,开展师德师风宣传学习活动。

5. 实施要求

《教师发展标准》是对学校教师专业素质的基本要求,是引领教师专业发展的基本准则,是对教师培养、培训、考核等工作的重要依据。因此,《教师发展标准(试行)》具有诊断性、评价性、导向性。

各单位(部门)在执行本标准时,应从教师职业生涯发展的需求出发,按照四有新教师—双师型教师—骨干型教师—专家型教师—领军型教师的专业发展路径设置五个阶段的发展评定指标和细则,制作自我测评量表,定期进行教师自评和组织考核,形成科学有效的教师发展激励机制和教师队伍建设的保障机制。

# 第6章 技术创新与技术服务

## 6.1 技术创新与技术服务概述

### 6.1.1 技术创新

1. 概念

技术创新是以创造新技术为目的的创新或以科学技术知识及其创造的资源为基础的创新。技术创新，指生产技术的创新，包括开发新技术，或者将已有的技术进行应用创新。科学是技术之源，技术是产业之源，技术创新建立在科学道理的发现基础之上，而产业创新主要建立在技术创新基础之上，是企业竞争优势的重要来源，是企业可持续发展的重要保障。

2. 三要素

技术创新的三要素分别指技术（Technology）、人才（Talent）和包容（Tolerance）。

技术是创新型经济的载体和标志，也是创新型人才的创造成果；人才是创新、技术进步的动力；包容性文化和激励机制则有利于实现人尽其才。

3. 分类

苏塞克斯大学的科学政策研究所（Science Policy Research Unit，SPRU）根据创新的重要性划分成如下几类：

（1）渐进性创新（Incremental Innovation）——渐进性的、连续的小创新。

（2）根本性创新（Radical Innovation）——开拓全新领域、有重大技术突破的创新。

（3）技术系统的变革（Change of Technology System）——将产生具有深远意义的变革的创新。通常出现技术上有关联的创新群的出现。

（4）技术—经济范式的变更（Change in Techno-economic Paradigm）——将包含很多根本性的创新群，其又包含很多技术系统变更。

4. 模式

技术创新分为独立创新、合作创新、引进再创新三种模式。

企业技术能力的演化和技术创新模式的升级，是引进消化吸收再创新的重要特征。技术能力按照演化维度可分为技术仿制、创造性模仿和自主创新三个阶段，技术创新模式决定于技术能力，要与之相适应才能取得最佳的创新效益，按照技术创新的自主程度从低到高可分为简单仿制、模仿创新及自主创新三种层次。企业引进消化吸收再创新，实质上是技术能力和技术创新模式匹配关系形态不断演进的过程。

5. 技术创新主要内容

企业技术创新主要表现在要素创新、要素组合方法的创新及产品的创新三个方面，具体如下：

(1)要素创新。这是指生产过程中使用的要素创新的过程,包括如下几个方面:

①原材料创新(技术创新的关键)。

②生产设备创新,即通过设备的使用减少手工劳动的比重,提高生产效率。

③人力资源管理创新。

(2)要素组合方法的创新,主要包括如下几方面:

①生产工艺创新,即根据新设备的要求,改变原材料、半成品的加工方法及不断研究改进操作技术和方法,以适应新设备的要求。

②生产过程创新,是指企业不断研究和采用更合理的空间布局和时间组合方式,以提高劳动生产率、缩短生产周期,从而在不增加要素投入的前提下,提高要素的利用效率。

(3)产品创新。主要通过产品品种的创新满足市场需求的变化,以及通过产品结构创新,降低成本、完善性能,提升产品的市场竞争力。

6. 作用

(1)对企业的作用

对企业的作用应能够提升企业核心竞争力。创新是企业发展的动力,是企业发展的灵魂。技术创新的不断发展,使得企业产品不断改进和完善,能够适应市场的需要。企业技术的创新能够使得企业资源得到高效配置,结合企业改革的需要,加快产品研发和引进技术的消化吸收,从而拓展产品市场能力、降低成本和提升技术水平,实现企业强有力的核心竞争力,提高企业的整体实力水平。

能够实现企业可持续发展。企业技术创新不仅是加速企业自身发展的活力源泉,而且也是加速整个现代社会经济技术发展的重要动力。技术创新是实现企业可持续发展的重要条件。企业需要依靠技术创新,提升社会的影响力,为企业可持续发展提供保障。

(2)对高校的作用

高校的技术创新能够推动整个社会的创新能力。高校与企业、科研机构有着其特殊性,技术创新基础和能力、高校雄厚的科研力量和知识积累是企业无法比拟的,而且高校为企业培养了人才,为社会培养输送人才。

高校的技术创新是开展产学研合作的重大举措。高校是建设创新人才的培养基地,有助于科技新知识的传播;是建设高水平的基础研究基地,利于发挥技术创新的先导作用;是建设科技攻关的基地,利于发挥关键技术的攻坚作用;是建设高新技术产业孵化基地,利于发挥为地区经济和企业科技发展的服务作用。

7. 技术创新影响因素

(1)企业员工的创新思维、意识和能力。企业的竞争是市场的竞争,市场的竞争是产品的竞争,而产品竞争的关键是在人力资源的竞争。如果企业的员工缺乏创新思维、意识和能力,技术上就不会创新,企业就不可能发展。

(2)现代化信息技术。信息技术能够改善企业组织形式和提高管理效率,从而提高企业的经济效益,降低交易成本。通过技术创新服务整个企业的发展目标,在生产、管理、经营和决策都得到改善,从而提升企业强有力的核心竞争力。

(3)市场外界环境与相关政策制度。企业技术的创新与市场外界环境与相关政策制度离不开。企业技术创新只有始终围绕市场,才能抓住机遇;相关政策制度对企业的管理和实施技术创新有着重要的指导作用。

(4)企业组织形式。企业的组织形式决定着企业的技术创新是否成功。组织结构是否科学影响着企业技术创新,是企业技术创新形成的保障。

### 6.1.2　技术服务

1. 概念

技术服务是技术市场的主要经营方式和范围,是指拥有技术的一方为另一方解决某一特定技术问题所提供的各种服务。如进行非常规性的计算、设计、测量、分析、安装、调试,以及提供技术信息、改进工艺流程、进行技术诊断、检验检测等服务。

2. 技术服务主要内容

(1)信息服务

技术服务组织应与有代表性的用户建立长期、稳定的联系,及时取得用户对产品的各种意见和要求,指导用户正确使用和保养产品。

(2)安装调试服务

根据用户要求在现场或安装地点(或指导用户)进行产品的安装调试工作。

(3)维修服务

维修服务一般分为定期与不定期两类,定期技术维修是按产品维修计划和服务项目所规定的维修类别进行的服务工作。不定期维修是指产品在运输和使用过程中由于偶然事故而需要提供的维修服务。

(4)供应服务

供应服务向用户提供产品的有关备品配件和易损件。

(5)检测服务

为使产品能按设计规定有效运转所进行的测试、检查、监控工作,以及所需要的专用仪器仪表装置。由于检测服务的工作量日益繁重,各种专用仪表也日益增多,检测服务趋向于建立各种综合性或专业性的测试中心。

(6)技术文献服务

技术文献服务向用户提供产品说明书、使用说明书、维修手册及易损件、备件设计资料等有关技术文件。

(7)培训服务

培训服务为用户培训操作和维修人员。培训内容主要是讲解产品工作原理,帮助用户掌握操作技术和维护保养常识等,有时还可在产品的模拟器或实物上进行实际的操作训练。

3. 技术服务特点

一是提供技术服务的被委托方为科研机构、大专院校、企事业单位的专业科技人员或专业技术人员,他们掌握专门科技知识和专门技艺,可同时或先后为多家委托方提供技术服务。

二是技术服务确立的一种特殊的知识型劳务关系,受托方提供的是一种可重复性的智力劳务,不具有科技开发、技术专利所要求的保密性,受托方为委托方解决特定技术问题,收取一定报酬。

4. 技术服务作用

技术服务的作用是充分利用社会智力资源,解决科研和生产建设中的技术难题,促进科学技术进步和生产发展,从而促进社会经济的发展。

5. 技术服务类型

技术服务业主要有科技咨询、科技信息和专门的技术服务等三种。

科技咨询从事的是法律、财务、经济等与科技进步相关的服务，以及工程咨询、企业管理咨询等。

科技信息采用现代信息化技术对科技情报、图书、档案、专利等进行的数据收集与处理及设计与开发等。

专门的技术服务主要是指技术中介、创新服务中心、孵化器、生产力促进中心提供的科技创新、技术转让、技术成果转化、技术推广等相关配套的服务。

## 6.2 技术创新与技术服务现状

### 6.2.1 技术创新现状

1. 技术研究队伍逐渐增多，创新指数增高

2019 年全球创新指数(GII)显示，中国的排名继续攀升，从 2018 年的第 17 位升至今年的第 14 位，排名连续 4 年上升。指标既有研发投资、专利和商标国际申请量等传统衡量指标，也有移动应用开发和高科技出口等较新指标。数据显示，瑞士是全世界最具创新性的国家，其次是瑞典、美国、荷兰和英国。地区领先者包括印度、南非、智利、以色列和新加坡。中国、越南和卢旺达分别在其收入组别位列榜首。

在主要以高校质量、专利发明的国际化、科学出版物的质量等指标衡量的创新质量方面，美国超越了日本，重登榜首，日本降至第 3 位，德国首次升至第 2 位。中等收入经济体在这些创新质量指标中的排名保持稳定，中国、印度和俄罗斯位居前三。中国全球排名第 15 位，是唯一一个在全部 3 项指标上向高收入组靠拢的中等收入经济体。在高校质量方面，中国排名从 2018 年的第 5 位上升至现今第 3 位。

世界知识产权组织分析认为，2019 年全球创新指数中的主要信息表明，在经济放缓的大潮中，全球创新方兴未艾，但新的障碍对其构成风险。具体说来，与去年相比，全球经济增长似乎正在失去动力。但同时，全球对于创新的投资逐年增加，处于不同发展水平的经济体对创新的平均投资都在增加，对知识产权的利用更是在 2017 年和 2018 年创下历史新高。此外，2019 年全球创新指数显示，公共研发支出的增长正在放缓或完全停滞，在一些负责推动技术前沿的高收入经济体尤其如此，这令人担忧。

目前，我国科技人力资源达到了 3 200 万，总量达到世界第一，而研发人员增长量为 105 万人，总量居世界第二。

2. 投入经费持续加大，支持力度明显增多

从国家统计局、中华人民共和国科学技术部和中华人民共和国财政部公布的《2018 年全国科技经费投入统计公报》中可以看得出：2018 年，全国共投入研究与试验发展(R&D)经费 19 677.9 亿元，比上年增加 2 071.8 亿元，增长 11.8%；研究与试验发展(R&D)经费投入强度(与国内生产总值之比)为 2.19%，比上年提高 0.04 个百分点。按研究与试验发展(R&D)人员全时工作量计算的人均经费为 44.9 万元，比上年增加 1.3 万元。

分活动类型看，全国基础研究经费 1 090.4 亿元，比上年增长 11.8%；应用研究经费 2190.9 亿元，增长 18.5%；试验发展经费 16 396.7 亿元，增长 10.9%。基础研究、应用研究和试验发展经费所占比重分别为 5.5%、11.1%和 83.3%。

分活动主体看，各类企业经费支出 15 233.7 亿元，比上年增长 11.5%；政府属研究机构经费支出 2 691.7 亿元，增长 10.5%；高等学校经费支出 1 457.9 亿元，增长 15.2%。企业、政府属研究机构、高等学校经费支出所占比重分别为 77.4 %、13.7%和 7.4%。

2018 年，国家财政科学技术支出 9 518.2 亿元，比上年增加 1 134.6 亿元，增长 13.5%；财政科学技术支出与当年国家财政支出之比为 4.31%，比上年提高 0.18 个百分点。其中，中央财政科学技术支出 3 738.5 亿元，增长 9.3%，占财政科学技术支出的比重为 39.3%；地方财政科学技术支出 5 779.7 亿元，增长 16.5%，占比为 60.7%。

3. 创新政策明确，支持力度空前高涨

我国科技创新步入以跟踪为主，转向跟踪和并跑、领跑并存的新阶段，正处于从量的积累向质的飞跃、从点的突破向系统能力提升的重要时期，在国家发展全局中的核心位置更加凸显，在全球创新版图中的位势进一步提升，已成为具有重要影响力的科技大国。中国深刻认识并准确把握经济发展新常态的新要求和国内外科技创新的新趋势，系统谋划创新发展新路径，以科技创新为引领，开拓发展新境界，加速迈进创新型国家行列，加快建设世界科技强国。近年来，先后出台了一系列鼓励支持科技创新的政策措施，具体有：

(1)综合政策

综合政策包括：中共中央、国务院印发《国家创新驱动发展战略纲要》的通知（中发〔2016〕4 号）；中共中央、国务院《关于深化体制机制改革加快实施创新驱动发展战略的若干意见》（中发〔2015〕8 号）；中共中央办公厅、国务院办公厅印发《深化科技体制改革实施方案》（中办发〔2015〕46 号）；国务院办公厅《关于县域创新驱动发展的若干意见》（国办发〔2017〕43）。

(2)人才政策

人才政策包括：中共中央《关于深化人才发展体制机制改革的意见》（中发〔2016〕9 号）；中共中央办公厅、国务院办公厅《关于实行以增加知识价值为导向分配政策的若干意见》（厅字〔2016〕35 号）；中共中央办公厅、国务院办公厅《关于深化职称制度改革的意见》；中共中央办公厅、国务院办公厅《关于分类推进人才评价机制改革的指导意见》；人力资源社会保障部《关于支持和鼓励事业单位专业技术人员创新创业的指导意见》（人社部规〔2017〕4 号），财政部、科技部、国资委关于印发《国有科技型企业股权和分红激励暂行办法》的通知（财资〔2016〕4 号），财政部、科技部、国资委关于《国有科技型企业股权和分红激励暂行办法》的问题解答；中共中央组织部、科技部关于印发《科研事业单位领导人员管理暂行办法》的通知（中组发〔2017〕4 号）。

(3)成果转化政策

成果转化政策包括：《国务院实施〈中华人民共和国促进科技成果转化法〉若干规定》（国发〔2016〕16 号）；教育部、科技部《关于加强高等学校科技成果转移转化工作的若干意见》（教技〔2016〕3 号）；中国科学院、科学技术部关于印发《中国科学院关于新时期加快促进科技成果转移转化指导意见》的通知（科发促字〔2016〕97 号）；农业部、科技部、财政部、教育部、人力资源和社会保障部《关于扩大种业人才发展和科研成果权益改革试点的指导意见》（农种发〔2016〕2 号）；国土资源部关于印发《促进科技成果转化暂行办法的通知》（国土资发〔2016〕105 号）；交通运输部《关于深化科技体制改革落实创新驱动发展战略的意见》(交科技发〔2016〕173 号),科技部关于印发《国家科技成果转移转化示范区建设指引的通知》(国科发创〔2017〕304 号)。

(4)财税政策

财税政策包括:中共中央办公厅、国务院办公厅《关于进一步完善中央财政科研项目资金管理等政策的若干意见》(中办发〔2016〕50 号);财政部、科技部、教育部、发展改革委《关于进一步做好中央财政科研项目资金管理等政策贯彻落实工作的通知》(财科教〔2017〕6 号);财政部关于印发《中央引导地方科技发展专项资金管理办法》的通知(财教〔2016〕81 号);财政部、国家税务总局、科技部《关于完善研究开发费用税前加计扣除政策的通知》(财税〔2015〕119 号);国家税务总局《关于企业研究开发费用税前加计扣除政策有关问题的公告》(国家税务总局公告 2015 年第 97 号)《科技部　财政部　国家税务总局关于进一步做好企业研发费用加计扣除政策落实工作的通知》(国科发政〔2017〕211 号);《国家税务总局　科技部关于加强企业研发费用税前加计扣除政策贯彻落实工作的通知》(税总发〔2017〕106 号);《国家税务总局关于研发费用税前加计扣除归集范围有关问题的公告》(国家税务总局公告 2017 年第 40 号);《财政部　税务总局　商务部　科技部　国家发展改革委关于将技术先进型服务企业所得税政策推广至全国实施的通知》(财税〔2017〕79 号);财政部、国家税务总局《关于完善股权激励和技术入股有关所得税政策》的通知(财税〔2016〕101 号);财政部、海关总署、国家税务总局《关于"十三五"期间支持科技创新进口税收政策的通知》(财关税〔2016〕70 号);《财政部　教育部　国家发展和改革委员会　科技部　工业和信息化部　民政部　商务部　海关总署　国家税务总局　国家新闻出版广电总局关于支持科技创新进口税收政策管理办法的通知》(财关税〔2016〕71 号);《海关总署关于执行"十三五"期间支持科技创新进口税收政策有关问题的通知》(署税发〔2017〕153 号),《关于印发科研院所、转制科研院所、国家重点实验室、企业国家重点实验室和国家工程技术研究中心免税进口科学研究、科技开发和教学用品管理办法的通知》(国科发政〔2017〕280 号),财政部、国家税务总局关于创业投资企业和天使投资个人有关税收试点政策的通知(财税〔2017〕38 号),财政部、国家税务总局《关于国家大学科技园税收政策的通知》(财税〔2016〕98 号),财政部、国家税务总局《关于科技企业孵化器税收政策的通知》(财税〔2016〕89 号),财政部、海关总署、国家税务总局《关于鼓励科普事业发展进口税收政策》的通知(财关税〔2016〕6 号),国家税务总局关于实施高新技术企业所得税优惠政策有关问题的公告(国家税务总局公告 2017 年第 24 号)。

(5)平台政策

平台政策包括:科技部、财政部关于印发《国家科技资源共享服务平台管理办法》的通知(国科发基〔2018〕48 号),科技部、发展改革委、财政部关于印发《国家重大科研基础设施和大型科研仪器开放共享管理办法》的通知(国科发基〔2017〕289 号),国家企业技术中心认定管理办法,科技部、财政部、国家税务总局关于修订印发《高新技术企业认定管理办法》的通知(国科发火〔2016〕32 号),国务院办公厅关于推进农业高新技术产业示范区建设发展的指导意见(国办发〔2018〕4 号),科技部、农业部、水利部、国家林业局、中国科学院、中国农业银行关于印发《国家农业科技园区管理办法》的通知(国科发农〔2018〕31 号),科技部关于进一步推动科技型中小企业创新发展的若干意见(国科发高〔2015〕3 号),科技部、财政部、国家税务总局关于印发《科技型中小企业评价办法》的通知(国科发政〔2017〕115 号)。

(6)其他政策

其他政策还有:国务院关于全面加强基础科学研究的若干意见(国发〔2018〕4 号),《国务院关于新形势下加快知识产权强国建设的若干意见》(国发〔2015〕71 号),国务院办公厅印发关于深化科技奖励制度改革方案的通知(国办函〔2017〕55 号),科技部关于进一步鼓励和规范社会力量设立科学技术奖的指导意见(国科发奖〔2017〕196 号),国务院办公厅《关于深入推行科技特派员制度的若干意见》(国办发〔2016〕32 号),国务院关于强化实施创新驱动发展战略进一步推进大众创业万众创新深入发展的意见(国发〔2017〕37 号),《国务院关于大力推进大众创业万众创新若干政策措施的意见》(国发〔2015〕32 号),国务院办公厅《关于发展众创空间推进大众创新创业的指导意见》(国办发〔2015〕9 号),国务院办公厅《关于优化学术环境的指导意见》(国办发〔2015〕94 号),关于印发《国家科技计划(专项、基金等)严重失信行为记录暂行规定》的通知国科发政〔2016〕97 号,科技部　国家统计局关于印发《国家创新调查制度实施办法》的通知(国科发创〔2017〕96 号),科技部　财政部　发展改革委关于印发《科技评估工作规定(试行)》的通知(国科发政〔2016〕382 号),审计署《关于审计工作更好地服务于创新型国家和世界科技强国建设的意见》(审政研发〔2016〕61 号),科技部办公厅　商务部办公厅关于印发《支持自由贸易试验区创新发展若干措施》的通知(国科办创〔2017〕81 号)。

4. 领先和核心技术凸显,抢占未来竞争制高点

深入实施国家科技重大专项。持续攻克“核高基”(核心电子器件、高端通用芯片、基础软件)、集成电路装备、宽带移动通信、数控机床、油气开发、核电、水污染治理、转基因、新药创制、传染病防治等关键核心技术,着力解决制约经济社会发展和事关国家安全的重大科技问题;研发具有国际竞争力的重大战略产品,建设高水平重大示范工程,发挥对民生改善和国家支柱产业发展的辐射带动作用;凝聚和培养一批科技领军人才和高水平创新创业团队,建成一批引领性强的创新平台和具有国际影响力的产业化基地,造就一批具有较强国际竞争力的创新型领军企业,在部分领域形成世界领先的高科技产业。

启动新的重大科技项目。在航空发动机及燃气轮机、深海空间站、量子通信与量子计算、脑科学与类脑研究、国家网络空间安全、深空探测及空间飞行器在轨服务与维护系统、种业自主创新、煤炭清洁高效利用、智能电网、天地一体化信息网络、大数据、智能制造和机器人、重点新材料研发及应用、京津冀环境综合治理、健康保障等重点方向率先突破。

发展新一代信息技术。发展先进计算技术,重点加强 E 级(百亿亿次级)计算、云计算、量子计算、人本计算、异构计算、智能计算、机器学习等技术研发及应用;发展网络与通信技术,重点加强一体化融合网络、软件定义网络/网络功能虚拟化、超高速超大容量超长距离光通信、无线移动通信、太赫兹通信、可见光通信等技术研发及应用;发展自然人机交互技术,重点是智能感知与认知、虚实融合与自然交互、语义理解和智慧决策、云端融合交互和可穿戴等技术研发及应用。发展微电子和光电子技术,重点加强极低功耗芯片、新型传感器、第三代半导体芯片和硅基光电子、混合光电子、微波光电子等技术与器件的研发。

### 6.2.2 技术服务现状

1. 服务模式逐渐完善,服务质量大大提升

我国技术服务业发展比较晚,但是经过近几年来的发展,也积累了很多经验,提升了服务能力、完善了服务模式、提高了服务质量和创新了服务业态,尤其是在大众创业、万众创新的政策背景下,很多的技术服务中介机构都得到蓬勃发展,出现了很多科技产业园、企业孵化器、生

产力促进中心、创客中心、基金小镇等服务机构，在科技成果转化和技术服务方面起到了有力地推动作用。同时，众多新技术的兴起，比如互联网、云计算、大数据技术等给技术服务业也带来发展的机遇，服务模式也不断得到升级。

2. 政府加大支持力度，硬件设施不断完善

从1992年中共中央、国务院发布的《关于加快发展第三产业的决定》时起，我国的技术服务业就开始迅速发展。2014年10月28日国务院发布《关于加快科技服务业发展的若干意见》，明确提出："到2020年，基本形成覆盖科技创新全链条的科技服务体系，服务科技创新能力大幅增强，科技服务市场化水平和国际竞争力明显提升，培育一批拥有知名品牌的科技服务机构和龙头企业，涌现一批新型科技服务业态，形成一批科技服务产业集群，科技服务业产业规模达到8万亿元，成为促进科技经济结合的关键环节和经济提质增效升级的重要引擎。"可以看到，我国技术服务业得到国家政府的大力支持，真正进入了高速发展时期。各地政府也对技术服务业的发展提供创业基金、场地提供、技术服务、项目引进、税收等方面的帮助，也给高校、科研机构和企业的密切结合提供了重要的服务平台和政策支持。

3. 新的服务业态层出不穷，发展规模不断扩大

中国对外开放的不断深入，尤其是新兴技术的进步，对技术服务业的快速发展提供了基础，并不断涌现了一批新兴业态，比如技术转移、创业服务、科技金融等，创新了企业发展的要素和产业服务链，增加了产业内部的活力和实力，发展态势迅猛。

4. 不断完善体制机制，服务产业平台不断丰富

近年来，政府也意识到技术服务业在经济和社会发展的促进意义，在政策制定、管理机制及运行监管方面都出台了一些相关的文件，同时在法律上也不断地完善，使得技术服务业更加规范。形成了技术服务产业平台，在服务模式、服务内容、服务质量等方面进行了探索，提高了管理的效率，有效地保障了科技型产业信息获取方式和技术传播，也对技术服务业从业人员的培养提供了大力支持，使得从业人员成为多学科复合背景的人才，更好地为技术服务业服务。

5. 市场化运作得到稳步发展，科技成果交易大步提升

我国技术服务业的市场化具有良好的发展趋势，市场化运作使得科技与经济的融合得到有效的结合，科技资源得到了优化配置，在科技成果的转化上具有推进的作用。

## 6.3 技术创新与技术服务存在的问题

1. 办学定位欠明确，需要提高为社会服务的意识

高校三大职责主要是培养人才、科技创新及服务社会。大多数高校其实也把社会服务作为一项重要的任务来抓，但是由于缺乏明确的企校关系，未能意识到高校作为服务社会和服务经济的重要性，因此在办学定位、人才培养目标上存在有一些与地方经济发展不太适应和协调不一致的误区，导致社会服务意识不强，起不到促进地方经济发展和服务社会的积极作用。

2. 专业设置与经济和社会发展需求严重滞后

高校在专业设置和学科设置上根据需要进行调整，但由于学科调整和专业设置涉及的因素比较多(如涉及面、人财物等)，高校缺少相应的政策支持和资金扶持，无法能够及时地根据经济和社会发展需求做出调整。因此培养的人才不能很好地适应经济和社会发展需求，具有严重的滞后性，不能促进和推动经济和社会发展。

3. 科研队伍科研水平普遍不高

缺乏科研能力强的科研队伍，总体素质不高，普遍都存在学历不高、年龄不合理、高层次人才少、高水平的成果少等问题。

4. 缺乏自主创新能力

首先，高校依然存在重技术引进，轻消化吸收再创新，导致总体科技服务水平普遍较低、整体竞争力不强的问题，制约了自主创新能力的提升；其次，高校或企业依然存在官本位，很多科研人员倾向于做官，对科技创新不感兴趣，还有很多科研缺乏长远科研规划，注重短期的科研成果，不注重远景规划的科研项目。

5. 科研资源利用效率较低下

各高校都有各自的实验实训室、协同创新中心及自动化研究所，但由于缺少有效的协调沟通，往往会出现经费使用不合理、科研资源不能合理配置的问题；各个部门单打独斗、自成体系，自我发展，导致资源配置比较分散，宏观统筹协调能力薄弱，整体运行效率不高。

6. 成果转化不高，推动力不足

高校在专利申请、科研项目的立项大多数重申请、轻应用，偏向理论居多，与企业之间还没能形成有效的联动机制，使得科技成果缺乏针对性，与企业的发展需要不太协调，科研成果往往与市场发展、产业需求不一致，不能有效地促进区域经济和社会发展，形成不了强有力的推动力；企业整体科研能力普遍不高，很多的技术都依赖于外界的成果，与科研机构没能形成有效联动，需求不旺；除此之外，科技服务中介机构整体素质不高，服务质量不高，与企业、高校和科研机构的连接跟不上，导致科技成果难以产业化、成果转化率很低。

7. 缺乏有效地管理经验和运行机制

高校、科研机构设置与区域经济和社会发展职能需要严重脱节，与企业缺少有效地沟通和互动，没有形成长效合作机制，不能推动区域经济和社会的发展。而且国家在高校、科研机构的合作运行上虽然也有一定的相关政策，但是缺乏有效的监督，政策落实不到位，达不到预期的效果。

8. 市场化运作不强

我国技术创新和技术服务正朝着运行企业化、服务产业化、功能社会化、机构专业化、组织网络化的方向发展，这些离不开市场化运作。但是实际运作过程问题依然突出，融资机制和引力不足、市场化进程慢、市场化不够成熟等，都制约其正常发展。

## 6.4　产教融合与技术服务

### 6.4.1　高铁信号职教装备开发

中国非常重视高速铁路建设，中国高铁发展迅猛，2016 年中国铁路行业固定资产投资完成 8 015 亿元，投产新线 3 281 km，新开工项目 46 个，新增投资规模 5 500 亿元，截至 2019 年底，全国铁路营业里程达 13.9 万 km，其中高铁运营里程超过 3.5 万 km。根据《中长期铁路网规划》，到 2020 年，中国将建成以“八纵八横”主通道为骨架、区域连接线衔接、城际铁路补充的现代高速铁路网，路网规模将达到 15 万 km(其中高速铁路 3 万 km)，覆盖 80%以上的大城市。目前，中国高铁与其他铁路共同构成的快速客运网已达 4 万 km 以上。

整个“十三五”期间，我国铁路建设规划基本建设投资3.8万亿元。连同检测、保养、维修、更换等“铁路后市场”铁路产业整体将达到10万亿量级。据国家铁路集团公司发展计划司测算，铁路每投资1亿元，就能提供1 000个工作岗位，按电务部门工作岗位占总人数16%的比例估算，铁路和相关企业对信号工及技师的人才需求量非常大。

各个高职院校都借着建设浪潮争夺一席之地，全国20余所传统铁道运输类职业院校，还有近百所地方交通运输类高职学院都开设铁路类专业点，每年为铁路企业培养铁道通信信号的专业技术人才2万余人，且就业率均达到90%以上。尤其是国家“一带一路”建设的推进，也带动了周边国家或地区的发展，中国铁路将成为领跑“一带一路”建设的经济新引擎，促使中国铁路的发展目标明确、意志坚决。

铁路信号技术涵盖了越来越多的高新领域，信号设备逐步趋向数字化、网络化、智能化、一体化。为了适应铁路行业需求、企业人才需求及最新的产业技术发展的需要，应提高铁道信号及相关专业的人才培养质量，提升学生专业能力和职业素养，使学生在信号与控制系统设计、应用、调试等方面得到有效的职业技能训练。除此之外，也为了推动职业院校教学改革，真正响应教育部提倡的“专业与产业、职业岗位对接；专业课程内容与职业标准对接；教学过程与生产过程对接”的职业教育要求，解决轨道交通通信信号专业人才培养路径中“最后一公里”的问题，专注于轨道交通职教装备技术研发与应用应运而生。

铁道信号自动控制专业群以“高铁信号职教装备技术开发与应用”作为攻关课题，整合现有的科研实力和资源，联合攻关，研制与行业真实设备的功能要求一致的高铁信号职教装备，应用于高铁信号学生专业能力和职业素养训练，并为“一带一路”轨道交通类职业技能大赛及世界技能大赛提供设备和技术支持，同时也可以面向铁路职工提供技能培训，进一步向轨道交通类公司或铁路部门提供技术服务。通过此课题的研究，形成一支研究方向统一、作风务实、技术领先、理论先进的科研队伍。

高铁信号职教装备技术开发具有以下创新点：

(1)设备涵盖高铁信号关键技术

设备对接国家战略，与行业真实设备的功能要求一致，主要以高速铁路信号控制系统为版图，涵盖铁路信号工岗位技能，体现信号工程项目特色。设备所涉及的理论知识内容与实际信号系统一致，根据真实信号工程需求设计相关信号设备、操作标准，与企业工作任务对接；能够全面考核高铁信号专业学生对信号控制系统的安装、配线、焊接、调试；故障检测与处理；数据测试与分析；信号控制系统的综合应用；工作过程记录与撰写报告等五个环节所要求的全部专业知识和技术应用能力。另外，可以实现与实物应答器、真实移频柜对接。

(2)与行业真实方案对接

设备工作环境与实际应用场景相近，突出工程实践和创新能力。以高速铁路信号控制系统为版图，用真实的行业环境来检验学生或职工的岗位职业能力。包含的所有设备或者系统均达到行业真实设备的功能要求，例如：区间采用ZPW-2000A移频轨道电路；站内区段采用25 Hz相敏轨道电路；车站咽喉区采用道岔电路系统；信号机电路系统起到进出车站的效果，完全符合实际应用需求。

(3)竞赛过程贴近工程实践

设备工作环境与实际应用场景相近，直观、形象、真实，设备设置的训练内容着重突出对学生或员工通信与控制工程实践与创新能力的考查和锻炼，可以获得极大的职业技能锻炼和提升，具备职业创新意识，这些经验积累能够提高实际岗位工作的技能水平。

(4)趋向数字化、网络化、智能化、一体化

“高速铁路信号设计、施工与维护”设备平台集成了设计、施工和维护三个环节，所有环节都在中央控制机的控制下协调工作，能够按照要求完成组合、组合柜零层的安装，组合零层、组合侧面、接口柜、分线柜配线，继电器安装和室内设备模拟导通等工作，完成室外信号设备的电缆配线、导通工作，室内外信号设备联调联试，试验联锁表联锁功能；能够自动完成信号机、道岔、轨道电路日常数据测试；完成 25 Hz、ZPW-2000A 型两种轨道电路及信号机、道岔相关参数测试并记录，具有数字化、网络化、智能化、一体化的特点。

(5)设备种类齐全，多样性强

研发的轨道交通相敏轨道电路智能仿真平台、25 Hz 相敏轨道电路智能实训考核系统 ZK-1301 移频自动闭塞智能实训系统、城市轨道交通车载测速定位装置、ZPW-2000 轨道电路试验系统、轨道交通计轴仿真系统和城市轨道交通车载 ATO 控制器实验装置等职教装备，适应铁路行业需求和企业人才需求及最新的产业技术发展的需要。这些设备研制的成功，给高铁信号职教装备研发提供了新思路，结合先进的通信技术、计算机技术和传感器技术，更为高铁信号职教装备研发提供了新途径，这些都富有创新性，能够满足各类培训和技能训练的需要。

### 6.4.2 企业技术服务发展计划

1. 创新“基地＋平台＋中心”服务模式，提高专业群的技术研发与社会服务能力

创新专业技术服务及建设发展模式，构建以广西职业教育铁道信号专业发展研究基地（以下简称“发展研究基地”）、轨道交通信号协同创新平台（以下简称“协同创新平台”）及轨道交通信号工程训练中心（以下简称“训练中心”）组成的“基地＋平台＋中心”三位一体专业服务发展模式。一是以发展研究基地建设为基础，研制专业标准，指导专业群建设与发展；二是以协同创新平台为载体，开展职教装备研发及科技服务，提升专业的技术研发实力；三是以培训中心为平台，开展职业培训服务，提高社会服务能力和水平。“基地＋平台＋中心”三位一体服务模式如图 6.1 所示。

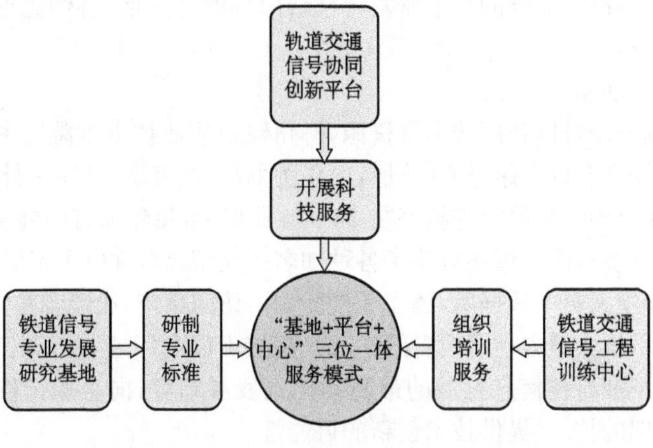


图 6.1 “基地＋平台＋中心”三位一体服务模式

(1)建设铁道信号专业发展研究基地研制专业标准，提高专业指导水平

专业群于2018年获批建设广西职业教育第一批专业发展研究基地“广西职业教育铁道信号自动控制专业及专业群发展研究基地”，牵头修订了全国铁道信号专业教学标准。依托广西轨道交通职业教育集团及全国铁道通信信号专业教学指导委员会，加强对轨道交通行业发展的研究及专业群发展研究，深入研究专业教学改革与人才培养的重点、热点和难点问题，研制专业发展标准，充分发挥专业发展研究基地对专业建设的指导与引领功能。专业发展研究基地牵头组织行业、企业共同开发研制铁道信号自动控制专业建设指导标准、专业实训教学条件建设标准、专业能力标准等3项专业标准。

(2)依托轨道交通信号协同创新平台开展科技服务，提升技术研发实力

专业群以铁道信号、自动控制及机电等3个科研团队为核心建设自治区高校高水平创新团队，依托轨道交通信号协同创新平台进行科技创新。在技术研发、技术转让、技术咨询及技术服务等方面开展科技服务。重点研发职教装备，服务于专业实践教学及技能竞赛，服务“一带一路”，提升创新团队的技术研发实力。开展轨道交通职教装备研发等横向项目研发6项，科技创新项目2项，科技成果转换6项，技术咨询及技术服务4项；科研经费到账200万元，技术服务企业创造经济效益1 000万元。

(3)依托轨道交通信号工程训练中心组织技术培训，提高社会服务能力

以校企联盟轨道交通信号工程训练中心为平台，利用国内领先的轨道交通实训基地及高水平的专业教学师资，面向行业企业、社会组织开展轨道交通信号与控制方向的培训服务。训练中心主要组织开展企业职工岗前培训、专业技术培训、职业技能鉴定培训、师资培训等培训服务。每年举办企业职工岗前培训1期，高铁信号技术培训1期，自动控制技术培训1期，职业技能培训与鉴定2期，国内师资培训1期，国际师资培训1期，开展培训服务8 000人·日。通过开展社会培训服务，提高专业服务能力，服务产业发展及区域经济发展。

2. 建立“信息＋成果＋人才”标准库，提高专业群的技术研发与社会服务的针对性

企业的技术创新受到市场很多因素的影响，主要有市场供求、科技信息、成果信息、人才信息及发展政策等。由于高校一些社会职能的限制，高校掌握主要是信息、成果和人才这三方面的信息。因此高校应该结合现有教学资源、教学设备等实际情况，从实际出发，建立“信息＋成果＋人才”标准库，提高专业群的技术研发与社会服务的针对性，有侧重地向企业提供相关的技术服务和社会支持。

(1)建立信息标准库

高校图书馆是一个可以利用的丰富资源，柳州铁道职业技术学院图书馆拥有丰富的馆藏资源，纸本图书和期刊合订本超过68万册，电子图书约62万册，纸质中外文期刊3 000多种，全文电子期刊近4万种。目前年进新书在23 000册以上，每年征订中外文印刷型期刊550多种，报纸50多种。此外，图书馆还订购了各种知名的大型综合性电子资源数据库、各类权威的专业学会出版物等全文电子数据库，建立了校外网络访问系统，让读者在校外也能通过互联网使用馆内电子资源，极大地方便了读者的学习。高校可以利用这些资源及时对科技发展的信息进行汇总，准确把握科技信息发展的最新动向及发展趋势，向企业提供准确地最新科技信息，帮助企业改造旧的技术，提供技术创新的可能性。

(2)建立成果标准库

高校可以与各兄弟院校、行业企业等进行深入联系，广泛地收集已有的科技成果，建立成

果标准库，并根据成果标准库有针对性、有计划、有目的地向企业制定个性化的推荐机制，将高校的科技成果成功应用到企业，实现科技成果的转化，亦或向企业提供科技信息咨询服务，解决中小企业技术瓶颈。

(3)建立人才标准库

高校在人才的配置上有着很大的优越性，拥有很多不同梯度、不同领域、不同方向、不同结构的高层次人才，同时，高校与外校的同行专家、行业专家都有着广泛的联系，并以此建立人才标准库。在企业需要某类专家时，即时地从人才库中选出符合企业要求的人才，保证企业对专家的即时效应。

3. 搭建“通道＋制度＋激励”体系，提高专业群的技术研发与社会服务的畅通

高校要想与企业实现无缝衔接、有机融合，就必须要有一套行之有效的体系，要给专业群的技术研发与社会服务提供绿色通道，要为专业群的技术研发与社会服务保驾护航，要给实施专业群的技术研发与社会服务的人员注入动力。

(1)完善信息获取和信息输送的通道

如果缺少必要的信息获取和信息输送的通道，高校就无法有效提供技术创新的服务信息，难以谋求共同发展。首先，高校想方设法获取科技信息，拓宽获取信息的途径和渠道，通过图书馆内所拥有的期刊、杂志、文献，利用网络海量数据，进行信息提取，同时更应该主动地同国内外同行专家、行业专家建立合作协议，这样才能有效地获取科技信息，才能最大限度地向企业提供有效的信息服务；其次，高校还强化信息输出效应，通过人脉关系、兄弟院校、各级组织、各种行业、各政府部门和社会机构，利用信息化、联网化的方式，与企业签订合作协议、契约关系，通过产学研合作、产学融合方式定期向企业提供专门的信息服务。

(2)完善技术研发与社会服务的各种管理制度

为了有效促进技术研发和社会服务工作健康发展和规范管理，增强社会服务能力，提高社会服务工作的质量和效益，需要完善技术研发与社会服务的各种管理制度和管理办法，对各种社会服务的具体项目进行明确的职责、要求和具体任务，同时搭建与之对应的平台建设、设施建设等。

(3)完善技术研发与社会服务的各种激励政策

激励职工，建立有效的激励机制，激发和调动职工的积极性是保证技术研发与社会服务企业的重要内容。激励机制能激发更多的职工从事技术研发与社会服务工作，从而保证技术研发与社会服务工作的顺利进行，保证技术研发与社会服务的成果。同时要构建合理的绩效考评指标体系，综合考虑能够反映职工工作成果的多项指标，从多个侧面对职工的工作进行评定，通过考评不仅要将职工能力强弱、贡献大小区分出来，还要考评可以定量的、易考评的部分，以及难以定量的定性部分。

### 6.4.3 企业职工培训

1. 主动出击，主动设计，寻找合作的最佳结合点

《国家创新驱动发展战略纲要》(2016 年出台文件)中指出：“明确企业、科研院所、高校、社会组织等各类创新主体功能定位，构建开放高效的创新网络，建设军民融合的国防科技协同创新平台。”为了能够实现资源的有效配置，高校应该利用现有的资源，结合自己的实际情况与企业培训实现有机结合，使得资源的配置效益最大化，助推企业经济的发展。

同时，高校利用自身的优势把握国家的政策、国家战略、国家重要项目、行业政策，再根据这些政策做好布局，根据现有的政策和指南，主动设计，联合一些专家或者相关团队寻找合作的最佳结合点与企业联合申报项目，为企业的培训定制适合企业发展的职工培训，切实提高企业职工的能力，有利于企业职工素质提升，间接促进企业经济的发展。

2. 设身处地，满足需求，构建新型教研合作模式

要想能与企业有良好的合作，应该要设身处地，从企业利益角度出发，满足企业发展和培训需要。首先，高校要打破墨守成规的教学体系，构建开放的教学体系。学校在制定课程体系或者人才培养方案时，应树立服务社会、服务企业和服务经济的意识，积极面向社会、市场、企业，在教学计划的制订上，把企业需要的课程、市场可能变化趋势方向的课程纳入其中。在制定课程体系时，积极主动邀请企业技术人员、高级管理人才参与讨论，并在教学过程中邀请这些人员参加实践课程教学，实现学校与企业文件的无缝衔接。学校要完善培养管理体系和考核体系，创建学生与企业共同参与的新型模式。同时，学校要组建团队，集中学校的有效资源，解决企业经济发展过程中遇到的管理、技术问题，满足企业发展的需要。

### 6.4.4 学校学生训练

1. 重视技能性和验证性实验，打好坚实基础

技能性实验主要是让学生熟练掌握电工工具知识、使用方法和用电安全相关事项；验证性实验主要是根据指导书的要求，在教师指导下完成全部实验过程，达到巩固理论教学，培养基本实验能力的。这一部分的实验主要是用电工具的使用和经典理论的验证，教师和学生觉得这部分实验比较简单，往往重视不够，这是认识误区。技能性和验证性实验却是学生迈出实验探索的第一步，合理设计好这类实验可以引导学生开启未知的领域，把实验验证转换为理论的二次发现。学生通过技能性和验证性实验，打好坚实基础，为下一步设计性实验、综合性实验和创新性实验做好准备。

2. 加强设计性实验和综合性实验，达到能力的提升

经过技能性和验证性实验训练后，为了使学生的综合能力得到进一步的提高，培养创新意识和创新精神，使其实验操作能力和技能得到提升，有必要对学生进行具有科学实验全过程性质的设计性实验和综合性实验训练。这类实验属于探索性实验，给定实验目的、要求和条件，由学生自行设计方案并完成相应的实验。设计性实验和综合性实验需要具备广泛的知识、独立操作能力和多样化的方案，融合本专业多个知识点或多种实验手段、方法，培养学生综合应用知识解决问题的能力。

3. 拓展创新性实验，实现能力的飞跃

学生在教师的指导下，在自己熟悉的领域或教师选定的研究方向，自主学习，自主设计，自行准备实验设备和所需材料，进行实验，对结果数据进行分析，撰写实验总结等工作。这是培养学生对实验的探索、培养学生的创新思维能力、创新实验能力和科研开发能力的重要途径。鼓励学生参加电子设计大赛和全国职业技能大赛，让学生能力和潜能得到更好地发挥，奠定以后就业的基础。

# 第7章　创新创业教育

## 7.1　创新创业教育概述

### 7.1.1　创新的概念

创新，顾名思义，就是创造新的事物。在西方，英语中 Innovation（创新）一词起源于拉丁语。它原意有三层含义，一是更新；二是创造新的东西；三是改变现状，就是对原有的东西进行改造、改革和发展。

关于“创新”的概念，各学科有不同的解释。如社会学中，创新是指人们为了发展需要，运用已知的信息和条件，突破常规，发现或产生某种新颖、独特的有价值的新事物、新思想的活动。创新的本质是突破，即突破旧的思维定式，旧的常规戒律。经济学中，创新是指以现有的知识和物质，在特定的环境中，改进或创造新的事物（包括但不限于各种方法、元素、路径、环境等），并能获得一定有益效果的行为。

可以看出，学术界对“创新”至今尚未有一个统一的定义，但普遍认为它是属于经济学的概念。在此，我们选择一个适用于更广泛意义上的“创新”含义，即：创新是指以现有的思维模式提出有别于常规或常人思路的见解为导向，利用现有的知识和物质，在特定的环境中，本着理想化需要或为满足社会需求，而改进或创造新的事物、方法、元素、路径、环境，并能获得一定有益效果的行为。

创新活动的核心是“新”，它或者是产品的结构、性能和外部特征的变革，或者是造型设计、内容的表现形式和手段的创造，或者是内容的丰富和完善。创新的目的是满足人类衣、食、住、行等自身的需要。

作为高职院校学生，创新可以理解为对知识技能创新性的理解，理论结合实际的新颖性应用。比如在课堂上，老师讲基尔霍夫定律，有同学仅仅把这个定律当作一般性理论知识来记住，做题时生搬硬套理论公式；而有的同学会想到利用试验设备来验证这个定律，应用这个定律来解决实际问题，这样的同学就具有创新性思维。

1. 创新的形式

关于创新的形式，学术界没有公认的说法。一般情况下，创新包含了以下三种基本形式：

(1)发现。发现与“科学”相关联，指观察事物而发现其原理或法则，即发现已经存在但不为人知的规律、法则或结构和功能。发现主要是寻找或认识两个方面的东西，一是对自然界各种原理、规律的寻找或认识；另一种是对社会发展规律的寻找或认识。世界上的万事万物都有一定的规律、法则或结构和功能，需要人们通过观察、研究去寻找或认识。也就是说，发现是使那些已经存在、但过去不为人所了解的事物变得为人所知，给人类增添新的科学知识。例如，原始时代的人们以石投水则沉，投以木则浮，因而发现水有浮力。牛顿从苹果从树上掉了下来的事实发现万有引力定律，而且从数学上论证了万有引力定律。他发现潮汐的大小不但同朔望月有关，而且与太阳的引力也有关系。

(2)发明。发明与“技术”和“工艺”相关联,与发现密切相关。发现是通过观察事物而发现其原理;发明是根据发现的原理而进行制造或运用,产生出一种新的物质或行动。例如,古人发现水有浮力,于是根据这一原理“刳木为舟”(《周易·系辞下》),把大木头挖空,造成独木舟,这叫发明。古人发现鱼尾划水而游,于是“剡木为楫”(《周易·系辞下》),制作划船的木楫。

根据发明的实质,又可分为“基本发明”(Basic Invention)和“改良发明”(Improving Invention)两类。“基本发明”与我们现在所说的“自主创新”或“原始创新”同义,是指一种新原理的应用或综合诸原理而进行一种新的发明。就这种意义来说,它是基本的,是使社会进步的主要动力,而且一般会成为其他发明的基础。改良的发明,顾名思义,是某种产品进行修改或改造,旨在增加它的效率,或使之可作为某种新的用途。中国古代十分善于“基本发明”。近代以来,欧美人较善于“基本发明”,而日本人较善于“改良发明”。

(3)革新。革新即变革或改变原有的观念、制度和习俗,提出与前人不同的新思想、新学说、新观点,创立与前人不同的艺术形式等。人类社会是不断发展变化的,为适应这种变化,人们原有的伦理道德、价值观念、政治制度、法律制度、婚姻家庭制度、礼仪制度、生产制度和宗教制度等,也必须随着不断地革新。学术界和艺术界一样,也是随着社会的发展而不断超越前人。

发现、发明、革新等创新形式对社会文化发展变迁起着极为重要的作用。例如铁犁牛耕导致中国古代农业社会的变革,内燃机的发明激发了英国的工业革命。战国时期秦国的商鞅变法,使秦国由弱变强。邓小平的改革开放,使中国的社会和文化发生史无前例的巨大变化。

人类社会的发展和进步,是通过不断创新来实现的。创新不仅是推动人类文明进步的主要因素,而且也是保护和传承文明的主要动力。一个民族如果没有创新的能力,既无法在激烈的竞争中生存和发展,也无法保护和传承本民族优秀的文化传统。只有不断创新,才能永葆自己的文化特色,才能永远屹立于世界民族之林,才有可能继承和弘扬民族文化。因此,创新是一个民族的灵魂,是一个国家兴旺发达的不竭动力。

2. 创新的特征

创新是社会进步的动力,是事业兴旺的阶梯。创新活动具有如下基本特征:

(1)创新是人类特有的活动。创新是在意识支配下进行的创造性活动,在人类社会之外,其他动植物只是进化、演化,而不是创新。

(2)创新是有规律的实践活动。它以扎实的专业知识为基础,以艰苦卓绝的精神劳动为途径,以敏锐的观察力、丰富的想象力、深刻的洞察力为导向,反映符合事物发展要求的基本规律,是一种有规律的实践活动。

(3)创新是突破性的实践活动。它不是一般的重复劳动,更不是对原有内容的简单修补,而必须是突破性的发展、根本性的变革、综合性的创造。

(4)创新是继承中的升华。继承是创新的必要准备,没有继承,创新就会成为无源之水;创新是继承的必然结果,是“青出于蓝而胜于蓝”,没有创新,继承就会失去本来的意义。

创新必须遵循以下基本规律:(1)创新要有实事求是的科学态度。创新是一个破旧立新的过程,具有批判和怀疑的勇气,具有不满足于现状的进取精神。(2)创新要有正确的方向。一切创新,最终都是为了服务民众,让民众从创新中得到实实在在的好处。不能赶时髦,不能盲目瞎干,否则就会劳民伤财。(3)创新要有鲜明的特色。创新总是具体的,必然带有一定的地方特色、专业特点和创新人员的个性特点。特色愈鲜明，创新才会愈有生命力，才能愈长久地经受时间和实践的检验。

3. 大学生创新能力养成

大学生创新能力不是天生就具有的，而是在不断地学习和实践中慢慢积累的。在平时学习和实际中要有意识培养和锻炼自己。要有意识培养以下几个方面的创新能力：

(1)学习能力

学习能力，即获取、掌握知识、方法和经验的能力，包括阅读、写作、理解、表达、记忆、搜集资料、使用工具、对话和讨论等能力。学习能力还包括态度和习惯，比如活到老、学到老的终身学习的态度和信念。个人具有学习能力，组织也具有学习能力，人们把学习型组织理解为“通过大量的个人学习，特别是团队学习，形成的一种能够认识环境、适应环境，进而能够能动地作用于环境的有效组织。也可以说是通过培养弥漫于整个组织的学习气氛，充分发挥员工的创新思维能力而建立起来的一种有机的、高度柔性的、扁平的、符合人性的、能持续发展的组织。”在如今竞争的时代，一个人或一个组织的竞争力往往取决于个人或组织的学习能力，因此，无论对于个人还是对于组织而言，其竞争优势就是有能力比你的竞争对手学习得更多更快。所以管理大师德鲁克说：“真正持久的优势就是怎样去学习，怎样使得自己的企业能够学习得比对手更快。”

(2)分析能力

分析能力就是把事物的整体分解为若干部分进行研究的技能和本领。事物是由不同要素、不同层次、不同规定性组成的统一整体。认识事物的有效方式之一就是把它的每个要素、层次、规定性在思维中暂时分割开来进行考察和研究，弄清楚每个局部的性质、局部之间的相互关系及局部与整体的联系，做到由表及里、由浅入深、由易到难地认识事物和问题。分析能力的高低强弱与三个因素有关，一是个人的知识、经验和禀赋；二是分析工具和方法的水平；三是共同讨论与合作研究的品质。随着科学技术的发展，高性能计算机和各种科学仪器及新的分析方法的出现和应用，有效地提高了人们的分析能力。当然，分析能力也有局限性和片面性，容易使人只见树木，不见森林，忽视从整体上把握事物。因此，通常把分析能力与综合能力结合起来运用，将会取长补短，相辅相成。

(3)综合能力

综合能力就是强调把研究对象的各个部分结合成一个有机整体进行考察和认识的技能和本领。综合是把事物的各个要素、层次和规定性用一定线索联系起来，从中发现它们之间的本质关系和发展的规律。具体地讲，综合能力包括三项内容：一是思维统摄与整合，就是把大量分散的概念、知识点及观察和掌握的事实材料综合在一起，进行思考加工整理，由感性到理性、由现象到本质、由偶然到必然、由特殊到一般，对事物进行整体把握；二是积极吸收新知识，综合能力需要多方面的知识和方法，不断吸收新知识，不断更新知识都是必要的，特别是要学会跨学科交叉，把不同学科的知识、不同领域的研究经验融会贯通，才能更好地综合；三是与分析能力紧密配合，仅有综合能力，也有局限性和片面性，即缺少深入地、细致地分析，细节决定成败，在认识事物时也是如此，只有与分析能力相互配合，才能正确认识事物，实现有价值的创新。

(4)想象能力

想象能力就是以一定的知识和经验为基础，通过直觉、形象思维或组合思维，不受已有结论、观点、框架和理论的限制,提出新设想、新创见的能力。想象力往往是发现问题和解决问题的突破口,在创新活动中扮演突击队和急先锋的角色,缺乏想象力很难从事创新工作。

(5)批判能力

批判能力表现在两个方面,在学习、吸收已有知识和经验时,批判能力保证人们不盲从,而是批判性地、选择性地吸收和接受,去粗取精、去伪存真;在研究和创新方面,则质疑和批判是创新的起点,没有质疑和批判就只能跟在权威和定论后面亦步亦趋,不可能做出突破性贡献。科学技术史表明,重大创新成果通常都是在对权威理论进行质疑和批判的前提下做出的。

(6)创造能力

创造能力是创新能力的核心,它是指首次提出新的概念、方法、理论、工具、解决方案、实施方案等的能力,是创新人才的禀赋、知识、经验、动力和毅力的综合体现。

(7)解决问题的能力

解决问题的能力包括提出问题和凝练问题,针对问题选择和调动已有的经验、知识和方法,设计和实施解决问题的方案,对于难题,能够创造性地组合已有的方法乃至提出新方法来解决。解决问题分狭义和广义,狭义的解决问题就是人们通常认为的各种问题的解决,如物理问题、数学问题、技术问题;广义的解决问题则包括各种思维活动,这种情况下,创新能力就等同于创新性解决问题的能力。

(8)实践能力

实践能力就是特指社会实践能力。提出创造发明成果,只是创新活动的第一阶段,要使成果得到承认、传播、应用,实现其学术价值、经济价值和社会价值,必须要和社会打交道,实践能力就是为实现这一目标而进行的各种社会实践活动的能力。

(9)组织协调能力

组织协调能力的实质是通过合理调配系统内的各种要素,发挥系统的整体功能,以实现目标。对于创新人才来说,要完成创新活动,就要协调各方,当拥有一定资源时,就可通过沟通、说服、资源分配和荣誉分配等手段来组织协调各方以最终实现创新目标。

(10)整合多种能力的能力

创新人才的宝贵之处不仅在于拥有多种才能,更重要的是能够把多种才能有效地整合在一起发挥作用。整合多种能力的能力是能力增长和人格发展的结果,这需要通过学习、实践和人生历练。能否完成重大创新,拥有整合多种能力的能力是一个关键。

### 7.1.2 认识创业

1. 什么是创业

(1)广义的创业

从广义的角度来说,所谓创业,一般是指一个人运用自己掌握的知识、技能、资源和发现的信息、机会等,克服思维定式,以创新的思维和艰苦的努力,开辟新的工作途径,开创新的工作局面,争创新的工作业绩,促进事业取得突破性的成就,从而实现自己某种追求或目标的过程。

广义的创业包括岗位创业。岗位创业是指在现有工作岗位上顺应时代发展和岗位目标要求,全面提高自身能力和素质,创造性地发挥自己的聪明才智,通过勤奋努力地工作,在事业上取得开创性的新发展,从而为岗位提供者创造尽可能多的价值。创业,实质上是一种劳动方式,是一种对自己、对企业、对社会、对国家创造价值与贡献的行为。因此,从这个角度说,人生就是创业。

(2)狭义的创业

狭义的创业一般仅指自主创业，自主创业是指创业者个人或创业团队以资源所有者的身份，利用知识、能力和社会资本，通过自筹资金、技术入股、寻求合作等方式创立新的社会经济单元，并为社会上更多的人创造就业机会。自主创业的主体是投资者和资产所有者。自主创业需要创业者拥有关键资源或者具有整合资源的能力，因此，比岗位创业更为复杂艰难。

(3)大学生自主创业

大学生自主创业，是指一些有理想、有胆识的大学生，利用自己的知识、技术和才能，以自筹资金、技术入股、寻求合作等方式，为自己在社会上求生存、谋发展开辟一条新的途径，创立新的社会经济单元。他们不是现有岗位的竞争者、填充者，而是为自己、为社会更多的人创造就业机会，并直接为社会创造价值做出贡献的开拓者。大学生自主创业，不仅要求大学生能结合专业特长，根据市场前景和社会需求创造出有竞争力的新技术、新产品和服务，而且要直接面向市场、面向社会，在为社会创造价值的同时，使自我价值得到不断的充分体现。

2. 创业的本质

创业首先是一种创新，包括理念上的创新、技术上的创新和组织上的创新。同时，创业活动又是一种具有高度创造性的社会实践活动，即：创业创造了新的企业、创造了新的技术和产品、创造了新的市场、创造了新的价值和经济效益、创造了新的就业岗位，等等。总之，创业是富有创新精神的创业者与机遇相结合并创造社会经济价值的活动。

3. 创业的类型

美国著名的创业管理专家提蒙斯(J. A. Timmons)教授在 1999 年提出了经典的创业管理模型——提蒙斯模型。

在这个概念模型中提蒙斯指出，影响创业的主要因素是团队、机会和资源。而创业过程也就可以被看作是团队整合、利用资源，识别、开发机会的过程，也是不断调适、平衡、整合“机会、资源、团队”的动态过程。

在这个过程中，首先从创业者的创业动机出发，当创业者形成了一定的想法，识别出了若干商业机会后，会进一步通过相应的创业战略来整合、利用资源，进而实现商业机会并创建企业。由此，我们可以总结出创业动机、创业者(即团队)、创业资源和创业战略构成了创业过程中关键的四个环节。这四个环节往往决定了创业活动开展的方式和性质，由此而产生不同的创业效果。因此，我们可以从创业动机、创业资源、创业者、创业战略、创业效果这五个角度对创业类型进行系统的分类和总结，如图 7.1 所示。

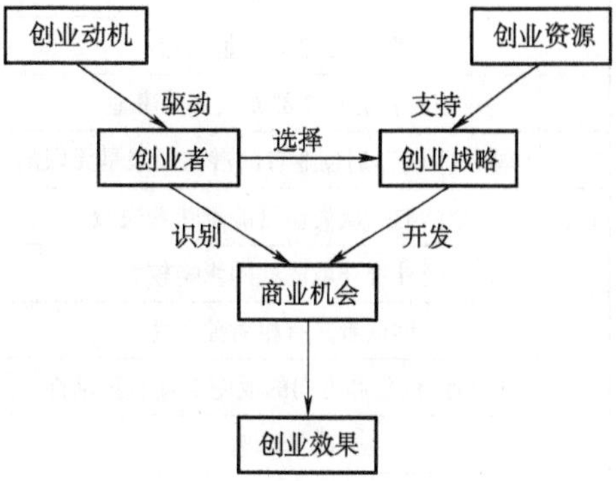


图 7.1 创业过程关键环节

4. 创业的基本分类

对创业的基本分类可以围绕谁在创业、在哪里创业、创业效果等 3 个基本问题展开，进而可以识别出基本的创业活动，还可以组合成许多的创业类型，见表 7.1。

表 7.1 创业的基本分类

| 谁在创业 | 在哪里创业 | 创业效果 |
| --- | --- | --- |
| 个体 | 独立创业 | 创新性 |
| 自身条件：性别、边缘群体等 | 在组织或公司内部创业 | 如模仿、复制、创造价值与财富创造 |
| 创业动机 | 网络企业 | 个人、组织、社会、团队 |
| 是否在职工作 | | |

结合表的分类，目前已经有不少具有独特性的分类，现选择具有典型意义的分类予以介绍。

(1)生存型创业与机会型创业

该分类由全球创业观察项目(Global Entrepreneurship Monitor，GEM)首先依据创业者的创业动机提出。在该项目中，生存型创业(Necessity Push Entrepreneurship)被定义为创业行为出于没有其他更好的选择，即不得不参与创业活动来解决其所面临的困难。不少下岗职工的创业行为便属于这种类型。机会型创业(Opportunity-pull Entrepreneurship)被定义为创业行为的动机出于个人抓住现有机会并实现价值的强烈愿望，创业有更好的机会。比尔・盖茨创建微软公司属于机会型创业。

(2)个体创业与公司创业

这是根据创业活动的发生场所和创业者的个体差异进行的分类。个体创业主要指不依托于某一特定组织而开展的创业活动，而公司创业主要指已有组织发起的组织的创造、更新与创新活动，创业活动是由在组织中工作的个体或团队推动的。虽然在创业本质上，公司创业和个体创业有许多共同点，但是由于起初的资源禀赋不同、组织形态不同、战略目标不同等，在创业的风险承担、成果收获、创业环境、创业成长等方面也有很大的差异。两者的主要差异见表 7.2。

表 7.2 个体创业和公司创业的主要差异

| 个体创业 | 公司创业 |
| --- | --- |
| 创业者承担风险 | 公司承担风险，而不是与个体相关的风险 |
| 创业者拥有商业概念 | 公司拥有概念，特别是与商业概念有关的知识产权 |
| 创业者拥有全部或大部分事业 | 创业者或许拥有公司的权益，但可能只是很小部分 |
| 从理论上而言，对创业者的潜在回报是无限的 | 在公司内，创业者所能获得的潜在回报是有限的 |
| 个体的一次失误可能意味着失败 | 公司具有更多的容错空间，能够吸纳失败 |
| 受外部环境波动的影响较大 | 受外部环境波动的影响较小 |
| 创业者具有相对独立性 | 公司内部的创业者更多受团队的牵制 |
| 在过程、试验和方向的改变上具有灵活性 | 公司内部的规则、程序和官僚体系会阻碍创业者的策略调整 |
| 决策迅速 | 决策周期长 |
| 低保障 | 高保障 |
| 缺乏安全网 | 有一系列安全网 |
| 在创业主意上，可以沟通的人少 | 在创业主意上，可以沟通的人多 |
| 至少在初期阶段，存在有限的规模经济和范围经济 | 能够很快达到规模经济和范围经济 |
| 严重的资源局限性 | 在各种资源的占有上都有优势 |

(3)网络创业

网络创业也称互联网创业,简单地说,是指利用互联网作为平台进行创业的行为。目前学术界关于网络创业的研究还不多,但我们身边的例子却已经很多,在国内,享有“网络牛仔商人”称号的马云可谓家喻户晓,据称,“阿里巴巴”服务的商人达到240万,马云即使在睡梦中,“阿里巴巴”每天也有100万元的收入。马云认为互联网像一个无穷的宝藏,等待人们前去发掘,就像“阿里巴巴”用咒语打开的那个山洞。据说这是“阿里巴巴”名称的来源。

网络的价值是巨大的,网络中的虚拟世界与现实中的真实世界同样丰富多彩。人们利用互联网作为平台形成了巨大的市场,有市场当然就有机会,就可以有创业行为。而且,由于互联网具有传播速度快、互动性强、不受地理等自然条件限制等特点,成为创业者关注的重要平台。

(4)弱势群体创业

弱势群体创业是政府关心的创业行为,指创业行为的主体是那些处于社会边缘状态的个体。由于是弱势群体,他们往往更难以整合到资源,创业会更加艰难,但反过来,创业也能够改变弱势群体的社会地位,体现社会公平。为此,政府多制定特殊的政策为弱势群体创业提供支持,包括税收减免、融资担保等。

(5)衍生创业

从广义上讲,凡是从已有组织(企业、大学或科研机构)中产生出来的企业都可以称之为衍生企业。具体来说,衍生创业是指在现有组织中工作的个体或团队,脱离所服务的组织,凭借在过去工作中积累的经验和资源,独立开展创业活动的创业行为,如图7.2所示。

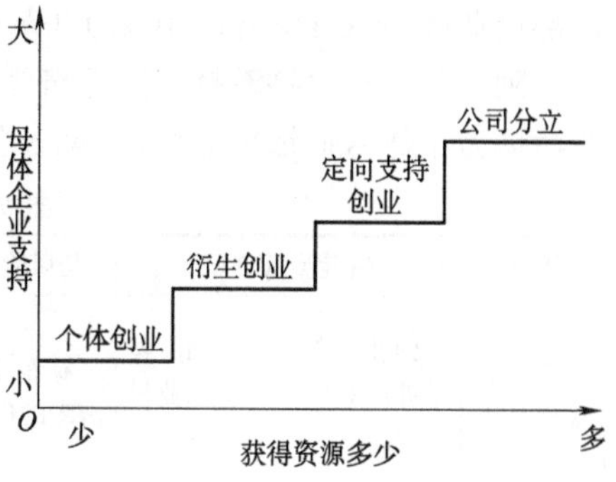


图7.2 衍生企业

长期以来,衍生创业行为经常发生。1955年,晶体管之父肖克利博士,离开贝尔实验室在硅谷创建了“肖克利半导体实验室”,一时吸引了众多最有才华的年轻科学家加入。1957年,肖克利实验室的八位最杰出的精英因不满肖克利而集体出走,创办了仙童半导体公司。之后仙童半导体公司利用半导体技术优势,在短时间内便成为硅谷成长最快的公司。同时,仙童半导体公司还成为半导体技术人才的孵化器,一批批人才从“仙童”跳槽,在硅谷附近创办了众多衍生企业,其中有英特尔、国民半导体公司、AMD等知名的大公司。一时间,个人创业成为硅谷的潮流,正如苹果公司总裁乔布斯比喻的那样:“仙童半导体公司就像个成熟了的蒲公英,你一吹它,这种创业精神的种子就随风四处飘扬了”。在国内,牛根生离开伊利公司创建“蒙牛”,李一男离开华为公司创建港湾网络,都已经成为很著名的案例。

衍生企业由于与母体企业之间所具有的联系,在创业的初始条件、市场定位、经营策略、成长方式等多方面都会表现出一些与个体创业不同的特点,值得关注和研究。

5. 基于创业初始条件的分类

创业者往往是在资源匮乏的情况下开展创业活动的,因此,研究创业活动的初始条件对于分析创业活动的特点,预测创业活动的发展及演变规律,具有十分重要的意义。在这方面,阿玛尔·毕海德(Amar V. Bhide)教授的研究工作特别具有影响力。

芝加哥大学教授阿玛尔·毕海德曾在哈佛商学院讲授创业课程，为了梳理出清晰的授课计划，带领学生对 1996 年进入美国 lnc500（Inc 杂志评选出的成长速度最快的 500 家企业排名）的企业主进行深入访谈，并于 2000 年出版了专著《新企业的起源与演变》。在该书中，他从不确定性和投资两个维度构建了一个投资、不确定性与利润的动态模型，如图 7.3 所示。

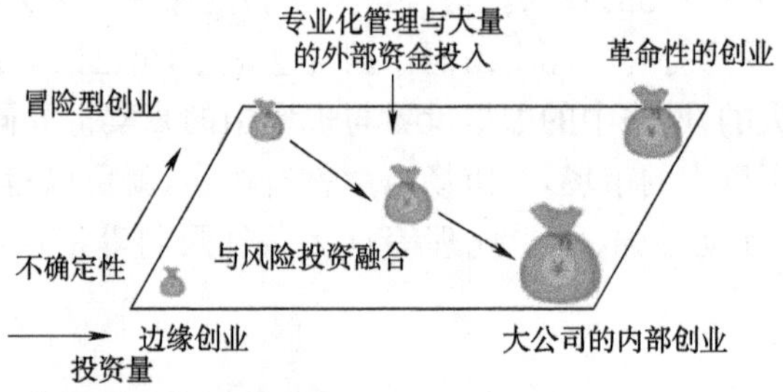


图 7.3　投资—不确定性—利润模型

他强调创业并不单纯指企业家或创业团队创建新的企业，大企业同样有创业行为。在这个模型中，作者将原创性的创业概括为五种类型，分别是边缘企业（Marginal Businesses）、冒险型的创业（Promising Start-ups）、与风险投资融合的创业（VC-backed Start-ups）、大公司的内部创业（Corporate Initiatives）和革命性的创业（Revolutionary Ventures）。

阿玛尔·毕海德教授运用经济学的基本知识，结合大量的实际调查资料，对不同类型的创业活动做了深入而形象的对比，见表 7.3。

**表 7.3　不同创业类型的对比**

| 因素 | 冒险型的创业 | 与风险投资融合的创业 | 大公司的内部创业 | 革命性的创业 |
|---|---|---|---|---|
| 创业的有利因素 | 创业的机会成本低、技术进步等因素使得创业机会增多 | 有竞争力的管理团队、清晰的创业计划 | 拥有大量的资金、创新绩效直接影响晋升、市场调研能力强、对 R&D 的大量投资 | 无与伦比的创业计划、财富与创业精神集于一身 |
| 创业的不利因素 | 缺乏信用，难以从外部筹措资金；缺乏技术管理和创业经验 | 尽力避免不确定性，又追求短期快速成长，市场机会有限，资源的限制 | 企业的控制系统不鼓励创新精神；缺乏对不确定性机会的识别和把握能力 | 大量的资金需求；<br>大量的前期投资 |
| 获取资源 | 固定成本低；竞争不是很激烈 | 个人的信誉、股票及多样化的激励措施 | 良好的信誉和承诺；资源提供者的转移成本低 | 富有野心的创业计划 |
| 吸引顾客的途径 | 上门销售和服务、了解顾客的真正需求、全力满足顾客需要 | 目标市场清晰 | 信誉、广告宣传、关于质量服务等多方面的承诺 | 集中全力吸引少数大的顾客 |
| 成功基本因素 | 企业家及其团队的智慧、面对面的销售技巧 | 企业家团队的创业计划和专业化管理能力 | 组织能力、跨部门的协调及团队精神 | 创业者的超强能力，确保成功的创业计划 |
| 创业的特点 | 关注不确定性程度高，但投资需求少的市场机会 | 关注不确定性程度低、广阔且发展快速的市场和新的产品或技术 | 关注少量的、经过认真评估的、有丰厚利润的市场机会，回避不确定性程度大的市场利基 | 技术或生产经营过程方面实现巨大创新，向顾客提供超额价值的产品或服务 |

6. 基于效果的分类

依据效果对创业进行分类也是一种常见的分类形式，这样的分类有功于创业者关注创业活动效果，提升创业活动质量，也有助于创业活动的成功。在这方面克里斯汀和戴维森的分类更具有代表性。

克里斯汀等人依照创业对市场和个人的影响程度，把创业分为四种基本类型，如图 7.4 所示，即复制型创业、模仿型创业、安家型创业和冒险型创业。

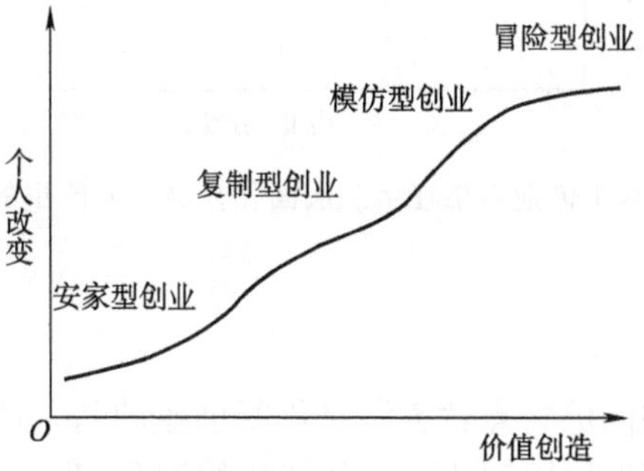


图 7.4　基于价值创造的创业类型

(1)复制型创业。这种创业模式是在现有经营模式基础上的简单复制。例如某人原先担任某家电公司部门主管，后来他自行离职，创建了一家与原家电公司相似的新家电公司，并且新组建公司的经营风格与离职前那家公司也基本相同。现实中这种复制型企业的例子特别多，且由于前期生产经营经验的累积而使得新组建公司成功的可能性很高，但在这种类型的创业模式中，创新贡献较低，也缺乏创业精神的内涵，并不是创业管理研究的主流。

(2)模仿型创业。模仿型创业虽然很少给顾客带来新创造的价值，创新的成分也并不算太高，但对创业者自身命运的改变还是较大的。如某煤矿公司的经理辞职后，模仿别人新组建一家网络公司。相对来说，这种创业具有较高的不确定性，学习过程较长，经营失败的可能性也比较大。不过，如果是那些具备创新精神的创业者，能够得到专门化的系统培训，注意把握市场进入契机，创业成功的可能性是比较大的。

(3)安家型创业。这种形式的创业，其创业者个人命运的改变并不大，所从事的仍旧是原先熟悉的工作，但其的确在不断地为市场创造新的价值，为消费者带来实惠。例如，企业内部的研发小组在开发完成一种新产品后，继续在该公司开发另一种新产品。安家型创业强调的是个人创业精神的最大程度实现，而并不对原有组织结构进行重新设计和调整。

(4)冒险型创业。冒险型创业模式，将极大地改变个人命运，从事一项全新的产品经营，个人前途的不确定性也很大，同时，由于是创造新价值的活动，因此将面临较高的失败的可能性。尽管如此，由于这种创业预期的报酬较高，对那些充满创新精神的人来说仍富有诱惑力，但是它需要创业者高超的能力、适当的创业时机、合理的创业方案、科学的创业管理。

戴维森基于创业效果在组织层面和社会层面的产出对创业进行了分类，如图 7.5 所示。组织层面和社会层面都是负的创业行为属于失败创业，如破产了的污染企业；组织层面为负而社会层面为正的创业行为属于催化剂式创业，如万燕 VCD 的创业，虽然失败，但催化出了中国一个巨大的新兴产业；组织层面为正而社会层面为负的创业行为属于重新分配式创业，如目前国内钢铁行业的低水平重复建设；组织层面和社会层面都为正的创业行为属于成功创业，如星巴克开创了一个全新的休闲产业，戴尔带来了一种全新的经营模式等，取得了企业、消费者和社会层面等的多赢效果。成功创业应该得到社会的赞赏，重新分配式创业不可避免，催化剂式创业更需鼓励。

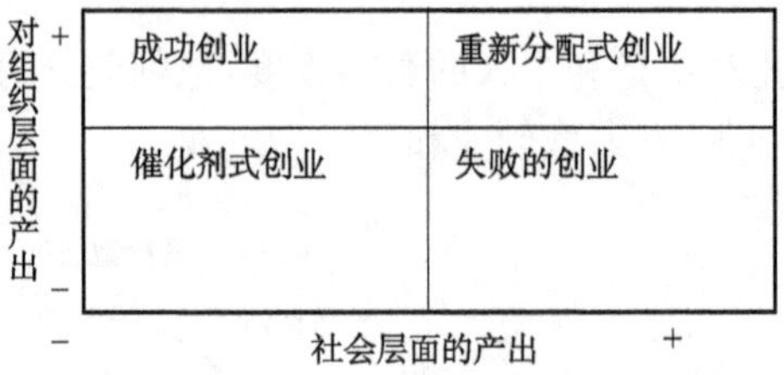


图 7.5 基于创业效果在组织层面和社会层面产出的创业分类

### 7.1.3 创新与创业的关系

创新与创业都有一个共同的特点："创"，是创新创业的基础；"创"的目的是提出新方法，成立新事业。从广义上来讲，创业本身就是一个创新的过程，程序是方法和手段，创业是结果。没有创新的过程，创业就失去了根基，而没有创业实践，创新也就失去意义。

归根结底创新创业是要创造社会财富与价值，创新的成果需要通过创业来体现。大量事例证明，成功的创业公司都有着理念和技术的创新。

## 7.2 创新创业相关的理论和政策

### 7.2.1 创新创业的相关理论

1. 创新的相关理论

创新活动的核心是"新"，它或者是产品的结构、性能和外部特征的变革，或者是造型设计、内容的表现形式和手段的创造，或者是内容的丰富和完善。创新的目的是满足人类衣、食、住、行等自身的需要。

经济学上，创新概念的起源为美籍经济学家熊彼特在 1912 年出版的《经济发展概论》。熊彼特在其著作中提出：创新是指把一种新的生产要素和生产条件的"新结合"引入生产体系。它包括五种情况：引入一种新产品，引入一种新的生产方法，开辟一个新的市场，获得原材料或半成品的一种新的供应来源。新的组织形式。熊彼特的创新概念包含的范围很广，如涉及技术性变化的创新及非技术性变化的组织创新。

到 20 世纪 60 年代，新技术革命迅猛发展。美国经济学家华尔特・罗斯托提出了"起飞"六阶段理论，对"创新"的概念发展为"技术创新"，把"技术创新"提高到"创新"的主导地位。

1962 年，由伊诺思(J. L. Enos)在其《石油加工业中的发明与创新》一文中首次直接明确地对技术创新下了定义，即"技术创新是几种行为综合的结果，这些行为包括发明的选择、资本投入保证、组织建立、制定计划、招用工人和开辟市场等"。伊诺思的定义是从行为的集合的角度来下定义的，而首次从创新时序过程角度来定义技术创新的林恩(G. Lynn)认为技术创新是"始于对技术的商业潜力的认识，而终于将其完全转化为商业化产品的整个行为过程"。

美国国家科学基金会(National Science Foundation of U. S. A.)从 20 世纪 60 年代开始

兴起并组织对技术的变革和技术创新的研究，迈尔斯(S. myers)和马奎斯(D. G. Marquis)作为主要的倡议者和参与者，在其1969年的研究报告《成功的工业创新》中将创新定义为技术变革的集合。认为技术创新是一个复杂的活动过程，从新思想、新概念开始，通过不断地解决各种问题，最终使一个有经济价值和社会价值的新项目得到实际的成功应用。到20世纪70年代下半期，他们对技术创新的界定大大扩宽了，在NSF报告《1976年：科学指示器》中，将创新定义为"技术创新是将新的或改进的产品、过程或服务引入市场"，明确地将模仿和不需要引入新技术知识的改进作为最终层次上的两类创新而划入技术创新定义范围中。

20世纪70年代至20世纪80年代，有关创新的研究进一步深入，开始形成系统的理论。厄特巴克(J. M. UMerback)在70年的创新研究中独树一帜，他在1974年发表的《产业创新与技术扩散》中认为，"与发明或技术样品相区别，创新就是技术的实际采用或首次应用"。缪尔赛在20世纪80年代中期对技术创新概念做了系统的整理分析。在整理分析的基础上，他认为："技术创新是以其构思新颖性和成功实现为特征的有意义的非连续性事件"。

著名学者弗里曼把创新对象基本上限定为规范化的重要创新。他从经济学的角度考虑创新。他认为，技术创新在经济学上的意义只是包括新产品、新过程、新系统和新装备等形式在内的技术向商业化实现的首次转化。他在1973年发表的《工业创新中的成功与失败研究》中认为，"技术创新是一技术的、工艺的和商业化的全过程，其导致新产品的市场实现和新技术工艺与装备的商业化应用"。其后，他在1982年的《工业创新经济学(修订本)》中明确指出，技术创新就是指新产品、新过程、新系统和新服务的首次商业性转化。

我国20世纪80年代以来开展了技术创新方面的研究，傅家骥先生对技术创新的定义是：企业家抓住市场的潜在盈利机会，以获取商业利益为目标，重新组织生产条件和要素，建立起效能更强、效率更高和费用更低的生产经营方法，从而推出新的产品、新的生产(工艺)方法、开辟新的市场，获得新的原材料或半成品供给来源或建立企业新的组织，它包括科技、组织、商业和金融等一系列活动的综合过程。此定义是从企业的角度给出的。彭玉冰、白国红也从企业的角度为技术创新下了定义："企业技术创新是企业家对生产要素、生产条件、生产组织进行重新组合，以建立效能更好、效率更高的新生产体系，获得更大利润的过程。"

进入21世纪，信息技术推动下知识社会的形成及其对技术创新的影响进一步被认识，科学界进一步反思对创新的认识：技术创新是一个科技、经济一体化过程，是技术进步与应用创新"双螺旋结构"(创新双螺旋)共同作用催生的产物，而且知识社会条件下以需求为导向、以人为本的创新2.0模式进一步得到关注。《复杂性科学视野下的科技创新》在对科技创新复杂性分析基础上，指出了技术创新是各创新主体、创新要素交互复杂作用下的一种复杂涌现现象，是技术进步与应用创新的"双螺旋结构"共同演进的产物；信息通信技术的融合与发展推动了社会形态的变革，催生了知识社会，使得传统的实验室边界逐步"融化"，进一步推动了科技创新模式的嬗变。要完善科技创新体系，急需构建以用户为中心、需求为驱动、社会实践为舞台的共同创新、开放创新的应用创新平台，通过创新双螺旋结构的呼应与互动形成有利于创新涌现的创新生态，打造以人为本的创新2.0模式。《创新2.0：知识社会环境下的创新民主化》进一步对面向知识社会的下一代创新，即创新2.0模式进行了分析，将创新2.0总结为以用户创新、大众创新、开放创新、共同创新为特点的，强化用户参与、以人为本的创新民主化。

2. 创业的相关理论

创业的定义大致可以归纳为三种不同的类型，即价值说、功利说和实体说，三者的差异表现在对创业实质的理解上，即分别认为创业是“创造价值”“创造财富或利润”和“创建企业”。

(1)价值说——创造价值

第一种观点认为，创业活动的创造性体现在价值的创造上。比如宋克勤认为，创业是创业者通过发现和识别商业机会，组织各种资源提供产品或服务，以创造价值的过程。创业包括创业者、商业机会、组织和资源等要素。

郁义鸿等人认为，创业和创业者的定义是密不可分的。他们在《创业学》中综合了几位国外学者的观点之后，对创业做了如下定义：“创业是一个发现和捕捉机会，并由此创造出新颖的产品或服务和实现其潜在价值的过程”。

该定义重点在于强调“实现潜在价值”，强调了作为企业家或创业者的四个基本方面：

①创业包括一个创造过程

创业意味着创造某种新事物，这种新事物必须是有价值的。这些新事物不仅对创业家有价值，而且对其开发的某些目标对象也是有价值的。这里所说的目标对象可因创业家所处行业的不同或其创造事物的不同而不同。可以是产品，也可以是技术或服务，甚至可以是人、团队或组织。这种新事物的创造需要一个过程，这个过程必须具有创造性。

②创业需要付出时间和努力

创业是一项创造新事物和新价值的过程，这就要求创业者能够付出必要的时间和努力。比如，日本本田技研公司在创业之初，创始人本田宗一郎和藤泽武夫为了推广他们的“机动自行车”，通宵达旦地给自行车销售商写了数千封信，在一夜之间建成了 5 500 多家代销店的销售网络。所谓“机动自行车”，其实就是在自行车上安装了一个通信用的发动机，使用热水袋为油箱。在技术高度发达的今天，这种营销方式无异于“愚公移山”，但是本田宗一郎和他的创业团队正是依靠这种艰苦奋斗的精神完成了创业。

③承担风险

创业的意义在于创新和创造，通俗地说就是要“走他人没有走过的路”。只有这样才能称得上具有独创性。既然是做他人没有尝试过的事情，就必然存在风险。这种风险可能来自多个方面，如技术、资金、管理、政策及其他环境因素。

④回报

风险与回报可以说是一对孪生兄弟。如果以风险与回报分别作为横纵坐标、以高低为标准的话，就可以形成一个矩阵。它们分别代表了四种事业类型——“高风险高回报”“高风险低回报”“低风险高回报”和“低风险低回报”。创业家通常会选择“高风险高回报”的事业作为创业内容。他们在付出努力、承担风险的同时，期待在事业成功之后获得较高的回报。这种回报可以是金钱，也可以是理想的实现，还可以是荣誉、成就感、得到认可和尊重等。

(2)功利说——创造财富或利润

另一种比较有代表性的观点认为，创业就是一个创造和积累财富的过程。罗天虎主编的《创业学教程》对创业的定义就反映了这种观点。他们认为，创业是一个开创事业和积累财富的过程，认为创业活动具有开拓性、自主性和功利性等基本特征。

开拓性是指创业对于创业者来说是一项前所未有的事业。虽然创业者可以借鉴、模仿学习前人的经验和方法，但是他必须从头做起。创业精神的实质就在于开拓创新。自主性是指创业是一项独立自主的行为。而创业又是一个创造财富、积累财富的过程，这就决定了创业充满了功利性。

根据罗天虎等人的理解，创业的定义可以分为广义和狭义两个层次。广义的创业泛指人类一切带有开拓意义的社会变革活动；而狭义的创业则是社会上的个人或群体开展的、以创造财富为目标的社会活动。基于上述分析，本书将创业定义为："社会上的个人或群体为了改变现状、造福后人，依靠自己的力量创造财富的艰苦奋斗过程"。

还有一种相似的观点认为，创业的目的就是为了实现商业利润。如雷家辅等认为，创业就是"发现、创造和利用商业机会，组合生产要素，创立自己的事业，以获得商业成功的过程或活动"。他们还强调创业的目的在于"取得商业成功、获得商业利润"，称"没有创业者不是为了预期的商业利润而创业的"。

(3)实体说——创建企业

第三种观点认为，创业需要一个承担创业的实体，而通常这个实体就是企业。创业者依据所在国家或地区的相关法律法规进行注册登记是创业过程的一个重要标志。比如，刘建钧认为，创业是"一种创建企业的过程，或者说是创建企业的活动"。他强调了创业与创新的区别，指出创业与创新并不是两个可以互相等同的概念，尽管创业活动必然涉及创新，但创新并不必然地是创业活动。

另一种观点认为，创业是创业者依靠自己的想法及努力工作来开创一个新企业，包括新公司的成立、组织中新单位的成立，以及提供新产品或新服务，以实现创业者的理想。该定义实际上也强调创业中的"实体"。所不同的是扩大了"企业"的内涵。也就是说，该定义中"组织中新单位"可以理解为"新的机构或部门"。按照这种理解，我们可以将创业分为两个层次，即"创建新的企业"和"企业内创业"。前者可以理解为狭义的创业，而后者则代表了通常所说的"第二次创业"。如果从实体的角度理解创业的话，那么广义的创业同时包括创建企业的活动和企业内创业。

总之，创业是指发现和捕捉机会并由此而创办企业，提供新的产品和服务从而创造财富的过程，或者说创业是发现、创造和利用商业机会，组合生产要素以谋求获得商业成功的过程或活动。

3. 创新创业的国家政策

创新创业的国家政策主要有：《国务院关于大力推进大众创业万众创新若干政策措施的意见》(国发〔2015〕32号)、《国务院办公厅关于深化高等学校创新创业教育改革的实施意见》(国办发〔2015〕36号)、《广西壮族自治区人民政府办公厅印发关于深化高等学校创新创业教育改革实施方案的通知》(桂政办发〔2016〕50号)等。

## 7.3　专业群创新创业教育过程中存在的问题

### 7.3.1　对创新创业认识不清

目前，大多数人认为：高职教育，是培养生产一线的高技能劳动者，只需要按设计师设计出的图纸和建造方案实施，基本没有创新的空间与需要。因此，高职教育只注重工艺、技术的训练与规范、标准的教育。人不是机器，现代人的劳动，都是创造性劳动。

生产实践是技术与能力提高的本源。高职教育之所以倡导校企合作、工学结合，推行工作过程系统化教学，其出发点就是把课堂教的知识、工艺规范与生产实际相结合，充分发挥人在劳动过程中的主观能动性、创造性，主动学习，深刻领会、体悟操作、人机对话过程中隐含的知识、规律与问题。

高等学府，尤其是高职院校，预期培养生产一线的劳动者，迫切需要来自生产一线的鲜活知识。教师传授的知识与技能，都是规范化、系统化、理论化了的再加工知识，遗漏、缺失、偏差、固化、表述不准等，不可避免。

根据知识能否清晰地表述和有效的转移，可以把知识分为显性知识(Explicit Knowledge)和隐性知识(Tacit Knowledge)。社会生产、生活具体行为中的隐性知识大量存在，需要有知识基础的“有心人”，去发现、概括、总结、提炼，提出解决方案，一个一个隐含的问题被攻破、被解决，就是技术进步。技术进步不是在某一时刻的突变，而日积月累的渐变。

隐性知识是迈克尔·波兰尼(Michael Polanyi)在1958年从哲学领域提出的概念。他在对人类知识的哪些方面依赖于信仰的考查中，偶然发现这样一个事实，即这种信仰的因素是知识的隐性部分所固有的。他认为：“人类的知识有两种。通常被描述为知识的，即以书面文字、图表和数学公式加以表述的，只是一种类型的知识。而未被表述的知识，像我们在做某事的行动中所拥有的知识，是另一种知识。”他把前者称为显性知识，而将后者称为隐性知识，按照波兰尼的理解，显性知识是能够被人类以一定符码系统(最典型的是语言，也包括数学公式、各类图表、盲文、手势语、旗语等诸种符号形式)加以完整表述的知识。

隐性知识和显性知识相对应用，指那种我们知道、并能体悟，但难以言述的知识。隐性知识到显性知识的转化，是一个建立重复利用知识体系的过程。它重点强调的是信息采集、组织、管理、分析和传播。在这一过程中，信息在不断聚合过程中产生新的理念。私人知识并不能直接共享，可以进行传递的仅仅是知识中的有关观点和信息。他人在接受信息后，要对其进行深入地感知、理解和内化，然后才能形成自己的新知识。内化，意味着新创造的显性知识又转化为组织中其他成员的隐性知识。显性知识隐性化的目的在于实现知识的应用与创新。知识的创新与应用是知识管理的终极目标，组织能否在竞争中占有优势取决于组织能否充分利用组织的知识，能否不断地创造出新的知识，进行知识的更新。经过隐性到显性，再由显性到内化的四个阶段，组织竞争力得到提高，知识管理完成一个基本循环。

上述由创造知识到提高技术的转化过程，隐性知识向显性知识的转化是核心，是知识生产的最直接和最有效的途径。生产组织员工个人的隐性知识，是企业新知识生产的核心。如何有效地激发个体的隐性知识，避免转化过程中的障碍，增加转化方式的互动作用，将影响企业新知识产生水平。生产一线的劳动者，除把隐性知识转化为显性知识这一创造新知识的功能外，现代工业社会劳动本身，就是智力运用与创造过程。劳动，在农业社会里，它主要体现在体力的消耗，大量重复的、简单的重体力劳动，其智力含量十分低下。进入工业社会，尤其是后工业社会出现知识经济现象时，人类的劳动，是人类以产生对自身有利同时对他人无害的创造性结果为目的，运用自身智力的一种操作行为。这一劳动概念中的“智力”和“操作行为”特征，把动物行为、机器动作及习惯动作、条件反射等人类行为排除在劳动概念之外，强化了劳动中的脑力劳动占主体地位。传统经济学所称的体力劳动，即“体力耗费”，没有揭示后工业社会劳动的本质，现代人类劳动的特征，具有“创造性”，是智力的运用。

高职学生的学习目标是高技能专门人才，是生产一线的劳动者，他们的劳动过程，就是新知识的生产过程、智力运用过程、创造性劳动过程。高职学生的学习如果没有创新的内容，只能认为高职学生的学习，相当于给机器输入程序，而不是培养活生生的人。若培养的是人，而且是人才，就必须把创新作为核心内容。

### 7.3.2 对高职创新教育目标不明确

高职学生创新的目标，不是要求在未来的实际工作中有什么伟大的人类新发现，像内燃机、电的发现、计算机的发明一样，创造了一个全新的产业，推进了人类社会进步，而是在社会实践中，解决劳动、生活过程中存在的实际问题。

熊彼特说："创新，是生产要素的重新组合，就是要把一种生产要素和生产条件的'新组合'引进到生产体系中去。而'经济发展'就是不断地实现这种'新组合'，以最大限度地获取超额利润"。这种"新组合"包括五种情况：一是采用一种新产品或一种产品的新特征；二是采用一种新的生产方法；三是开辟一个新市场；四是掠取或控制原材料或半制成品的一种新的供应来源；五是实现任何一种工业的新的组织。因此，"创新"不是一个技术概念，而是一个经济概念。它严格区别于技术发明，把现成的技术革新引入经济组织，形成新的经济能力。

高职就是要培养这样的"新组合"式人才，再具体一点说，就是要培养王涛、李素丽、许振超这样的创新人才。

## 7.4 创新创业教育的措施

### 7.4.1 打造社团创新活动

社团是以兴趣为基础的，它将有共同兴趣爱好的学生汇集到一起，为他们发现、发展、挖掘自己的兴趣、潜力及特长创造良好的条件。社团的存在很好地贯彻了因材施教这一理念。作为校园文化生活不可缺少的一部分，社团活动的开展也对大学生创新素质的培养和创新习惯的形成起到了积极的促进作用。另一方面，大学生参加社团活动除了可以释放压力、使心情得到放松以外，还可以让他们在活动中、在与他人交往的过程中满足自己的好奇心、自尊心等其他心理需求，为大学生情感和健康人格的养成创造良好的环境。大学生的课外活动是丰富多彩的，为了培养大学生的创新能力，高校鼓励大学生根据自身的兴趣和特长，结合专业背景，参加或成立各类科学研究协会或兴趣小组，如发明协会、机械创新协会、创造协会、机器人兴趣小组、创业兴趣小组等，让学生们在活动中提高自身素质和能力。社团形成了自我教育、自我发展、自我管理、自我约束的氛围，这不仅有利于培养学生的创新能力，还有利于促进其领导能力和工作能力的提高。

### 7.4.2 组织学生参与各类创新竞赛

创新竞赛一直以来都被视为培养大学生创新能力和创新习惯的重要途径之一。在这里我们以"大学生挑战杯"为例来解析创新竞赛对于大学生创新素质的培养的重要性。

"大学生挑战杯"是由中国共产主义青年团、中国科学技术协会、中华人民共和国教育部和中华全国学生联合会主办的具有示范性、导向性及群众性的一项全国竞赛活动。"挑战杯"活动克服了传统教育中重知识轻能力的弊端，除了要求学生熟练掌握相关知识外，还对学生的科研能力有一定的要求，有利于提高大学生的科研能力，培养大学生的创新思维和创新习惯。当代大学生只有不断地拓宽自己的知识面、善于发现和运用知识，才能够适应社会发展的需要；除此之外，"挑战杯"活动还搭建起了课堂教学和创新教育之间的桥梁，成为丰富创新教育的一个手段。作为一项活动,"挑战杯"大多是利用学生的课余时间开展的,学生可以根据自己的兴趣爱好和特长选择研究课题,大大激发学生的创新欲望和对课题研究的兴趣,同时,学校组织学生开展"挑战杯"活动有利于营造浓厚的学术氛围和创新氛围,让学生们在潜移默化中养成创新习惯、增强创新思维。

### 7.4.3 在毕业设计中,训练大学生创新能力

大学生要积极参与各种类型的创新实践,在科研实践中、在毕业论文(设计)中、在搞发明创造和申请专利中,不断提升创新能力。

1. 在参与科研项目中提升创新能力

作为一名大学生,在参与科研项目的过程中常常无法依靠自己所学的专业知识或技能去解决问题,许多重要的实践知识可能在课堂上都没有讲过,经验更是很难学到。在这种情况下,指导老师的指导就显得尤为重要。如果说大学生在参与科研项目中可以培养自身的创新能力,那么,指导老师的科研项目无疑提供了一个良好的指导和实践平台。大学生在参与科研项目中提升创新能力主要表现在以下两个方面:

(1)创新思维的培养

大学生进入教师课题组进行导向性科研实践,这是一种类似于研究生的实践教育培养模式,在学生对科研项目感兴趣的同时,引导学生发现科研项目中的问题,进而分析问题、解决问题。开展以学生为主体的创新性实践,让学生了解科技发展的最新情况,接触本领域的新技术、新方法及新思想,以形成比较完善的知识结构。这不仅促进了大学生与指导老师之间的互动,更激发了大学生的创新思维,有利于大学生理论知识与实践经验的有机结合。

(2)创新实践能力的培养

参加科研项目是提高大学生实践能力的重要渠道,实践是创新的源泉。大学生在参与科研项目的过程中必须亲自动手做实验,才能在实验过程中发现问题,进而分析问题、解决问题。这种亲自动手的实验过程有助于提高大学生的创新实践能力和创新科学素养。教师的科研项目可以为大学生提供较好的科研实践平台。

与教学实验室相比,科研平台实验装置、仪器设备大多都是十分先进的。这为培养大学生的科研实践能力提供了必要的物质基础。先进的设备也有利于激发大学生的好奇心、探究兴趣及求知欲望,而正是这种好奇心才会促进更进一步的创新研究,才会迸发出创新的火花。

2. 在毕业论文(设计)中提升,创新能力

毕业论文(设计)是学生综合运用各种学识、能力的实践活动,其目标、结果、过程、形式等因素决定了它在培养创造性实践能力方面得天独厚的优势。学生可以在其中进行创新思维训练,构思创新计划,锻炼创新能力,体验创新乐趣,分享创新成果。毕业论文绝不仅仅是一个简单的书面呈现,书面表达或制作仅是毕业论文(设计)写作的最后过程。在此之前,还必须经历发现和提出问题、收集和整理文献、生成和厘定概念、提出学术命题、选择研究方法等环节。这些环节中都存在创新。毕业论文(设计)对大学生创新实践的作用主要体现在以下几个方面:

(1)在论文选题过程中培养创新能力

毕业论文(设计)应体现研究的可行性、新颖性和独特性。因此选题是论文创新性的起点和关键。一是要掌握运用批判性思维的方法,有意识地培养自己敏锐的洞察力,把观察问题和已知的知识联系起来去思考。二是要培养自己的发散性思维能力,从思维的中心点出发,通过

多角度的思辨，从不同的侧面，用不同的方法去考察、分析选题，摆脱思维定式的禁锢，打破常规思维范式的影响，捕捉思维的目标，发现创新点和创新萌芽，开发选题的多维性。

(2)在文献综述过程中培养创新能力

在文献综述过程中，要善于提出问题，能够分析、评判论证过程、评价结论。具有批判性思维的文献综述，不仅要知道关于某一事物的结论，而且要审查借以得出这一结论的依据，能够把自己对事物的推测看作尚待验证的假设，认真加以检验，去伪求真，甚至推翻整个假设。

(3)在论证过程中培养创新能力

论证过程中的创新能力的养成就是要建立起良好的思维品质，不仅要对所提出的问题单纯地做出肯定或否定的回答，而且要在事实和论证的基础上培养敏锐的观察力、丰富的想象力、较强的动手能力、定量的数量分析和严密的逻辑推理能力，并能够借此建立起明确的证据，得出自己的结论。

(4)在结论推导过程中培养创新能力

毕业论文(设计)实践中的结论推导过程是根据论文前面部分的文献综述、研究结果讨论、研究带来的意义及对未来研究的建议进行的全面总结，可以充分体现创新思维的结构要素，如怀疑精神、宽容精神等。

3. 在发明创造、申请专利过程中提升创新能力

大学生从事发明创造不是一件高不可攀的事情，也没有什么神秘。只要综合运用各种自然科学知识、学会一些发明创造的技能和方法，在老师指导和同学们的帮助下，就能做出科研成果。学习一些专利知识，按照规范就能写出相关的专利文件、递交申请。

在“做发明”和“写专利”的过程中，学生们可以锻炼自己的创新能力，体会到创新的乐趣，并能获得创新成果。

# 第8章　国际化建设

## 8.1 “一带一路”服务

国际化建设需要服务“一带一路”国家倡议，紧扣“伴随企业走出去”的国际化发展目标。依托学校牵头组建的“中国—东盟轨道交通职业教育集团”，专业群对接东盟国家轨道交通发展，加强轨道交通职业教育的国际交流与合作，输出课程体系、成套教学资料和专业建设标准，构建与中国高铁技术体系相适应的高铁人才培养体系；举办“泰国轨道交通职业教育师资培训班”，提升东盟高铁师资水平；设立柳铁职院泰国分院，合作培养留学生。

### 8.1.1 专业建设标准输出

依托“泰中轨道交通学院”，输出铁道信号自动控制专业技能人才培养模式。“泰中轨道交通学院”是我校与泰国东北皇家理工大学(RMUTI)于2016年共同提议并发起的合作项目。2017年9月双方签署合作共建协议，由泰方大学提供校舍和教学仪器设备硬件设施，我校输出课程体系、成套教学资料和专业建设标准，构建与中国高铁技术体系相适应的高铁人才培养体系，为泰国培养本土化的高铁人才。

2017年11月，泰中轨道交通学院在泰国举行揭牌仪式，这是一个跨国的混合所有制学院，是中国轨道交通类高职院校首次出国办机构。泰中轨道交通学院的建设实现四个目标：一是合作开展学历和非学历教育，为中国铁路企业提供有中国高铁技术技能和中国文化背景的本地化人才；二是建设职业技能培训和鉴定体系，为中国铁路技术标准落地泰国奠定基础；三是打造东盟首个中国高铁技术体验中心，展示中国高铁建设成就和职业教育发展成果；四是通过职业教育人文和技术交流，传播中国文化、展示中国技艺，促进中泰两国文化交流。该项目的实现，是在“一带一路”平等文化认同框架下的成功案例，体现了和平、交流、合作、共赢的精神。中新社、中国教育报、香港大公报等海内外知名新闻媒体在显著位置报道了中国首家海外轨道交通学院的成立。

两校计划用5至8年时间建设有中国文化特点和中国高铁特色的全新校园，建成包括铁路主要学科专业在内的高等职业教育和具有铁路岗位技术技能培训鉴定功能的跨国办学机构，为泰国铁路建设和运营培养应用型技术人才，服务于中国高铁走向世界，服务于“一带一路”建设实施。依托泰中轨道交通学院，2018年铁道信号自动控制专业群为泰国东北皇家理工大学输出ZK-1301移频自动闭塞智能实训设备2套，同时在泰国大城府商业学院建设高铁信号实训室、高铁模拟驾驶实训室，帮助合作院校逐步建设系统化的高铁实训基地，输出实训基地建设标准。

### 8.1.2 “一带一路”国家技术服务

中泰铁路合作项目一期工程已于2017年12月开工，急需大量铁路技术人才。为培养和储备高铁人才，泰国院校纷纷组团到中国寻求合作，希望共同培养高铁人才。2016 年 3 月，专业群开展了首期“泰国轨道交通职业教育师资培训班”，培训内容主要涉及铁道信号自动控制、铁道供电技术 2 个专业，包括铁道车辆、机车车辆、铁道电气化技术、铁路运营管理、铁道线路与站场、铁道通信信号等模块。“泰国轨道交通职业教育师资培训班”是铁道信号自动控制专业群职业教育国际化发展过程中的一个重要里程。

2016 年至 2018 年 6 月，铁道信号自动控制专业群共举办六期“泰国轨道交通职业教育师资培训班”，为泰国 12 所职业院校培训教师 89 人次。为保证泰国师资培训班的顺利进行，专业群教师采用实践操作与理论教学相结合的方式，不断完善教学方式，提高教学效果。

### 8.1.3 “一带一路”合作办学

2015 年，学校与泰国大城府商业技术学院签订了校际合作备忘录，通过举办“泰国轨道交通职业教育师资培训班”“高铁文化夏令营”等项目，推动了校际合作的深入发展；2017 年，正式签署协议共同开办学校首个海外分院；2018 年 1 月 “柳州铁道职业技术学院大城府分院”在泰国大城商业技术学院隆重揭牌。泰国教育部官员、大城府政府官员、当地各职业院校师生代表和泰国媒体出席揭牌仪式见证了分院的诞生。

学校大城府分院以“1＋1.5＋0.5”的培养模式(即 1 年在泰国本土学习，1.5 年在中国学习，0.5 年在泰国/中国企业实习)，招收学习高铁技术的学生，开展学历教育。铁道信号自动控制专业群于 2017 年 3 月在大城府分院招收 28 名泰国学生、2018 年 3 月招收 44 名泰国学生，这些学生分别就读于泰国大城商业技术学院、春武里技术学院等四所学校，2018 年和 2019 年铁道信号自动控制专业群累计派出 9 名专业老师到泰国学校交流授课。学生在泰国完成一年基础课和汉语学习后，2018 年 3 月首批学历教育留学生来我校进行铁道信号自动控制专业群两个专业课程(铁道信号自动控制和铁道工程)的学习和实训，2019 年 7 月第一批留学生结束柳州铁道职业技术学院所有课程学习，并顺利获得毕业证。待泰国学习课程结束后，将获得泰国院校的毕业证书。

## 8.2 国际化发展

### 8.2.1 国际化人才培养方案——柳州铁道职业技术学院泰国留学生

1. 招生对象与学制

(1)招生对象：泰国普通高中毕业生、中等职业学校毕业生。

(2)学制：基本学制三年，试行弹性学制三到五年。

2. 就业面向

本专业毕业生主要面向铁路行业：

(1)在泰国轨道交通行业从事相关专业技术和管理工作。

(2)在泰国轨道交通行业从事中文翻译工作。

(3)从事个人商业，进行轨道交通行业的进出口贸易。

(4)在中国铁路行业从事相关专业技术工作。

3. 培养目标与规格

(1)培养目标

本专业培养具有较强的铁路信号设备基本结构、工作原理、技术条件、维护标准、施工工艺等专业技术理论知识;具有较强的铁路信号设备安装、调试、日常养护、故障处理及检维修等实践技能;具有良好职业道德和职业生涯发展基础;具有较强的岗位职业技术能力、学习能力、适应能力;具有较强的劳动纪律和团队合作精神,牢固树立“故障—安全”意识;“德、智、体、美”全面发展的高素质技术技能型专门人才。最终达到90%以上学生获得职业资格证书、毕业生就业率90%以上,专业毕业生合格率达到95%以上。

(2)培养规格

根据本专业的培养目标及学生毕业后工作岗位的要求,本专业毕业生应具备高职毕业生的基本要求,掌握专业知识和应具有的职业能力:

①掌握本专业培养目标必备的文化基础知识;具备汉语的听、说、读、写的基本能力,获取汉语 HSK 三级证书。

②具有从事铁路信号工岗位(群)工作的专业技能,要求获得《中级信号工》(信号工四级)职业资格证书,或者获得由学校自行组织的职业技能鉴定等级证书。

③具备运用信号设备技术图、表的基本能力。

④初步具备安装、调试、测试与检修维护信号基础设备,测试与检修维护联锁设备、监测设备、电源设备、列控调度设备等的基本能力。

⑤具有对简单信号设备故障进行分析、判断、查找、处理的基本能力。

依据专业培养目标及人才培养规格要求,以就业为导向、以能力为本位,对本专业的知识、能力、素质结构分解见表 8.1。

**表 8.1 知识、能力、素质结构分解表**

| 结构类别 | 专项内容 | 构成要素 | 课程设置或教育教学活动 | 主要实践教学项目/技能竞赛项目/考证项目 |
|---|---|---|---|---|
| 知识结构 | 文化基础知识 | 具有汉语口语、写作知识等;了解中国概况 | 汉语、中国概况 | 参观游览中国有关博物馆、历史文化景区、城市标示性景点;访问中资(国)企业 |
| | 专业基础知识 | 1. 具备计算机的基本维护与维修的基础知识;<br>2. 具备铁路线路、站场基础知识;<br>3. 具备机车车辆类型、构造、性能、制动装置的基础知识;<br>4. 具备信号、联锁、闭塞设备基础知识;<br>5. 具备电工原理、电子技术基础知识;<br>6. 具备工具、仪器、仪表的使用与维护保养知识 | 电路原理分析<br>电路设计<br>机电<br>电路测量仪器<br>计算机<br>轨道交通<br>信号基础设备 | 信号基础设备实训 |
| | 专业技术知识 | 1. 具备信号技术图、表的基本知识;<br>2. 熟悉信号专业的有关规章制度;<br>3. 具备信号设备的工作原理、技术条件、维护标准的基础知识;<br>4. 具备生产技术管理基础知识;<br>5. 具备信号施工工艺和工序有关知识;<br>6. 具备信号设备安装、调试、施工基础知识;<br>7. 具备信号设备故障处理基础知识;<br>8. 具备信号设备检修作业基础知识 | 信号规章<br>铁路安全规章<br>车站信号自动控制<br>区间信号自动控制<br>铁路信号电源<br>列车运行自动控制<br>铁路信号集中监测 | 6502 电气集中网络故障处理;<br>道岔单元电路故障处理;<br>道岔机械调整;<br>信号机单元电路故障处理;<br>信号识图与施工实训 |

续上表

| 结构类别 | | 专项内容 | 构成要素 | 课程设置或教育教学活动 | 主要实践教学项目/技能竞赛项目/考证项目 |
|---|---|---|---|---|---|
| 知识结构 | | 专业拓展知识 | 1. 具备铁路信号系统中涉及的通信技术知识；<br>2. 具备计算机绘图的基础知识 | 电子CAD制图<br>通信基础课程<br>通信技术应用 | 电子CAD制图实训 |
| 能力结构 | 专业基本能力 | 计算机应用能力 | 1. 具备熟练使用计算机操作系统的基本能力；<br>2. 具备熟练运用常用办公软件的基本能力；<br>3. 具备中文录入及文本处理的基本能力；<br>4. 具备熟练运用计算机网络进行信息检索的基本能力 | 计算机<br>电子CAD制图 | 电子CAD制图实训 |
| | | 专业基础能力 | 1. 具备对电路网络进行分析、计算的方法和能力；<br>2. 具备对电子电路、数字电路进行分析、计算的方法和能力；<br>3. 具备对电子电路、数字电路的安装、调试、维护维修的基本方法和技能；<br>4. 具备钳工操作的基本技能 | 电路原理分析<br>电路设计<br>机电<br>电路测量仪器<br>电路安装<br>供电 | 电路安装 |
| | | 专业基本能力 | 1. 具有信号工岗位常用工具、仪器、仪表的使用与维护保养的基本能力；<br>2. 具备按检修作业程序对信号设备进行检修、对信号器材进行分解、组装、试验的基本方法和技能；<br>3. 具备计算机操作与维护的基本方法和技能；<br>4. 具备从事信号岗位工作组织与日常管理的初步能力 | 信号规章<br>铁路安全规章<br>计算机<br>轨道交通<br>信号基础设备 | 信号基础设备维护实训 |
| | 专业核心能力 | 岗位专业能力 | 1. 具有故障—安全的概念；<br>2. 具有对保证站内行车安全的车站信号自动控制系统的功能、电路结构及工作原理进行系统分析的基本能力；<br>3. 具有对保证区间行车安全的区间信号自动控制系统的功能、电路结构及工作原理进行系统分析的基本能力；<br>4. 具备运用信号设备技术图、表的基本能力；<br>5. 具有对铁路信号设备进行远程控制的基本技术；<br>6. 具备对铁路信号常用设备进行电气特性测试及维护维修的基本方法和技能；<br>7. 具备按照施工作业程序对信号设备进行安装、调试、导通等作业的基本方法和技能；<br>8. 具备按照故障处理程序处理信号设备故障的基本方法和技能 | 车站信号自动控制<br>区间信号自动控制<br>铁路信号电源<br>列车运行自动控制<br>铁路安全规章<br>高铁信号综合实训<br>信号工技能鉴定实训 | 车站联锁设备维护实训；<br>区间信号设备维护实训；<br>信号识图与施工实训；<br>室外信号基础设备检修维护实训；<br>高铁道岔转辙设备实训；<br>中级信号工考证实训 |
| | 专业拓展能力 | 铁路基础知识拓展 | 1. 具备铁路设备基础知识；<br>2. 具备信号、联锁、闭塞设备的基础知识；<br>3. 具备机车车辆类型、构造、性能、制动装置的基础知识；<br>4. 熟悉信号专业的有关规章制度；<br>5. 具备学习铁路信号新设备、新知识的能力；<br>6. 具备铁路线路、站场的基础知识；<br>7. 具有生产技术管理的新知识 | 铁路信号电源<br>信号规章<br>铁路安全规章<br>轨道交通 | |

续上表

| 结构类别 | | 专项内容 | 构成要素 | 课程设置或教育教学活动 | 主要实践教学项目/技能竞赛项目/考证项目 |
|---|---|---|---|---|---|
| 能力结构 | 专业拓展能力 | 其他知识拓展 | 1. 办公软件应用能力和计算机绘图能力；<br>2. 语言表达能力；<br>3. 电工基础知识应用能力；<br>4. 办公自动化设备应用能力 | 计算机<br>电子 CAD 制图<br>电路原理分析<br>汉语 | 电路安装 |
| | | 人文科学素质 | 1. 具备一定的科学知识和科学精神，以及科学的逻辑思维方式和创新意识；<br>2. 具有一定的文学艺术修养；了解中国概况；<br>3. 具有团队意识、热爱生活、朴素自然、待人真诚、处事平和大方 | 汉语考证(HSK 三级)<br>中国概况<br>各类文体活动等教育教学过程 | |
| | | 职业素质 | 1. 具有较扎实的专业知识和较强的从事信号岗位工作的职业能力；<br>2. 具有爱岗敬业及良好的职业道德；<br>3. 具有较强的劳动纪律性和严谨的工作作风；<br>4. 具有较强的安全意识和责任意识；<br>5. 具有较强的服务意识和良好的团队合作精神；<br>6. 具有较强的沟通、协作和组织协调能力；<br>7. 具有艰苦创业精神和创新思维与能力 | 各门专业课程<br>各项实习、实训<br>社会实践<br>各种团队活动<br>各类文体活动等<br>教育教学的全过程 | |

4. 职业证书

(1)职业证书的种类

在取得学历证书的同时，本专业毕业生必须取得铁路信号《中级信号工》职业资格证书，或者获得由学校自行组织的职业技能鉴定等级证书，见表 8.2。

**表 8.2 职业证书表**

| 序号 | 证书名称 | 颁证单位 | 等 级 |
|---|---|---|---|
| 1 | 中级信号工 | 南宁铁路局职业技能鉴定站 | 信号工四级 |

(2)主要职业证书简介

在本专业中，将针对《中级信号工》职业资格证书，在人才培养方案中开设相应的课程，简介如下：

①选择《中级信号工》职业证书的原因

本专业主要培养具有从事铁道信号自动控制工作的基本业务能力和基本技能，能应用本专业的知识和技术分析和解决实际问题；具有一定的信息收集与处理能力、知识更新能力、语言交流表达能力、计算机应用能力和组织管理能力，并具有对基层技术工作进行技术指导的能力，具有一定的创新精神和较强的实际动手能力，适应科技进步和社会发展的需要的专业人才。信号工为铁路专有，是从事铁路信号自动控制相关设备的安装、维护、维修及改造工作的铁路职工。信号工为铁路电务段相对应的工种，是铁路行业里面技术含量较高的一个工种，一名优秀的铁路信号工需要有较高的综合素质。本专业就是为铁路一线单位培养高素质技术技能人才的特色专业，取得《中级信号工》职业证书后，才能说明其具有上岗工作的职业能力。

②与职业证书所对应的课程

为了保证学生顺利获得《中级信号工》职业证书及低压电工作业证，在专业人才培养方案中开设的课程见表8.3。

**表8.3 与职业证书所对应的课程**

| 序号 | 职业技能鉴定主要内容/模块 | 技能考证培训主要课程内容/模块 |
|---|---|---|
| 1 | 6502网络电路故障处理 | 车站信号自动控制继电联锁模块 |
| 2 | 单元电路故障处理 | 车站信号自动控制信号机、道岔、轨道电路单元模块 |
| 3 | 道岔机械调整 | 信号基础设备维护电动转辙机模块 |

5. 课程体系与核心课程

(1)课程体系

①课程体系

根据铁路信号工岗位的实际工作任务，分析完成典型工作任务需具备的知识、技能和素质，结合《信号工(国家职业标准)》，根据学生由简单到复杂的认知规律和职业素质养成规律，分析从单项技能到职业综合能力、从初级信号工到高级技师应具备的知识、素质和技能，构建课程体系，见表8.4。

**表8.4 课程体系**

| 专业基本素质课 | 专业核心课 | 专业主干课 | 专业拓展课 |
|---|---|---|---|
| 1. 大学英语1-2<br>2. 汉语基础1-2<br>3. 汉语口语1-5<br>4. 泰国社会概论<br>5. 体育与健康<br>6. 高等数学<br>7. 职业发展与就业指导<br>8. 心理健康<br>9. 计算机文化基础<br>10. 汉语考证培训(HSK)1-2<br>11. 电路分析基础<br>12. 电子技术基础<br>13. 汉语与中国概况<br>14. 体育 | 1. 铁路信号基础设备维护<br>2. 车站信号自动控制设备维护<br>3. 区间信号自动控制系统维护<br>4. 列车运行控制系统维护<br>5. 铁路信号集中监测系统运用与维护 | 1. 泰国轨道交通概论<br>2. 高铁信号控制<br>3. 室外信号基础设备检修维护实训<br>4. 铁路信号基础设备维护1<br>5. 铁路信号基础设备维护2<br>6. 信号识图与施工实训<br>7. 信号工技能鉴定实训<br>8. 高铁信号综合实训<br>9. 顶岗实习<br>10. 铁路信号电源设备维护<br>11. 铁道概论 | 1. 铁道信号专业汉语<br>2. 铁路信号设备制图<br>3. 轨道交通专业认知<br>4. 专用通信设备维护 |

专业基本素质课程培养学生主动参与学习的良好习惯、培养学生良好的身体素质和心理素质、培养学生健康的人生观和积极的社会态度，为后续基于工作任务的课程学习奠定一定的基础，形成以学生为主的学习模式。

专业主干课程为专业核心技能的学习提供理论基础知识和职业基本技能保障。在工具和仪器仪表的使用、电子电气设备的日常维护、集中检修、信号系统或设备的故障分析与处理、设备电气参数的测试等理论知识和专业技能方面培养扎实的基本功，为学生职业生涯的可持续发展奠定基础。

专业核心课程学习铁道信号自动控制专业核心知识和训练专业核心技能，形成专业核心能力和职业综合素质，为素质拓展提供必需的专业知识和专业技能。

②实践教学体系

本专业按照高素质技能型人才培养的要求，构建职业素质培养、职业能力训练、职业技能鉴定为一体的工学结合实践教学课程体系。在整个课程体系中，突出实践教学对技能培养的主力支撑作用，构建以能力和素质培养为主线的课程体系，根据职业岗位的特点和专业技能要求，有针对性地设置相对独立的综合性实践训练课程，突出实践教学体系和实践教学环节，并不断进行调整优化，逐年加大实践学时的比重，使课程体系更加符合高素质技能型人才的培养规律，如图 8.1 所示。

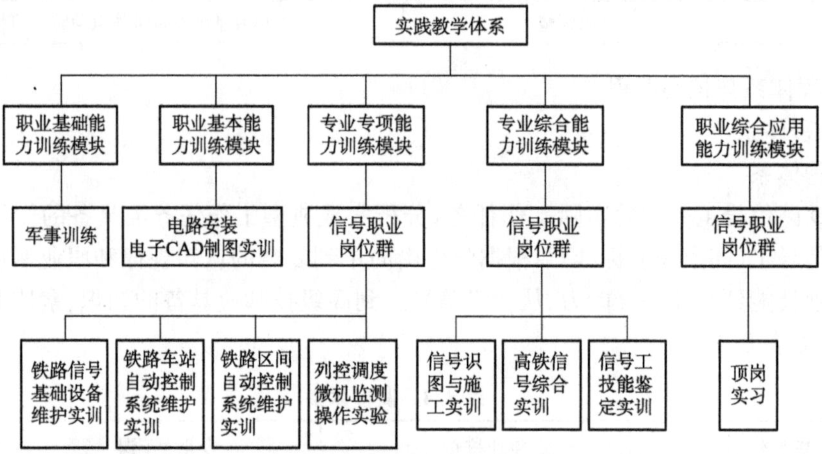


图 8.1　实践教学体系

(2)专业核心课程及部分主干课程介绍

①铁路信号基础设备维护(含整周实训，共 264 学时，见表 8.5)

**表 8.5　铁路信号基础设备维护课程介绍**

| 学习目标 | 能力描述 | | |
|---|---|---|---|
| | 知　识 | 技　能 | 素　质 |
| 能按照信号检修作业标准进行铁路信号基础设备测试、检修、故障处理及施工，包括测试、分析信号基础设备电气特性；熟练检修各种信号继电器；熟练安装、调整各种轨道电路；熟练分解、组装、安装、调整各种道岔转辙设备；熟练安装、检查各种防雷及接地设置。具有“遵章守纪、团结协作、认真负责、艰苦奋斗、精检细修、爱护公物、文明生产、安全生产”等良好的职业道德 | 1. 掌握继电器的主要结构、原理、作用及特性；<br>2. 掌握铁路信号的概念、原理、分类相关知识；<br>3. 掌握轨道电路的基本原理、分类、作用、基本工作状态和工作参数；<br>4. 理解转辙机的概念、作用、基本要求及分类，掌握转辙机的工作原理、工作参数，掌握外锁闭装置工作原理；<br>5. 理解防雷元件和接地装置的构成原理、作用，掌握各种防雷组合；<br>6. 理解联锁的概念和设备的分类，掌握各种控制设备的区别 | 1. 具有继电器线圈、接点表示符号及基本电路图分析能力；<br>2. 能对信号机进行日常养护及测试；<br>3. 能对轨道电路进行调整与测试；<br>4. 具有道岔密贴及表示调整的能力；<br>5. 能对计轴设备进行日常养护；能认知计轴设备面板显示灯含义；<br>6. 能够熟练拆解、组装转辙机；<br>7. 能对道岔转辙设备进行日常养护与测试；<br>8. 能独立分析信号基础设备的简单故障并处理 | 1. 具有“故障—安全”意识；<br>2. 具有严格的劳动纪律性和严谨的工作作风；<br>3. 具有较强的安全意识和责任意识；<br>4. 具有独立分析问题、解决问题的能力；<br>5. 具有较强的服务意识和良好的团队合作精神；<br>6. 具有较强的沟通、协作和组织协调能力 |

续上表

<table>
<tr><th colspan="3">工作与学习内容</th></tr>
<tr><th>工作对象</th><th>工　　具</th><th>工作要求</th></tr>
<tr><td rowspan="5">1. 铁路信号基础设备维修计划表的编制；<br>2. 与电务段、车间材料管理员沟通，领取维修用的材料、工具、仪表、备件等；<br>3. 按维修计划表进行信号基础设备的日常养护与集中检修，在集中检修时与车站值班员沟通，办理联系登记、要点及销记手续；<br>4. 测试并记录设备电气特性参数，发现隐患及时处理；<br>5. 及时处理设备故障，并与车站值班员办理联系登记、要点及销记手续；<br>6. 维修工作研讨</td><td>1. 铁路信号基础设备说明书、操作及维修手册；<br>2.《铁路信号维护规则》等图书资料；<br>3. 检修设备用工具、万用表、轨道电路测试仪表、兆欧表、防雷元件测试仪、地线测试仪等；<br>4. 安全操作规程</td><td rowspan="5">1. 具有“故障—安全”意识；<br>2. 能编制维修计划；<br>3. 会熟练办理联系登记、要点及销记手续；<br>4. 会熟练使用工具，完成分管设备的维修；<br>5. 会熟练使用仪表进行设备电气特性测试；<br>6. 会对照《铁路信号维护规则技术标准》，判断设备的电气特性是否符合要求，不良的及时克服；<br>7. 当设备发生故障时，能熟练完成设备故障处理；<br>8. 遵守操作规程与劳动纪律，自觉进行安全作业；<br>9. 详细、规范、及时地填写维修记录并存档；<br>10. 参加 QC 活动，评价和反馈本次维修工作经验</td></tr>
<tr><th>工作方法</th></tr>
<tr><td>1. 设备日常养护及集中检修方法；<br>2. 设备故障原因分析及处理方法；<br>3. 电气特性测试方法；<br>4. 冗余设备切换方法；<br>5. 联系登记、要点及销记方法；<br>6. 替换维修法</td></tr>
<tr><th>劳动组织</th></tr>
<tr><td>1. 电务段向车间、车间向工班下达维修计划；<br>2. 工班长根据计划将任务分配到工班成员；<br>3. 工班到车间或段材料库领取材料及备件；<br>4. 电务段、车间，以及工班之间相互检查设备维护情况，以保证设备质量良好；<br>5. 与车务、工务、供电部门密切配合，确保设备运用良好；<br>6. QC 小组活动</td></tr>
</table>

②车站信号自动控制设备维护（含整周实训，共 146 学时，见表 8.6）

**表 8.6　车站信号自动控制设备维护课程介绍**

<table>
<tr><th rowspan="2">学习目标</th><th colspan="3">能　力　描　述</th></tr>
<tr><th>知　　识</th><th>技　　能</th><th>素　　质</th></tr>
<tr><td>能按照检修作业标准进行车站信号联锁设备的检测、维修及故障处理。培养认真、负责、遵章守纪等综合素质，通过学习掌握工作岗位需要的各项技能和相关专业知识，并养成诚实、守信、吃苦耐劳的品质，养成善于动脑，勤于思考，及时发现问题的学习习惯；具有善于与同事共事的团队意识；养成爱护设备的良好习惯，养成安全作业的意识</td><td>1. 掌握电气集中选择组电路组成及原理；<br>2. 掌握电气集中执行组电路组成及原理；<br>3. 掌握铁路信号工程图纸识读基本方法；<br>4. 掌握计算机联锁系统的组成、作用，理解计算机联锁系统的工作过程；<br>5. 掌握计算机联锁系统主要部件的作用、结构，理解系统主要部件工作过程</td><td>1. 会操作车站信号联锁设备，并进行联锁试验；<br>2. 能进行车站联锁设备维护；<br>3. 会按技术要求检测和更换计算机联锁系统各部件；<br>4. 能识读继电联锁和计算机联锁系统结构图和技术图纸；<br>5. 能利用检测设备排除计算机联锁系统常见故障</td><td>1. 养成诚实、守信、吃苦耐劳的品质；<br>2. 养成善于动脑，勤于思考，及时发现问题的学习习惯；<br>3. 严格遵守“三不动、三不离”的安全规章；<br>4. 具有善于和企业工作人员共事的团队意识，能进行良好的团队合作；<br>5. 养成爱护设备和检测仪器的良好习惯；<br>6. 养成安全作业意识</td></tr>
</table>

续上表

| 工作与学习内容 | | |
|---|---|---|
| 工作对象 | 工　　具 | 工作要求 |
| 1. 铁路车站信号电路故障分析处理；<br>2. 运用信号集中监测设备、检测仪器来检测信号设备电气特性；<br>3. 分析管内信号设备联锁关系和电路图；<br>4. 整治车站信号设备，进行质量鉴定、信号联锁试验、操作计算机联锁设备；<br>5. 调整轨道电路，进行设备大修、改造的工作；<br>6. 判断处理车站设备机械故障；<br>7. 判断处理车站设备电路故障；<br>8. 判断、更换计算机联锁设备故障硬件；<br>9. 更换道岔转辙机设备、转辙机；更换继电器组合；<br>10. 进行机械室配线施工、进行信号电缆接续及配线；<br>11. 调整轨道电路极性交叉、监督施工过程及施工质量 | 1. 车站信号设备说明书、操作及维修手册；<br>2.《铁路信号维护规则》图书资料、装配图、电路接线、配线图、故障处理指导书、检修单；<br>3. 万用表等通用工具、电工、电子仪器、仪表、备用件；<br>4. 安全操作规程<br>**工作方法**<br>1. 设备日常养护及集中检修方法；<br>2. 设备运行状态是否正常的检查方法；<br>3. 故障查找流程图分析方法；<br>4. 备用设备替换维修法；<br>5. 电气特性测试方法；<br>6. 冗余设备切换方法；<br>7. 联系登记、要点及销记方法<br>**劳动组织**<br>1. 电务段向车间、车间向工班下达维修计划；<br>2. 工班长根据维修计划，将维修任务分配到工班成员；<br>3. 工班到车间或段材料库领取材料及备件；<br>4. 电务段、车间，以及工班之间相互检查设备维护情况，以保证设备质量良好；<br>5. 与车务、工务、供电部门密切配合，确保设备运用良好；<br>6. QC小组活动 | 1. 具有“故障—安全”意识；<br>2. 能编制维修计划；<br>3. 会熟练办理联系登记、要点及销记手续；<br>4. 会熟练使用工具，完成分管设备的维修；<br>5. 会熟练使用仪表进行设备电气特性测试；<br>6. 会对照《铁路信号维护规则技术标准》，判断设备的电气特性是否符合要求，不良的及时克服；<br>7. 当设备发生故障时，能熟练完成设备故障处理；<br>8. 遵守操作规程与劳动纪律，自觉进行安全作业；<br>9. 详细、规范、及时地填写维修记录并存档；<br>10. 参加 QC 活动，评价和反馈本次维修工作经验 |

③区间信号自动控制系统维护（含整周实训，共 106 学时，见表 8.7）

**表 8.7　区间信号自动控制系统维护课程介绍**

| 学习目标 | 能力描述 | | |
|---|---|---|---|
| | 知　识 | 技　能 | 素　质 |
| 能按照信号检修作业标准进行铁路区间信号设备测试、检修、故障处理及施工，包括测试、分析管内闭塞系统电气特性；熟练维修半自动闭塞系统；熟练维修自动站间闭塞系统；熟练维修自动闭塞系统；熟练处理各种闭塞系统的常见故障。培养遵纪守法、团结协作、认真负责、艰苦奋斗、精检细修、爱护公物、文明生产、安全生产等良好的职业素质 | 1. 掌握闭塞的基本概念；<br>2. 掌握区间信号设备的构成、功能、工作原理、安装等基本知识；<br>3. 掌握区间信号设备的故障类型、分析方法及处理的步骤；<br>4. 掌握区间信号工程图纸识读方法；<br>5. 掌握区间信号设备的技术参数标准；<br>6. 掌握站内电码化设备组成及工作原理 | 1. 能根据区间信号设备的各种显示判断设备的工作状态；<br>2. 熟练运用常用电工、电子仪表进行铁路区间信号设备特性测试；<br>3. 熟练识读区间信号设备接线图、配线表；<br>4. 熟悉区间信号设备室内、室外线路布局及每个联结点，具备分析、处理故障的能力；<br>5. 能进行区间信号设备的安装、调试等；<br>6. 掌握站内电码化设备日常养护与故障处理 | 1. 养成诚实、守信、吃苦耐劳的品质；<br>2. 养成善于动脑，勤于思考，及时发现问题的学习习惯；<br>3. 严格遵守“三不动、三不离”的安全规章；<br>4. 具有善于和企业工作人员共事的团队意识，能进行良好的团队合作；<br>5. 养成爱护设备和检测仪器的良好习惯；<br>6. 养成安全作业的意识 |

续上表

| 工作与学习内容 | | |
|---|---|---|
| 工作对象 | 工　　具 | 工作要求 |
| 1. 编制铁路闭塞系统维修计划表；<br>2. 与电务段、车间材料管理员沟通，领取维修用材料、工具、仪表、备件等；<br>3. 与车站值班员沟通，按维修计划表进行闭塞系统的日常养护与集中检修，办理联系登记、要点及销记手续；<br>4. 测试并记录设备电气特性参数，发现隐患及时处理；<br>5. 及时处理设备故障，并与车站值班员办理联系登记、要点及销记手续；<br>6. 维修工作研讨 | 1. 铁路闭塞系统说明书、操作及维修手册；<br>2.《铁路信号维护规则》相关资料；<br>3. 检修设备用工具、万用表、轨道电路测试仪表、兆欧表、地线测试仪、自动闭塞专用测试仪表等；<br>4. 安全操作规程 | 1. 具有“故障—安全”意识；<br>2. 能编制维修计划；<br>3. 会熟练办理联系登记、要点及销记手续；<br>4. 会熟练使用工具，完成分管设备的维修；<br>5. 会熟练使用仪表进行设备电气特性测试；<br>6. 会对照《铁路信号维护规则技术标准》，判断设备的电气特性是否符合要求，不良的及时克服；<br>7. 当设备发生故障时，能完成设备故障处理；<br>8. 遵守操作规程与劳动纪律，自觉进行安全作业；<br>9. 详细、规范、及时地填写维修记录并存档；<br>10. 参加 QC 活动，评价和反馈本次维修工作经验 |
| | 工作方法 | |
| | 1. 设备日常养护及集中检修方法；<br>2. 设备故障原因分析及处理方法；<br>3. 电气特性测试方法；<br>4. 冗余设备切换方法；<br>5. 联系登记、要点及销记方法；<br>6. 替换维修法 | |
| | 劳动组织 | |
| | 1. 电务段→车间→工区，下达维修计划；<br>2. 工长根据计划，将任务分配到工区成员；<br>3. 工区到车间或段材料库领取材料及备件；<br>4. 电务段、车间，以及工区之间相互检查设备维护情况，以保证设备质量良好；<br>5. 与车务、工务、供电部门密切配合，确保设备运用良好；<br>6. QC 小组活动 | |

④列车运行自动控制系统维护课程(90 学时，见表 8.8)

**表 8.8　列车运行自动控制系统维护课程介绍**

| 学习目标 | 能力描述 | | |
|---|---|---|---|
| | 知　　识 | 技　　能 | 素　　质 |
| 能按照信号检修作业标准进行列车运行控制系统相关设备的日常维护、设备检修和故障分析处理，包括：观察列车运行控制系统各项监控信号，判断设备运行状态；按照设备修程对列控地面设备和车载设备进行检查、测试、调整及故障时的切换、故障定位、故障处理；工区和车间日常维修档案、设备资料、学习档案等的归档管理。培养学生遵守纪律、好学上进、严谨细致、吃苦耐劳、爱护公物等良好的职业道德和职业素质 | 1. 掌握 CTCS 系统的基本概念及结构；<br>2. 掌握主体化机车信号系统的系统结构与设备工作原理；<br>3. 掌握 LKJ2000 设备的结构原理与日常养护方法；<br>4. 掌握 CTCS-2、CTCS-3 系统的结构及基本原理；<br>5. 掌握列控地面设备和车载设备的基本组成及工作原理；<br>6. 掌握列车运行控制系统故障降级模式的运行；<br>7. 掌握列控设备的故障分析方法及故障处理的步骤 | 1. 能进行机车信号系统日常养护及故障处理；<br>2. 能维护 LKJ2000 设备；<br>3. 会处理 CTCS-2、CTCS-3 级临时限速信息；<br>4. 能维护列控系统设备，并能进行 CTCS-2、CTCS-3 级列控系统故障分析与处理 | 1. 具有“故障—安全”意识；<br>2. 具有良好的团队合作精神；<br>3. 具有探究知识的能力和创新能力；<br>4. 具有交流沟通能力；<br>5. 具有发现问题、分析问题、解决问题的能力；<br>6. 具有诚实守信、敬业爱岗、吃苦耐劳的良好职业素养 |

续上表

<table>
<tr><td colspan="3">工作与学习内容</td></tr>
<tr><td>工作对象</td><td>工　　具</td><td>工作要求</td></tr>
<tr><td rowspan="5">1. 制定日常班组工作计划，班组日常工作管理，标准化作业；<br>2. 规章学习，技术标准查阅，制定班组工作计划，着装与工具备件领取管理；<br>3. 列控系统的日常养护，设备日常巡视、保养、状态监控；<br>4. 按照设备修程进行日常测试检修，按规定完成登记、要点和作业后销记；<br>5. 出现故障时，及时根据设备信息显示判断故障点与故障性质，登记要点并处理故障，恢复设备使用，销记；<br>6. 工区、车间的技术、作业、学习档案的管理；<br>7. 日常维修工作研讨组织</td><td>1. 列车运行控制系统的图纸、操作手册、维修手册、技术标准和作业规章等；<br>2.《铁路信号维护规则》相关资料；<br>3. 通用工具和专用工具，测试仪表；<br>4. 养护维修用耗材、设备备件；<br>5. 安全操作规程</td><td rowspan="5">1. 具有“故障—安全”意识；<br>2. 能编制维修计划；<br>3. 会熟练办理联系登记、要点及销记手续；<br>4. 会熟练使用工具，完成分管设备的维修；<br>5. 会熟练使用仪表进行设备电气特性测试；<br>6. 会对照《铁路信号维护规则　技术标准》，判断设备的电气特性是否符合要求，不良的及时克服；<br>7. 当设备发生故障时，能熟练完成设备故障处理；<br>8. 遵守操作规程与劳动纪律，自觉进行安全作业；<br>9. 详细、规范、及时地填写维修记录并存档；<br>10. 参加 QC 活动，评价和反馈本次维修工作经验</td></tr>
<tr><td>工作方法</td></tr>
<tr><td>1. 设备日常清洁、养护方法；<br>2. 设备运行状态及监控信息观察方法；<br>3. 设备定期维修状态观察及状态测试方法；<br>4. 设备故障信息识读及判断定位方法；<br>5. 设备冗余切换、系统重组及故障降级处理方法；<br>6. 故障修复后系统重启，系统恢复方法；<br>7. 联系登记、要点及销记方法；<br>8. 应急处理作业总结，技术档案记录</td></tr>
<tr><td>劳动组织</td></tr>
<tr><td>1. 电务段→车间→工班，下达维修计划；<br>2. 工班长根据计划将任务分配到工班成员；<br>3. 工班根据维修任务和设备维修的管理规定，制定日常维护和定修检修表；<br>4. 工班到车间或段材料库领取材料及备件；<br>5. 工班按计划完成设备养护维修并填写检修工单；<br>6. 电务段、车间，以及工班之间相互检查设备维护情况，以保证设备质量良好；<br>7. 工作总结与评价，QC 小组活动</td></tr>
</table>

⑤铁路信号集中监测系统运用与维护（90 学时，见表 8.9）

**表 8.9　铁路信号集中监测系统运用与维护课程介绍**

<table>
<tr><td rowspan="2">学习目标</td><td colspan="3">能　力　描　述</td></tr>
<tr><td>知　　识</td><td>技　　能</td><td>素　　质</td></tr>
<tr><td>1. 掌握信号集中监测系统的结构组成；<br>2. 掌握信号集中监测系统的功能，重点掌握车站子系统的功能；<br>3. 重点掌握信号集中监测系统采集的项目及采集原理；<br>4. 了解监测系统与其他信号设备接口的基础知识；<br>5. 能够调阅、查看信号集中监测系统的监测数据；<br>6. 能够根据监测报表、监测曲线进行数据分析和故障处理</td><td>1. 掌握信号集中监测系统的技术特点；<br>2. 掌握信号集中监测系统设备的结构；<br>3. 掌握监测系统采集安全策略及测试项目的施工配线安全规定；<br>4. 掌握信号集中监测系统国家铁路集团公司、铁路局集团公司、电务段及车站子系统的功能；<br>5. 掌握铁路信号集中监测系统采集原理；<br>6. 掌握铁路信号集中监测系统与其他信号设备的接口；<br>7. 掌握铁路信号集中监测系统的维护与管理；<br>8. 掌握信号集中监测系统的日常操作方法，监测数据的调阅、查看、分析及故障处理</td><td>1. 使学生能够全面了解信号集中监测系统的结构、功能；<br>2. 根据信号集中监测系统的采集项目、采集原理，熟悉掌握系统的安装、调试及维护工作；<br>3. 熟练掌握信号监测系统与其他信号设备之间的接口配线，能及时发现和快速处理通道故障；<br>4. 熟练掌握对监测设备的日常操作，能够对日常监测数据进行调阅、故障分析及处理</td><td>1. 养成诚实、守信、吃苦耐劳的品质；<br>2. 养成勤学好问的习惯，加强业务技能学习，努力把自己培养成一个技术能手；<br>3. 具有较强的安全意识，严格遵守“三不动、三不离、三不放过和七严禁”的安全规章，确保设备运行良好；<br>4. 具有较强的服务意识，工作积极主动，发扬团结合作的精神；<br>5. 具有较强的沟通能力，善于与上级部门及其他有工作联系单位沟通与合作，共同维护运输安全；<br>6. 养成爱护设备和检测仪器的良好习惯</td></tr>
</table>

续上表

<table>
<tr><th colspan="3">工作与学习内容</th></tr>
<tr><th>工作对象</th><th>工　具</th><th>工作要求</th></tr>
<tr><td rowspan="5">1. 编制铁路信号集中监测系统维修计划表；<br>2. 与电务段、车间材料管理员沟通，领取维修用材料、工具、仪表、备件等；<br>3. 与车站值班员沟通，按维修计划表进行闭塞系统的日常养护与集中检修，办理联系登记、要点及销记手续；<br>4. 测试并记录设备电气特性参数，发现隐患及时处理；<br>5. 及时处理设备故障，与车站值班员办理联系登记、要点及销记手续；<br>6. 维修工作研讨</td><td>1.《铁路信号设计规范》《铁路信号施工规则》《铁路信号维护规则　技术标准》的相关资料；<br>2. 安全操作规程；<br>3. 铁路信号集中监测系统说明书、操作及维修手册；<br>4. 相关设备施工设计图纸；<br>5. 检修设备用工具、万用表、轨道电路测试仪表、兆欧表、地线测试仪、自动闭塞专用测试仪表等</td><td rowspan="5">1. 具有“故障—安全”意识；<br>2. 能编制维修计划；<br>3. 会熟练办理联系登记、要点及销记手续；<br>4. 会熟练使用工具，完成分管设备的维修；<br>5. 会熟练使用仪表进行设备电气特性测试；<br>6. 会对照《铁路信号维护规则　技术标准》，判断设备的电气特性是否符合要求，不良的及时克服；<br>7. 当设备发生故障时，能熟练完成设备故障处理；<br>8. 遵守操作规程与劳动纪律，自觉进行安全作业；<br>9. 详细、规范、及时地填写维修记录并存档；<br>10. 参加 QC 活动，评价和反馈本次维修工作经验</td></tr>
<tr><th>工作方法</th></tr>
<tr><td>1. 设备日常养护及集中检修方法；<br>2. 设备故障原因分析及处理方法；<br>3. 电气特性测试方法；<br>4. 冗余设备切换方法；<br>5. 联系登记、要点及销记方法；<br>6. 替换维修法</td></tr>
<tr><th>劳动组织</th></tr>
<tr><td>1. 电务段向车间、车间向工区，下达维修计划；<br>2. 工长根据维修计划将任务分配到工区成员；<br>3. 工区到车间或段材料库领取材料及备件；<br>4. 电务段、车间，以及工区之间相互检查设备维护情况，以保证设备质量良好；<br>5. 与调试所、车务、机务、工务、供电部门密切配合，确保设备运用良好；<br>6. QC 小组活动</td></tr>
</table>

6. 课程设置及教学进程表

(1)课程设置及学时学分分配表，见附表 A。

(2)教学进程表，见附表 B。

7. 毕业资格审查管理

铁道信号自动控制专业学生(国际班)毕业需通过毕业资格审查才能毕业。具体审查条件见表 8.10。

**表 8.10　毕业资格汇总表**

| 序号 | 资格审查内容 | 毕业标准 |
|---|---|---|
| 1 | 学籍注册 | 需按照学校学籍注册管理相关规定进行各学期学籍注册 |
| 2 | 综合素质测评 | 及格及以上(无留校察看处分) |
| 3 | 学分 | 需完成本专业要求的 188.5 学分 |
| 4 | 必修课 | 必须全部通过 |
| 5 | 专业技能(资格)考证 | 必须获得铁路《中级信号工》职业技能证(信号工四级)或获得由学校自行组织的职业技能鉴定等级证书 |
| 6 | 其他证书 | 无 |

8. 其他说明

本专业学生在3～5年内至少修满188.5学分才可获毕业资格，学分分配如下：

(1)专业基本素质课：97.5学分，占51.9%。

(2)专业核心课：32.5学分，占17.2%。

(3)专业主干课：41.5学分，占22.1%。

(4)专业拓展课：17学分，占8.8%。

(5)实训类课时占总课时的比例为50.1%。

**附表A**

**课程设置及学时学分分配表**

1. 第一学期(泰国)

| 序号 | 课程名称 | 学分 | 总学时 | 课时安排(周时数×周数) | 理论学时 | 实践学时 | 考核方式 | 计分方式 | 备注说明 |
|---|---|---|---|---|---|---|---|---|---|
| 1 | 大学英语 | 3.5 | 56 | 4×14 | 56 | 0 | 考试 | 百分 | |
| 2 | 汉语基础1 | 4.5 | 72 | 4×18 | 56 | 16 | 考试 | 百分 | |
| 3 | 汉语口语1 | 4.5 | 72 | 4×18 | 36 | 36 | 考查 | 五级 | |
| 4 | 泰国社会概论 | 2 | 36 | 2×18 | 36 | 0 | 考试 | 百分 | |
| 5 | 体育与健康 | 3.5 | 56 | 4×14 | 0 | 56 | 考查 | 五级 | |
| 6 | 高等数学 | 5.5 | 90 | 6×15 | 90 | 0 | 考试 | 百分 | |
| 7 | 职业发展与就业指导 | 2 | 36 | 3×12 | 36 | 0 | 考查 | 五级 | |
| 8 | 轨道交通专业认知 | 3.5 | 56 | 4×14 | 56 | 0 | 考查 | 五级 | |
| 9 | 心理健康 | 0.5 | 8 | 讲座 | 8 | 0 | 考查 | 五级 | |
| 10 | 泰国轨道交通概论 | 3.5 | 56 | 4×14 | 56 | 0 | 考试 | 百分 | |
| 合　计 | | 33 | 538 | 31 | 430 | 108 | | | |

2. 第二学期(泰国)

| 序号 | 课程名称 | 学分 | 总学时 | 课时安排(周时数×周数) | 理论学时 | 实践学时 | 考核方式 | 计分方式 | 备注说明 |
|---|---|---|---|---|---|---|---|---|---|
| 1 | 大学英语2 | 2 | 36 | 3×12 | 36 | 0 | 考试 | 百分 | |
| 2 | 汉语基础2 | 4.5 | 72 | 6×12 | 56 | 16 | 考试 | 百分 | |
| 3 | 汉语口语2 | 4.5 | 72 | 6×12 | 36 | 36 | 考查 | 五级 | |
| 4 | 计算机文化基础 | 3 | 48 | 4×12 | 24 | 24 | 考查 | 五级 | |
| 5 | 汉语考证培训(HSK)1 | 4.5 | 72 | 24×3 | 0 | 72 | 考查 | 五级 | |
| 6 | 铁道概论 | 3.5 | 56 | 4×14 | 48 | 8 | 考试 | 百分 | |
| 7 | 电路分析基础 | 5.5 | 90 | 6×15 | 72 | 18 | 考试 | 百分 | |
| 8 | 电子技术基础 | 5.5 | 90 | 6×15 | 66 | 24 | 考试 | 百分 | |
| 合　计 | | 33 | 536 | 35 | 338 | 198 | | | |

3.(1)第三学期(2020年5月至7月)

| 序号 | 课程名称 | 学分 | 总学时 | 课时安排(周时数×周数) | 理论学时 | 实践学时 | 考核方式 | 计分方式 | 备注说明 |
|---|---|---|---|---|---|---|---|---|---|
| 1 | 汉语与中国概况 | 20 | 320 | 40×8 | 320 | 0 | 考试 | 百分 | |
| 2 | HSK考证培训(HSK)2 | 4.5 | 72 | 24×3 | 0 | 72 | 考查 | 等级 | |
| 合计 | | 24.5 | 392 | | 320 | 72 | | | |

(2)第三学期(2020年9月至2021年1月,20周)

| 序号 | 课程名称 | 学分 | 总学时 | 课时安排(周时数×周数) | 理论学时 | 实践学时 | 考核方式 | 计分方式 | 备注说明 |
|---|---|---|---|---|---|---|---|---|---|
| 1 | 汉语口语3 | 5 | 80 | 4×20 | 0 | 80 | 考查 | 等级 | |
| 2 | 专业汉语 | 8 | 130 | 26/5w | 130 | 0 | 考查 | 百分 | |
| 3 | 专用通信设备维护 | 3 | 48 | 6/8 | 36 | 12 | 课内考试 | 百分 | |
| 4 | 铁路信号电源设备维护 | 3 | 48 | 6/8 | 36 | 12 | 课内考试 | 百分 | |
| 5 | 铁路信号基础设备 | 6.0 | 96 | 12/8 | 48 | 48 | 课内考试 | 百分 | |
| 6 | 铁路信号基础设备维护1 | 5.0 | 84 | 28/3w | 0 | 84 | 课内考试 | 百分 | |
| 7 | 铁路信号基础设备维护2 | 4.5 | 84 | 28/1+28/2w | 28 | 56 | 课内考试 | 百分 | |
| 8 | 体育 | 1 | 16 | 2/8 | 0 | 16 | 考查 | 百分 | |
| 合计 | | 30.5 | 586 | 26 | 278 | 308 | | | |

4. 第四学期(2021年3月至7月,20周)

| 序号 | 课程名称 | 学分 | 总学时 | 课时安排(周时数×周数) | 理论学时 | 实践学时 | 考核方式 | 计分方式 | 备注说明 |
|---|---|---|---|---|---|---|---|---|---|
| 1 | 汉语口语4 | 5 | 80 | 4×20 | 0 | 80 | 考查 | 等级 | |
| 2 | 车站信号自动控制设备维护 | 9.0 | 146 | 8/13+28/1.5w | 104 | 42 | 课内考试 | 百分 | |
| 3 | 区间信号自动控制系统维护 | 6.5 | 106 | 6/13+28/1w | 78 | 28 | 课内考试 | 百分 | |
| 4 | 高铁信号控制 | 4.0 | 64 | 5/13 | 50 | 14 | 考查 | 百分 | |
| 5 | 铁路信号设备制图 | 2.5 | 42 | 28/1.5w | 0 | 42 | 考查 | 五级 | |
| 6 | 室外信号基础设备检修维护实训 | 1.5 | 28 | 28/1w | 0 | 28 | 考查 | 百分 | |
| 7 | 专业互选课 | 3.0 | 52 | 4/13 | 44 | 8 | 考查 | 百分 | |
| 合计 | | 26.5 | 518 | 23 | 276 | 242 | | | |

5. 短学期(2021年8月,4周)

| 序号 | 课程名称 | 学分 | 总学时 | 课时安排(周时数×周数) | 理论学时 | 实践学时 | 考核方式 | 计分方式 | 备注说明 |
|---|---|---|---|---|---|---|---|---|---|
| 1 | 高铁信号综合实训 | 4.5 | 72 | 24/3w | 0 | 72 | 考查 | 五级 | |
| 合计 | | 4.5 | 72 | 3 | 0 | 72 | | | |

6. 第五学期(2021 年 9 月至 2022 年 1 月,20 周)

| 序号 | 课程名称 | 学分 | 总学时 | 课时安排<br>(周时数×周数) | 理论<br>学时 | 实践<br>学时 | 考核<br>方式 | 计分<br>方式 | 备注<br>说明 |
|---|---|---|---|---|---|---|---|---|---|
| 1 | 汉语口语 5 | 5 | 80 | 4×20 | 0 | 80 | 考查 | 等级 | |
| 2 | 列车运行自动控制系统维护 | 5.5 | 90 | 10/9 | 62 | 28 | 课内考试 | 百分 | |
| 3 | 铁路信号集中监测系统运用与维护 | 5.5 | 90 | 10/9 | 62 | 28 | 课内考试 | 百分 | |
| 4 | 信号识图与施工实训 | 3.0 | 48 | 24/2w | 0 | 48 | 考查 | 五级 | |
| 5 | 信号工技能鉴定实训 | 9.0 | 168 | 28/6w | 0 | 168 | 考查 | 考证 | |
| 6 | 专业互选课 | 2.0 | 36 | 4/9 | 30 | 6 | 考查 | 百分 | |
| 合　计 | | 25 | 512 | 24 | 154 | 358 | | | |

7. 第六学期(泰国顶岗实习)

| 序号 | 课程名称 | 学分 | 总学时 | 课时安排<br>(周时数×周数) | 理论<br>学时 | 实践<br>学时 | 考核<br>方式 | 计分<br>方式 | 备注<br>说明 |
|---|---|---|---|---|---|---|---|---|---|
| 1 | 顶岗实习 | 16 | 448 | 28/16w | 0 | 448 | 考查 | 五级 | |
| 合　计 | | 16 | 448 | 28 | 0 | 448 | | | |

**附表 B**

**专业教学进程表**

<table>
<tr><th></th><th>1</th><th>2</th><th>3</th><th>4</th><th>5</th><th>6</th><th>7</th><th>8</th><th>9</th><th>10</th><th>11</th><th>12</th><th>13</th><th>14</th><th>15</th><th>16</th><th>17</th><th>18</th><th>19</th><th>20</th><th>21</th><th>22</th><th>23</th><th>学期总周数</th></tr>
<tr><td>一学期</td><td></td><td></td><td></td><td></td><td></td><td></td><td></td><td></td><td></td><td></td><td></td><td></td><td></td><td></td><td></td><td></td><td></td><td></td><td></td><td></td><td></td><td></td><td></td><td></td></tr>
<tr><td>二学期</td><td></td><td></td><td></td><td></td><td></td><td></td><td></td><td></td><td></td><td></td><td></td><td></td><td></td><td></td><td></td><td></td><td></td><td></td><td></td><td></td><td></td><td></td><td></td><td></td></tr>
<tr><td>三学期</td><td></td><td></td><td></td><td></td><td></td><td></td><td></td><td></td><td></td><td></td><td></td><td></td><td></td><td></td><td></td><td colspan="3">铁路信号基础设备维护 1</td><td>机动</td><td>汉语</td><td colspan="3">铁路信号基础设备维护 2</td><td>23</td></tr>
<tr><td>四学期</td><td></td><td></td><td></td><td></td><td></td><td></td><td></td><td></td><td></td><td></td><td></td><td></td><td></td><td></td><td>区间信号自动控制系统维护</td><td>车站信号自动控制设备维护</td><td>车站信号自动控制设备维护/铁路信号设备制图</td><td>铁路信号设备制图</td><td>机动</td><td>室外信号基础设备检修维护实训</td><td></td><td></td><td></td><td>20</td></tr>
<tr><td>五学期</td><td></td><td></td><td></td><td></td><td></td><td></td><td></td><td colspan="2">信号识图与施工实训</td><td colspan="3">高铁信号综合实训</td><td colspan="6">信号工技能鉴定实训</td><td>机动</td><td></td><td></td><td></td><td></td><td>19</td></tr>
<tr><td>六学期</td><td></td><td></td><td colspan="16">实习</td><td>机动</td><td></td><td></td><td></td><td></td><td>16</td></tr>
</table>

### 8.2.2 国际化教学标准引进与内化

1. 国际化教学标准引进

服务国家"一带一路",推动东盟国家轨道交通事业发展。专业群加强轨道交通职业教育的国际交流与合作,引入加拿大的职业教育CBE人才培养模式,CBE(Competency-Based Education)模式作为较为典型的四大职教模式之一,是以岗位能力为基础、以美国著名心理学家布鲁姆理论为依据开发的一种职业教育模式,是当前相当流行的一种教育思想。为使学生具备适应不同岗位工作的职业能力,CBE模式围绕职业工作需要确定培养目标、设置专业和开展教学,强调职业所需能力的培养和训练。这里所说的能力是一种综合职业能力,包括知识、经验、态度和反馈四项专项能力。

2. 国际化教学标准内化

铁道信号自动控制专业群引入加拿大CBE模式,并进行内化吸收,形成了"依托行业、校企合作、以岗导学、服务基层"的人才培养特色。专业群以"学"(职业技能与职业素养传习)为核心,对照"岗"(岗位工作能力、职业技能标准),校企合作以DUCAM方式开发专业课程体系课程教学内容,规范实践教学过程。

(1)构建"1+$N$"专业群、行业特色鲜明。以铁道信号自动控制专业群为核心,以铁路专业技术为延伸链,形成多个同类技术专业群的结构体系,主干专业具有雄厚的师资、设施和企业合作资源,可以为延伸专业提供强大的发展支持,主干专业与延伸专业可以互相倚靠、互为补充,突破既有的专业壁垒和学科专业边界,实现跨界融合、资源共享,达到同频共振、同步发展的功效。目前,除轨道交通传统专业群外,电子信息、汽车与机械制造、土木建筑、商贸物流专业群也形成较强专业优势。

(2)强化以质量文化、职业健康理念和标准流程为核心的实践教学三个标准化内涵建设,即实验实训项目标准化、实训室建设标准化、实训行为标准化。

实验实训项目标准化是提高人才培养质量的基本要素,是规范教学内容、完善教学环节的重要文件,铁道信号自动控制专业群内所有专业都要按照实验实训项目标准化要求,分别制定实验指导书和整周实训大纲、计划书与指导书等标准文件,标注适用专业、所属课程、课时、学分等通用数据。其中实验指导书内容包括:实验目的、实验准备、实验仪器仪表使用注意事项、实验内容简介、实验步骤及注意事项、实验报告、实验思考题等七个方面;同时专业群把整周实训作为一门课程来建设,要求制定课程大纲,其内容包括:实训目标、实训内容、实训基本要求(包含实训学时安排表和技能考试要求)、本实训与其他课程的联系等几个方面。实训计划书主要包括使用的实训设备、实训耗材、实训授课进度计划表(周一至周五每半天的实训内容及考核安排),实训指导书包括:实训目的与实训任务、实训预备知识、实训仪器仪表使用、实训操作安全注意事项、实训的组织管理(含实训进程安排)、实训项目简介、实训步骤指导与注意事项、考核标准和实训报告、附件等多个方面。在实训项目内容标准化制定中,要求融合企业真实生产过程、国家职业技能竞赛项目、职业技能标准,对课程体系进行重新梳理,优化整合各门课程中重叠训练内容,对碎片化的能力训练内容重新组合优化,特别重视设计能让学生参与一个完整的技术技能训练过程项目,在实训的组织管理中指导学生养成良好的职业素养和安全生产、职业健康意识。三个标准化分别从制度文件、硬件条件和人的行为角度,对专业群实践教学质量进行诠释，是对质量文化和质量标准的一次有效实践，也是国际化教学模式引入内化的结晶。

### 8.2.3 国际交流与合作

为推动东盟国家轨道交通事业发展，促进轨道交通职业教育的国际交流与合作，实现中国与东盟各国轨道交通职业教育优势互补、资源共享，满足东盟各国经济建设和社会发展对铁路运输、城市轨道交通及工程建设高技能人才的需求，我校牵头，聚集了包括中国、印尼、泰国、老挝和马来西亚等国 68 家院校、企业和行业协会等组织，组建了"中国—东盟轨道交通国际职业教育集团"，并于 2018 年 5 月 19 日召开了成立大会。

会议举行了中国—东盟轨道交通职业教育集团揭牌，以及我校大城府分院春武里分部、曼谷分部、那空那育分部等 3 个分部的授牌仪式。会议通过了《中国—东盟轨道交通职业教育集团章程》《中国—东盟轨道交通职业教育集团理事会成员名单》和《中国—东盟轨道交通职业教育集团 2018 年度工作计划》。我校被推选为理事长单位。

集团共有理事单位 68 家，其中国内院校 25 家，国内行业企业 17 家，泰国院校企业行业 12 家，印尼院校企业 5 家，老挝院校企业行业 4 家，柬埔寨院校企业 3 家，马来西亚行业 1 家，国外政府机构 1 家。集团成立后将对接东盟国家轨道交通发展、服务经济建设，以校企合作为依托，以校企职教资源整合为纽带，以高技能人才培养为核心，充分发挥各成员单位优势及特点。

依托"中国—东盟轨道交通国际职业教育集团"，铁道信号自动控制专业群加强中国与东盟国家校际合作和校企合作，在师资、实验实习设施、实训基地、职业技能鉴定、课题研究成果、教育信息、工学结合及合作办学等方面实现资源共享，打造中国—东盟轨道交通职业教育品牌，构建资源共享、共同发展的职业教育国际协作新模式，更好地服务于东盟国家经济建设。

# 第9章　建设成效

## 9.1　人才培养成效

专业群的核心专业铁道信号自动控制专业是中央财政支持建设专业、自治区特色专业。近年来，专业群紧贴铁路、城市轨道交通行业的发展，依托全国铁道通信信号专业教学指导委员会，充分发挥专业示范引领作用，组织制订了铁道信号自动控制、城市轨道交通通信信号技术的专业教学标准、实训教学条件建设标准、专业建设指导标准，进一步强化了专业行业特色。目前，专业群获得了全国职业院校交通运输类示范专业点1个、高等职业教育创新发展行动计划骨干专业1个、高等职业教育创新发展行动计划虚拟仿真实训中心1个、中央财政支持高等职业学校提升专业服务产业发展能力建设项目1个、中央财政支持高等职业教育实训基地1个、国家级专业教学资源库1个、教育部职业教育专业教学资源库1个、广西应用型本科人才产教融合协同培养试点2个、现代学徒制试点专业1个、广西第一批职业教育发展研究基地1个、广西第一批职业教育专业教学资源库项目1个、广西高校高水平创新团队及卓越学者计划项目1项、省级教学成果奖一等奖2项、二等奖2项，发挥了示范引领作用。

产教融合，改革"校企协同、岗学融通"人才培养模式。按照"按岗设课，以岗定学，因岗施教，设岗实训，定岗取证，顶岗实习，对岗就业"的建设思路，校企协同育人。按企业岗位工作任务设计教学模块，分模块进行教学；将职业资格标准和职业技能竞赛内容导入课程标准；以真实的岗位工作任务及工作过程设计教学任务和教学过程；在校内实训基地进行"工班式"教学，实现与岗位的融通；以职业资格标准规范专业技能训练，达到毕业证、职业资格证"双证"融通。

建设校外实习基地，践行以岗导学、学训一体。与中国铁路南宁局集团有限公司、广西沿海铁路股份有限公司、中国铁路电气化局集团第五工程有限公司、深圳市地铁集团有限公司、南宁轨道交通集团有限责任公司、广西汽车集团有限公司、上汽通用五菱汽车股份有限公司等企业合作，共同建有校外实训实习基地20个。学生在校外实习基地实习，在真实岗位体验企业文化、学习职业技能，实现工学结合，保证人才培养规格与岗位任职要求的衔接，增强岗位适应能力，提升就业能力。

岗学融通培养，人才技术技能过硬。按照职业岗位的要求开展课程建设和教学；课程标准融入专业技术标准和职业技能竞赛要求；教学内容选择对接《中级信号工》职业资格证书要求。采用基于工作过程、任务导向、融"教、学、做"为一体的教学方法，实现"课、岗、证、赛"融通，毕业生具有强固的"故障—安全"意识，熟悉设备维护规程、熟悉设备性能位置、熟悉系统控制电路，准确观察故障现象、准确分析故障原因、准确判断故障位置，快速赶赴故障现场、快速分析判断故障、快速安全处理故障，成为技术技能过硬的特色专业人才。

借鉴国外先进育人理念，培养专业基本技能。引入加拿大的职业教育CBE人才培养模式，即以能力为基础的教育教学模式，使学生在学校学习期间即具备职业所必需的实际工作能力，同时把这种能力作为评价学生和教师、学校办学质量的标准。以职业岗位技能的培养为基础进行课程开发，按各项职业技能的难易程度有序安排教学计划。

以岗位群为基础,以职业能力为核心。以轨道交通信号和自动控制设备维护真实工作任务为教学情境,根据企业的生产周期组织柔性的工学交替教学,理论部分主要由专任教师负责,实践技能部分由专任和兼职教师共同完成。将人才培养分为职业基本能力培养、职业核心能力培养、职业岗位能力培养3个阶段,融理论、实训于一体,进行"仿真环境下的真实训练"。

毕业生综合素质高、岗位适应力强。通过对近三年毕业生的跟踪调查和企业反馈,毕业生有较强的专业技术能力,就业单位主要有中国铁路南宁局集团有限公司各站段、南宁轨道交通集团有限责任公司、广西沿海铁路股份有限公司、广州地铁集团有限公司、深圳市地铁集团有限公司等,毕业生双证书获取率达95%,毕业后可直接走上工作岗位。专业群的知名度和影响力稳步上升,报到率逐年提升,专业培养目标达成效果较好,专业办学实力和人才培养质量得到了考生、家长、企业的高度认可。中国铁路南宁局集团有限公司电务段基层员工70%以上为我校毕业生,很多成为技术骨干,展现了突出的职场竞争实力。

专业群积极探索搭建职业教育人才培养"立交桥",努力提高应用技能型人才培养。通过对轨道交通和自动化企业人才需求和中职生源的特点分析,开展校校合作,试点"中职、高职、本科"学历衔接的培养模式,包括"中职和高职衔接"对口招生、"2+1.5+0.5"应用本科、"3+2"高职和本科分段培养等。对口招生是指专业群对口招收中等职业学校和综合高中职高班的应、历届毕业生。"2+1.5+0.5"是指轨道交通控制类专业应用本科学生前2年在本科院校学习文化基础知识、专业基础知识,接下来1.5年在我校学习专业技能,最后0.5年到一线企业顶岗实习,这种模式把理论知识、专业技能较好地与岗位实践融合。"3+2"是指我校与普通本科高校开展对口贯通分段人才培养,先在我校就读3年,毕业后,通过对口衔接本科院校就读2年。经过几年的探索实践,为后续构建现代职业教育体系提供了宝贵的经验。2018年获得自治区应用型本科人才产教融合合同培养试点项目。近几年来,通过"3+2" 高职和本科分段培养向广西科技大学、桂林电子科技大学输送优秀学生26名。

## 9.2 课程建设改革成效

### 9.2.1 数字资源建设

依托智慧职教平台,投入179万元建设铁道信号自动控制专业的"铁路信号基础设备维护""铁路车站自动控制系统维护""铁路区间自动控制系统维护""铁路信号设计与施工""列车运行自动控制系统维护""铁路信号集中监测系统运用与维护"6门核心课程的教学资源,目前颗粒化资源总量为1 725条,题库资源2 011条,活跃资源占比超过80%,满足网上教学的需要,素材应用良好。目前,铁道信号自动控制专业教学资源库于2019年11月进入国家级专业教学资源库。电气自动化技术专业教学资源库获得首批柳州铁道职业技术学院专业教学资源库立项。

按照职业教育精品在线开放课程建设标准,于2018年8月申报了"铁路区间自动控制系统维护"省级精品在线开放课程,并获得立项。"ZPW-2000A型无绝缘轨道电路设备维护"正在申请省级精品在线开放课程。

与中国铁路南宁局集团有限公司柳州电务段、北京竞业达沃凯森教育科技有限公司等企业合作开发微课,开发六门核心课程的微课30个。

### 9.2.2 教材建设

近五年铁道信号自动控制专业依托铁道通信信号专业教学指导委员会，组织职教专家、行业一线专家、学校教师、出版社编辑协同分工，累计公开出版教材3本，其中与北京全路通信信号研究设计院集团有限公司、天津电务段合编“铁路区间自动控制系统维护”，与西安地下铁道公司、广州地铁公司合编“城市轨道交通列车运行自动控制系统维护”，与国铁集团公司运输局电务部、北京全路通信信号研究设计院集团有限公司合编“铁路信号基础设备维护”教材。电气自动化专业已经出版教材6部，其中“自动化生产线装调综合实训教程”教材被列为“全国高等职业教育规划教材”。

### 9.2.3 实训(考证)题库建设

铁道信号自动控制专业已完成《中级信号工》考证题库1 500题的整理和汇总。电气自动化专业先后多次为广西汽车集团和广西柳工农业机械股份有限公司进行技术培训，现与企业联合开发培训包。

## 9.3 教学方法改革成效

根据铁道信号自动控制专业教学资源库课程体系的知识结构，依据轨道交通行业人才岗位的需求，针对学生的学习特点，对知识体系进行“颗粒化”处理，颗粒资源对应学习的难点与重点，颗粒化资源的形式包括文档、图片、视频、试题等，颗粒资源做成网络连接，对课程进行模块化设计，以“颗粒化”资源重组课程。学生也可以随时随地调用颗粒资源。

依托国家级资源库“铁道信号自动控制专业教学资源库”，教学团队教师每年开展线上线下混合式教学改革，开展学生课前、课中和课后学习行为跟踪的智能化、评价反馈即时化。通过线上线下进行互动测验的个性化学习，不仅提高了学生学习兴趣，拓展学习途径，而且使教师能依据“互联网＋”资源库掌握学生的学习进程，效果与反馈，及时调整教学内容，显著增加教学效果。实现从以教师为中心纯传授理论知识和技能的教学模式，向以学生为中心、既传授一般理论知识与技能，更加注重实践能力和自主探究能力的教学模式的转变。

## 9.4 实训基地建设成效

近年来，铁道信号自动控制专业群以“自治区示范特色专业及实训基地”建设为抓手，建成“教、学、做”一体，“真、全、新”的高水平、多功能的真实与模拟仿真相结合的共享开放型高铁信号实训基地，构建高铁信号设备与普铁信号设备共存，涵盖多层次、全方位的立体实训体系。目前，校内实训基地包含铁道信号控制实训基地、城轨信号控制实训基地、高铁信号实训基地、电工电子基本技能实训基地、自动化技术实训基地、机器人技术实训基地、现代电子技术实训基地等校内实训基地，为50余门课程提供实验实训教学条件，实训设备总价值6 200多万元，实训室面积10 300多$m^2$，总工位超过1 800个，70％以上的实训室能进行生产性实训。校内实训基地基本情况见表9.1。

**表 9.1　校内实训基地基本情况一览表**

| 序号 | 基地名称 | 实训室名称 | 工位数(个) | 面积($m^2$) | 主要设备及台套数 | 实验、实训内容 |
|---|---|---|---|---|---|---|
| 1 | 铁道信号控制实训基地 | 车站信号设备维护实训室 | 50 | 226 | 1. 6502 电气集中联锁设备1套；<br>2. ZPW-2000A 型无绝缘移频自动闭塞 10 套；<br>3. 铁路大站电源屏 2 套 | 1. 控制台操作办理；<br>2. 专业综合技能培训；<br>3. 铁路信号大站电源设备维护实验；<br>4. 选择组故障分析与查找 |
| | | 区间信号设备维护实训室 | 25 | 350 | 1. ZPW-2000A 型无绝缘移频自动闭塞智能实训系统；<br>2. 区间智能电源屏 | 1. 机车信号设备认知、点灯演示；<br>2. ZPW-2000A 型轨道电路参数测试；<br>3. ZPW-2000A 型轨道电路故障查找 |
| | | 车站信号联锁设备实训室(1) | 48 | 129 | 1. 6502 电气集中联锁设备1套；<br>2. 铁路信号智能电源屏 1 套 | 1. 控制台操作办理；<br>2. 专业综合技能培训；<br>3. 铁路信号智能电源设备维护实验；<br>4. 选择组故障分析与查找 |
| | | 车站信号联锁设备实训室(2) | 50 | 128 | 1. 6502 电气集中联锁设备2套<br>2. 铁路中站电源屏 1 套 | 1. 控制台操作办理；<br>2. 专业综合技能培训；<br>3. 铁路信号电源设备维护实训；<br>4. 选择组故障分析与查找 |
| | | 高铁转辙设备实训室 | 40 | 106 | 1. S700K 电动转辙机及控制单元 2 套；<br>2. ZYJ-7-SH6 型液压转辙机及控制单元 3 套；<br>3. ZD9 型电动转辙机及控制单元 1 套；<br>4. ZY4 型液压转辙机及控制单元 1 套；<br>5. 铁路信号智能电源屏 1 套 | 五线制道岔(提速)控制电路实训 |
| | | 转辙机结构与控制实训室 | 50 | 108 | 1. 6502 电气集中联锁设备1套；<br>2. 铁路小站电源屏 1 套；<br>3. ZD6 型转辙机 10 台 | 1. 四线制道岔(ZD6)控制电路实训；<br>2. 专业综合技能培训；<br>3. 铁路信号电源设备维护实训 |
| | | 信号基础设备实训室 | 64 | 90 | 信号基础设备部件(变压器、调压器、电机、继电器等) | 1. 变压器测试实验；<br>2. 安全型继电器测试实验；<br>3. 三相异步电机实验；<br>4. 道岔控制电路组合焊接实训 |

续上表

| 序号 | 基地名称 | 实训室名称 | 工位数(个) | 面积($m^2$) | 主要设备及台套数 | 实验、实训内容 |
|---|---|---|---|---|---|---|
| 2 | 城轨信号控制实训基地 | 城轨信号控制实训室 | 45 | 129 | 1. 计算机联锁；<br>2. 提速道岔；<br>3. 轨道交通控制系统 ATC；<br>4. 计轴设备；<br>5. 轨道交通智能电源屏；<br>6. 信号机 | 1. S700K 提速道岔检修实训；<br>2. 城轨计轴设备维护实训；<br>3. 列车自动控制系统(ATC)实训；<br>4. 计算机联锁设备维护实训 |
| | | 城轨 AFC 检修实训室 | 40 | 120 | 自动售检票系统1套(闸机2套、售票机1套、车站计算机系统1套、半自动售票计算机1套、查询机1台) | 1. 自动售票机检修测试实训；<br>2. 自动验票(闸机)测试实训；<br>3. AFC 自动售检票系统综合实训 |
| | | 城轨信号正线车站实训室 | 50 | 120 | 1. 轨旁 ATP 设备1套；<br>2. 计轴设备1套；<br>3. 车站 ATS 分机1台；<br>4. 转辙机2台；<br>5. LED 信号机3台；<br>6. 紧急关闭按钮1套；<br>7. 屏蔽门2套；<br>8. 无源应答器2台；<br>9. 车站外围仿真设备1套；<br>10. 防雷配线柜2套；<br>11. 轨旁 ATP 仿真设备1套；<br>12. 车站 ATS 仿真设备2套；<br>13. 发车表示器仿真机2套；<br>14. 车地通信设备1套 | 1. 城轨车辆段信号自动控制系统维护实训；<br>2. 专业综合技能培训；<br>3. 城轨信号电源设备维护；<br>4. 城轨列车运行控制系统维护；<br>5. 城轨信号基础设备维护实训 |
| 3 | 高铁信号实训基地 | 计算机联锁实训室 | 55 | 136 | 1. ADX 计算机联锁系统设备；<br>2. 铁路信号智能电源屏 | 1. ADX 计算机联锁操作；<br>2. ADX 计算机联锁维护与故障处理；<br>3. 智能电源屏操作与维护 |
| | | 高铁车站信号自动控制实训室 | 55 | 175 | 1. K5B 计算机联锁设备1套；<br>2. $LKD_2$-YH 型列控中心1套；<br>3. 铁路信号智能电源屏1套；<br>4. 信号集中监测系统1套；<br>5. 道岔缺口监测系统1套；<br>6. 轨道电路监测系统；<br>7. ZPW-2000K 轨道电路8区段 | 1. K5B 计算机联锁操作；<br>2. K5B 计算机联锁维护与故障处理；<br>3. $LKD_2$-YH 型列控中心操作、维护及故障处理；<br>4. 智能电源屏操作与维护；<br>5. 信号集中监测系统、道岔缺口监测系统、轨道电监测系统的操作与运用；<br>6. ZPW-2000K 轨道电路测试调整及故障 |

续上表

| 序号 | 基地名称 | 实训室名称 | 工位数(个) | 面积($m^2$) | 主要设备及台套数 | 实验、实训内容 |
|---|---|---|---|---|---|---|
| 3 | 高铁信号实训基地 | 高铁列控车载设备实训室 | 55 | 115 | 1. 200H ATP 车载设备1套；<br>2. C2 级虚实结合仿真机1套；<br>3. C3 级 ATP 车载仿真设备1套；<br>4. C3 级全模拟仿真机 1 套 | 1. 200H 型 ATP 车载设备认知与维护；<br>2. 200H 型 ATP 车载设备测试与故障处理 |
| | | 高铁信号自动控制系统综合教学平台 | 60 | 180 | 1. 数字化教学平台；<br>2. 控制集成软件及服务器等；<br>3. 教学软件课件系统；<br>4. 液晶显示大屏；<br>5. 学员云桌面终端 60 套、教员终端 3 套 | C3 级列控系统、ATP 车载仿真演示 |
| | | 高铁信号室外设备实训场地 | 80 | 1 150 | 1. 道岔 5 组、区间线路 130 m；<br>2. 转辙设备 13 个牵引点；<br>3. 信号机 10 架；<br>4. 轨道电路站内 6 区段、区间 2 区段 | 1. ZYJ7、S700K、ZDJ9 型转辙机牵引道岔的机械调整、日常维护及故障处理；<br>2. 25 Hz 相敏轨道电路的测试、调整及故障处理；<br>3. 信号机的测试、维护及故障处理 |
| | | 调度集中系统维护实训室 | 24 | 108 | 1. 调度集中；<br>2. 仿真系统 1 套 | 1. 调度集中系统设备结构认知与操作；<br>2. 调度集中系统维护与故障处理 |
| 4 | 电工电子基本技能实训基地 | 电工电子基础工艺实训车间 | 120 | 226 | 1. 数字式三用表校验仪；<br>2. 台板式手动贴片流水线；<br>3. 台板式自动贴片流水线 | 1. 电路认知与焊接实训；<br>2. 电子产品组装与调试实训；<br>3. 电力电子与变流技术实训 |
| | | 电工技能实训室 | 96 | 223 | 1. 电气装配实训台 YL-210-I 型触电急救模拟人、指纹仪投影仪；<br>2. 第二代身份证读卡器；<br>3. 数码自动心肺复苏模拟人 | 1. 电工基本技能实训；<br>2. 电工上岗证培训；<br>3. 电工操作技能实训 |
| | | 电子电路实验室 | 24 | 128 | 1. 模拟电路实验箱；<br>2. 数字电路实验箱；<br>3. 台式毫伏表；<br>4. 示波器；<br>5. 函数信号发生器 | 1. 传感器特性验证实验；<br>2. 常用电子仪器的使用；<br>3. 直流稳压电源；<br>4. 单管放大器；<br>5. 功率放大器；<br>6. TTL 集成逻辑门的逻辑功能测试、译码器；<br>7. 移位寄存器 |

续上表

| 序号 | 基地名称 | 实训室名称 | 工位数(个) | 面积($m^2$) | 主要设备及台套数 | 实验、实训内容 |
|---|---|---|---|---|---|---|
| 4 | 电工电子基本技能实训基地 | 电力电子与传感器实验室 | 20 | 128 | 1. 模拟电路实验箱；<br>2. 数字电路实验箱；<br>3. 台式毫伏表；<br>4. 示波器；<br>5. 现代电力电子器件实验箱；<br>6. 传感器实验平台 | 1. 金属箔式应变片性能—单臂电桥；<br>2. 热敏电阻演示实验；<br>3. 单相半波可控整流电路实验；<br>4. 二极管、三极管的识别与检测；<br>5. 常用电子仪器的使用、单管共射放大电路；<br>6. 直流稳压电源；<br>7. TTL 集成逻辑门的逻辑功能测试；<br>8. 译码器、译码显示电路；<br>9. 触发器的功能测试及应用 |
| | | 电路基础实验室 | 20 | 126 | 1. 电路分析实验箱；<br>2. 电工技术实验箱 | 直流电路认识实验、基尔荷夫定律的验证、叠加定理、正弦交流电路认知实验、日光灯电路及功率因数的提高、三相交流负载的连接及电压、电流的测量、RC 电路的过渡过程、常用电工测量仪表使用 |
| | | 数字电路实验室 | 20 | 132 | 1. 电路分析实验箱；<br>2. 电工分析实验箱；<br>3. 任意波形发生器；<br>4. 数字示波器；<br>5. 台式数字万用表 | 直流电路认识实验、基尔荷夫定律的验证、叠加定理、正弦交流电路认知实验、日光灯电路及功率因数的提高、三相交流负载的连接及电压、电流的测量、PC 电路的过渡过程、常用电工测量仪表使用 |
| | | 虚拟仿真实验室 | 54 | 108 | 1. 清华同方台式机；<br>2. 监控设备 | 1. 单片机技术实训；<br>2. 低压电工上岗证理论机试考证 |
| 5 | 自动化技术实训基地 | 机床电气检修车间 | 25 | 226 | 1. 电气控制综合实训柜 30 个；<br>2. 台式电脑 1 台 | 1. 技能考证培训；<br>2. 电机与拖动技术实验与实训；<br>3. 供配电技术实验 |
| | | 柔性生产线实训车间 | 14 | 223 | 1. 光机电一体化柔性自动化生产线 1 套；<br>2. 自动化生产线实训考核装置 1 套(三菱)；<br>3. 电梯群控系统(PLC)1 套；<br>4. 过程控制实训装置(分布式)1 套；<br>5. 网络型 PLC 实训装置 6 套；<br>6. 恒压供水系统(PLC)1 套；<br>7. THJDDT-5 型电梯控制技术综合实训装置 2 套 | 1. 智能电梯装调与维护竞赛训练；<br>2. 柔性生产线工业生产仿真演示 |

续上表

| 序号 | 基地名称 | 实训室名称 | 工位数(个) | 面积($m^2$) | 主要设备及台套数 | 实验、实训内容 |
|---|---|---|---|---|---|---|
| 5 | 自动化技术实训基地 | 电机与电气装调实训室 | 24 | 128 | 1. 多媒体教学设备(电脑/投影/音响)1套；<br>2. XSJ-100网孔型电气实训装置24套 | 1. 技能考证培训；<br>2. 电气控制系统设计与安装；<br>3. 电工实训；<br>4. 供配电技术实训 |
| | | 自动线安装与调试实训室 | 30 | 128 | 1. 自动化生产线实训考核装置6套；<br>2. 计算机25台；<br>3. 多媒体液晶投影机1台；<br>4. 柜式空调1台 | 1. 自动线安装与调试实训；<br>2. 组态技术 |
| | | PLC及应用实训室 | 24 | 126 | 1. 可编程控制器实验箱25个；<br>2. 西门子变频器模块20台；<br>3. 计算机26台；<br>4. 移动投影机1台 | 1. PLC控制技术应用；<br>2. 变频调速技术；<br>3. 单片机技术及应用 |
| | | 高级维修电工实训室 | 23 | 132 | 1. 高级维修电工实训考核装置23台；<br>2. 昆仑通态触摸屏模块27台；<br>3. 电子白板1块；<br>4. 投影机1台；<br>5. 台式电脑24台；<br>6. 柜式空调1台 | 1. 变频调速技术；<br>2. 组态技术；<br>3. PLC技术及应用实训；<br>4. 电气控制与PLC技术实训 |
| | | 电气CAD实训室 | 48 | 128 | 1. 计算机49台；<br>2. 以太网交换机3台；<br>3. 投影机1台；<br>4. 电子白板1块 | 1. 电力电子与变流技术实训；<br>2. 电气制图技能训练；<br>3. PCB设计与制作；<br>4. 机械制图及CAD |
| | | 工业自动化控制实训室 | 10 | 108 | 1. 工业自动化综合实训设备10套；<br>2. 计算机13台；<br>3. 多媒体讲台1个 | 1. 工业机器人控制技术应用实训；<br>2. 工业自动化控制综合实训 |
| | | 液压与气动实训室 | 8 | 89 | 1. 液压传动教学实验台4套；<br>2. PLC控制气动教学实验台4套；<br>3. 计算机9台；<br>4. 多媒体讲台1个 | 1. 学生技能竞赛培训与训练；<br>2. 毕业设计；<br>3. 液压与气动控制技术 |
| 6 | 机器人技术实训基地 | 工业机器人实训室 | 6 | 105 | 1. 双控系统机器人5套；<br>2. 六自由度工业串联搬运机器人1套；<br>3. 多媒体液晶投影机1套；<br>4. 台式电脑1台；<br>5. X-SIGHT摄像头1个 | 工业机器人控制技术应用实训 |
| 7 | 现代电子技术实训基地 | 印刷电路板设计与制作车间 | 60 | 227 | 1. 电脑；<br>2. PCB制板设备 | 1. PCB设计与制板实训；<br>2. 单片机技术应用实训；<br>3. C语言设计基础实训；<br>4. 电子CAD制图实训 |

续上表

| 序号 | 基地名称 | 实训室名称 | 工位数(个) | 面积($m^2$) | 主要设备及台套数 | 实验、实训内容 |
| --- | --- | --- | --- | --- | --- | --- |
| 7 | 现代电子技术实训基地 | 电子产品维修实训车间 | 88 | 223 | 1. 电视机；<br>2. 示波器等 | 1. 万用表安装与调试实训；<br>2. 电视技术与维修实训 |
| | | 嵌入式产品开发综合实训室 | 54 | 129 | 计算机等 | 1. 嵌入式技术；<br>2. 单片机技术应用实训；<br>3. 电子CAD制图实训 |
| | | 物联网基础实训室 | 42 | 122 | 1. 计算机；<br>2. 实验箱等 | 1. 物联网基础实训；<br>2. 物联网组网技术实训；<br>3. 单片机技术应用实训；<br>4. 电子CAD制图实训 |
| | | 芯片检测及维修实训室 | 26 | 126 | 1. BGA焊台；<br>2. 数字示波器；<br>3. 热风枪；<br>4. 万用表等 | 1. 芯片级检测与维修；<br>2. 小家电维修技术 |
| | | 物联网技术应用实训室 | 12 | 132 | 1. 物联网工程应用技术系统；<br>2. 物联网食品卫生追溯系统 | 1. 物联网组网技术实训；<br>2. 物联网职业技能竞赛培训 |
| | | SMT表面贴装实训室 | 20 | 73 | 1. 热风枪；<br>2. 丝网印刷机；<br>3. 贴片机等 | 面积小，建议改做维修工作间，无法开展实践教学 |
| | | 智能电子系统装调实训室 | 22 | 102 | 1. 亚龙智能楼宇实训系统；<br>2. 智能停车场管理系统 | 智能楼宇设备安装与调试实训 |
| | | 智能电子系统装调实训室 | 22 | 102 | 1. 亚龙智能楼宇实训系统；<br>2. 智能停车场管理系统 | 智能楼宇设备安装与调试实训 |
| | | 计算机应用实训室 | 48 | 90 | 计算机等 | 1. 单片机技术应用实训；<br>2. 数据库应用技术；<br>3. 电子CAD制图实训 |

校企共建校外实训基地。铁道信号自动控制专业群长期与中国铁路南宁局集团有限公司柳州电务段实训基地、中国铁路南宁局集团有限公司南宁电务段实训基地、广西沿海铁路股份有限公司钦州电务段实训基地、深圳市地铁集团有限公司、南宁轨道交通集团有限责任公司等多家大型企业共建校外实训基地，这些实训基地确保学生跟岗实习正常进行。目前，已建校外实习基地20个，下一步继续加强与各单位的沟通合作，实现校内实训基地与校外跟岗实习的有机衔接和有效融通。

## 9.5 实践教学建设成效

本专业群构建"基础技能、核心技能、综合技能、岗位工作技能"四层递进的专业实践课程体系。结合专业服务区域经济和企业发展情况，分析人才职业岗位能力要求，进行实践课程开发，对接工作内容与工作情景，系统设计"专业基础技能、专业核心技能、专业综合技能、岗位工作技能”四层递进的专业实践课程体系，各专业的实践教学学时占总学时的50%以上。实践教学实施过程是：在学习理论知识的基础上，学生在校内进行专业基础技能训练，进入专业核心技能领域，进而训练学生的专业综合技能，再到校外进行见习、实习，培养学生的岗位工作技能，实现了专业技能和岗位需求无缝对接。

专业群基础技能是在打通基础平台理论课程基础上，优化技能，实现技能共享。专业核心技能对应的实践课程是专业所需的核心，是人才培养的重要支撑。先确定专业所需的能力，将能力分解为若干技能，再确定专业核心技能，围绕专业核心技能构建实践课程体系、确定核心实践课程。专业综合技能是在专业核心技能基础上，学生能够运用综合技能来解决问题，提升技能。岗位工作技能是在综合技能训练的基础上进行专业岗位技能拓展，贴近岗位要求，培养学生解决实际问题的能力。近年来，根据铁道信号自动控制专业群学生就业领域、岗位要求、职业技能和职业素养等要求，实践教学开出率为100%。

## 9.6 学生日常管理成效

以铁道信号自动控制专业为例，铁道信号自动控制专业2016年度招收学生123人，2017年度共招收学生132人，2018年招收134人，现本专业总在校生共389人。以2018届毕业生相关统计数据说明学生日常成效，学生基本情况见表9.2，2018届毕业生年度开设的课程数量、课时总数见表9.3。

**表9.2 学生基本情况**

| 入学年份 | 班级数 | 学生人数 | 男女比例 | 生源结构 | | |
|---|---|---|---|---|---|---|
| | | | | 统　考 | 对　口 | 单　招 |
| 2016 | 3 | 123 | 99∶13 | 87 | 9 | 16 |
| 2017 | 3 | 132 | 134∶14 | 119 | 9 | 20 |
| 2018 | 3 | 134 | 127∶9 | 126 | 0 | 10 |
| 总计 | 9 | 389 | 360∶36 | 332 | 18 | 46 |

**表9.3 2018届毕业生年度开设的课程数量、课时总数**

| 开课学期 | 1 | 2 | 3 | 4 | 5 | 6 | 合计 |
|---|---|---|---|---|---|---|---|
| 学期总课时 | 380 | 410 | 414 | 428 | 428 | 448 | 2 508 |

采用企业调研、座谈会和问卷调查等方式，通过对中国铁路南宁局集团有限公司、中国铁路广州局集团有限公司和广西沿海铁路股份有限公司的毕业生就业状况调查，数据显示本专业毕业生的综合素质满意度达到93%以上，2018届毕业生人才培养目标达成的情况见表9.4。

**表9.4 2018届毕业生人才培养目标达成的情况**

| 专业名称 | 铁道信号自动控制 | 专业设置时间 | 1971年 | 招生入学数 | 89 |
|---|---|---|---|---|---|
| 2018年毕业生数 | 89 | 毕业率 | 94% | 就业率 | 93.26% |
| 就业对口率 | 93.3% | 双证率 | 96% | 创业率 | 0% |

续上表

| | |
|---|---|
| 就业主要去向 | 中国铁路南宁局集团有限公司、中国铁路广州局集团有限公司、广西沿海铁路股份有限公司、南宁轨道交通集团有限责任公司工程公司、广西柳州市轨道交通投资发展集团有限公司等单位,从事铁路信号设备生产、安装、调试和维护等工作 |

2018届铁道信号控制专业学生人数89人,取得毕业证人数83人,课程学习的及格率93%、毕业率93%,获得职业资格证书("信号工"中级证书)取证率95%。三年来所获市级各类荣誉15人次,1人荣获国家奖学金,6人荣获国家励志奖学金,校级各类荣誉85人次。受处分情况:1人警告处分,1人严重警告处分,1人留校察看处分。在2017—2018(一)学期学生学业预警3人。

专业学生积极参加各种形式的社团活动及志愿服务:"金舌巧嘴"辩论赛20人;"电子杯"篮球赛15人;优秀团日活动评比10人;校园歌手大赛20人;宿舍文化节30人;清明参观烈士墓20人;五菱社区义务维修20人;"三下乡"暑期社会实践5人;福利院慰问孤寡老人10人;春运志愿者工作30人。

## 9.7 技术创新与技术服务成效

### 9.7.1 校企协同,紧密衔接行业产业链

多年来,专业群紧扣行业产业链,坚持走"产、学、研"结合之路,不断探索高职教育教学规律,健全产教融合、校企合作育人机制,推进校企共建校内外生产性实训基地,拓展校企合作共同建设实训实习平台。针对专业教学改革与人才培养的重点、热点和难点问题,专业群联合行业企业开展科学研究,强化科研对专业建设的指导功能,引导行业企业深度参与教学改革和育人过程。

### 9.7.2 联合行业企业研发信号专业职教装备

教学团队准确把握国内、区内专业发展态势,积极开展技术研发,与行业企业协同创新,针对技术新标准大力开展专业职教装备创新,转化科研成果。

2013年依托协同创新平台、自动化技术应用研究所,开发ZK-1301移频自动闭塞智能实训系统,成功对综合实训台的专利进行了转化,为合作企业带来2 000多万元的效益,并连续4年用于全国铁道信号自动控制专业学生职业技能大赛,提高了专业群及教学团队在同类院校中的知名度,为教学团队持续开展创新研究积累了宝贵的经验。

目前,全国30多所职业院校和部分铁路企业都在使用该实训系统进行实训教学和职工培训,服务企业生产,产生了显著的经济效益。教学团队与北京中科远洋科技有限公司、重庆道驰科技有限公司合作在研的"道岔控制智能实训考核系统研发"等3项信号职教装备研发项目获横向课题经费78万元,为将来承办国家级职业技能大赛打下坚实基础。专业群教学团队为相关企业提供3项技术咨询,坚持与行业企业协同创新发展,专业群的技术服务能力得到持续增强。

深度挖掘轨道交通信号与控制实训基地、协同创新平台的教学资源,开展面向行业企业的各类职工培训,与企业深入研究共同开发培训项目,扩大了专业在行业内的影响力,同时获得了较好的经济效益。近五年承担了中国铁路南宁局集团有限公司、广西沿海铁路股份有限公司等企业职工各类专业技能培训班,培训人数11 805人次,培训收入95万多元。

### 9.7.3 强化办学特色,发挥引领辐射作用,增强核心竞争力

专业群紧跟自动控制技术发展步伐,依托中国铁路南宁局集团有限公司、南宁轨道交通有限责任公司、柳州市轨道交通投资发展集团有限公司等行业企业,共同制订专业人才培养方案、课程体系、考核评价体系及职业标准,同时开展深度融合、整合资源,校企共建具有鲜明特色的高水平国家级专业群。经过近十年的发展,专业群取得了多项成果,在同类院校中起到了专业示范带头作用。表 9.5 为近几年取得的标志性成果。

表 9.5 专业群建设的标志性成果

| 序号 | 成果名称 | 等 级 | 时 间 |
|---|---|---|---|
| 1 | 广西职业教育第一批专业发展研究基地项目 | 省部级 | 2018 年 |
| 2 | 广西高校高水平创新团队及卓越学者计划项目 | 省部级 | 2018 年 |
| 3 | 广西首批现代学徒制试点单位 | 省部级 | 2018 年 |
| 4 | 国家级示范专业点—铁道信号自动控制专业 | 国家级 | 2017 年 |
| 5 | 对接高铁产业链建设轨道类专业群的研究与实践 | 省级教学成果一等奖 | 2017 年 |
| 6 | 铁道交通运营管理“一轴两翼”区域示范特色专业建设研究与实践 | 省级教学成果二等奖 | 2017 年 |
| 7 | 广西第四批职业院校示范特色专业及实训基地项目 | 省部级 | 2016 年 |
| 8 | “学训赛节评”特色实践教学体系的研究与实践 | 中国职业教育学会轨道交通专业委员会职业技术教育优秀科学研究一等奖 | 2015 年 |
| 9 | 中央财政支持高等职业教育实训基地 | 中央财政支持实训基地 | 2013 年 |
| 10 | 中央财政支持专业服务能力建设项目 | 中央财政支持实训基地 | 2012 年 |
| 11 | 铁路高职院校基于“以岗导学”人才培养模式的研究与实践 | 省级教学成果二等奖 | 2012 年 |
| 12 | 广西高等学校特色专业—铁道通信信号 | 省部级 | 2011 年 |
| 13 | 柳州市职业教育千万元设备值生产性实训基地—电工电子与自动化技术实训基地建设项目 | 市厅级 | 2011 年 |
| 14 | 广西高校自治区级教学团队 | 省部级 | 2010 年 |
| 15 | 2008 年自治区示范性高等职业教育实训基地 | 省部级 | 2008 年 |
| 16 | 发表论文 11 篇 | 国际四大检索收录 | 近五年 |
| 17 | 信息化教学大赛、教育教学软件应用大赛获奖 11 项 | 省部级 | 近五年 |
| 18 | 主持、在研教改课题 21 项 | 省部级 | 近五年 |
| 19 | 主持、在研科研课题 22 项 | 省部级 | 近五年 |

### 9.7.4 加强教学研究技术创新,提高社会服务能力和水平

专业群以协同创新平台、自动化技术应用研究所为依托,企业真实研发项目为载体,校企合作共同开发新产品、新技术的应用,使校企合作的技术研发平台成为“产、学、研”的结合体,教学研究技术创新能力得到加强。近五年来,专业群教学团队先后获得专利授权 67 项,其中发明专利授权 22 项,部分进行了科技专利转化。

### 9.7.5 师生攻坚克难,竞赛成绩优异

专业化群依托轨道交通信号与控制实训基地、协同创新平台、自动化技术应用研究所等平

台，提高学生技术技能和创新创业能力，教学团队指导学生参加各级各类竞赛，专业群所在学院是我校代表广西参加全国职业院校技能大赛项目最多、人数最多、成绩最好的二级学院。2009年至今，本专业群学生参加全国职业院校技能大赛、广西高职院校技能大赛、大学生电子设计竞赛、创新创业大赛等获省部级及以上奖项125项，其中国家级一等奖5项、二等奖13项、三等奖18项；省部级一等奖14项、二等奖45项、三等奖39项，见表9.6。

表9.6 专业群学生参加竞赛获奖情况表（全国二等奖以上）

| 序号 | 奖项名称 | 获奖等级 | 授予单位 | 时间 |
|---|---|---|---|---|
| 1 | 高铁信号控制系统安装、调试与维护 | 一等奖 | 全国铁道职业教育教学指导委员会 | 2015年 |
| 2 | 全国大学生电子设计竞赛 | 一等奖 | 教育部 | 2015年 |
| 3 | 全国职业院校技能大赛嵌入式产品开发 | 一等奖 | 教育部 | 2015年 |
| 4 | 铁道信号控制系统（基于ZPW-2000A安装、调试与维护） | 一等奖 | 全国铁道职业教育教学指导委员会 | 2014年 |
| 5 | 全国职业院校技能大赛机器人技术应用 | 一等奖 | 教育部 | 2012年 |
| 6 | 全国职业院校技能大赛现代电气控制系统安装与调试 | 二等奖 | 教育部 | 2018年 |
| 7 | 全国职业院校技能大赛工业机器人技术应用 | 二等奖 | 教育部 | 2018年 |
| 8 | 全国职业院校技能大赛智能电梯装调与维护 | 二等奖 | 教育部 | 2017年 |
| 9 | 全国大学生电子设计竞赛 | 二等奖 | 教育部 | 2017年 |
| 10 | 高铁信号控制系统安装、调试与维护 | 二等奖 | 全国铁道职业教育教学指导委员会 | 2016年 |
| 11 | 全国大学生电子设计竞赛 | 二等奖 | 教育部 | 2015年 |
| 12 | 全国职业院校技能大赛自动化生产线安装与调试 | 二等奖 | 教育部 | 2013年 |
| 13 | 全国职业院校技能大赛机器人技术应用 | 二等奖 | 教育部 | 2013年 |
| 14 | 全国职业院校技能大赛电子产品检测与维修（芯片级） | 二等奖 | 教育部 | 2012年 |
| 15 | 全国职业院校技能大赛（高职组）芯片级检测与信息服务项目荣获 | 二等奖 | 教育部 | 2011年 |
| 16 | 全国职业院校技能大赛芯片级检测维修与信息服务 | 二等奖 | 教育部 | 2012年 |
| 17 | “亚龙杯”全国高职院校“自动线安装与调试”技能大赛获团体 | 二等奖 | 教育部 | 2010年 |
| 18 | “亚龙杯”全国高职院校自动化生产线安装与调试 | 二等奖 | 教育部 | 2010年 |

## 9.8 创新创业教育成效

构建“课程、课堂、实践、竞赛、孵化”五位一体的创新创业体系。创新创业教育是分阶段、分层次进行创新思维培养和创业能力锻炼的教育，专业将与创新创业教育相关的意识培养、能力提升、环境认知、实践模拟等四个内容体系进行细化，以课程强化意识培养，以课堂、实践促使能力提升，以竞赛进行技术应用，以孵化实现实践模拟，进而解决创新教育过程与实际应用脱节问题。

创新创业体系构建依托协同创新平台、广西职业教育铁道信号专业发展研究基地、大师工作室、名师工作室和学生协会，创建以课程、课堂、实践、竞赛、成果孵化为主要内容的“五位一体”创新创业体系。

五位一体的创新创业体系在学生的创新创业意识培养、创新创业能力提升和创新创业成果孵化三方面实现协同与融通，培养创新型技术技能人才。目前，学生参与创新项目研发 4 项以上，大学生电子设计竞赛获省级以上奖项 12 项，创新创业大赛获省级及以上奖项 11 项以上，学生获专利授权 2 项以上。其中，创新创业大赛成果见表 9.7。

**表 9.7　创新创业大赛成果**

| 序号 | 项目名称 | 赛项名称 | 荣获等级 |
| --- | --- | --- | --- |
| 1 | 基于无线遥控的相敏轨道电路智能职教装备 | 第二届中华职业教育创新创业大赛 | 国家级铜奖 |
| 2 | 基于单片机的模型列车控制器 | 第三届中国“互联网+”创新创业大赛广西 | 自治区级金奖 |
| 3 | 轨道交通模型系列产品研发 | 第四届中国“互联网+”大学生创新创业大赛广西赛区选拔赛 | 自治区级银奖 |
| 4 | 无人机自主巡检的茶园水肥精量灌施系统 | 第四届中国“互联网+”大学生创新创业大赛广西赛区选拔赛 | 自治区级银奖 |
| 5 | 基于列车区间改变运行方向模拟系统的开发 | 第五届中国“互联网+”大学生创新创业大赛广西赛区选拔赛 | 自治区级银奖 |
| 6 | 轨道交通相敏轨道电路智能职教装备 | 第三届中国“互联网+”创新创业大赛广西 | 自治区级铜奖 |
| 7 | 高铁智慧通 | 第四届中国“互联网+”大学生创新创业大赛广西赛区选拔赛 | 自治区级铜奖 |
| 8 | 铁路智慧云学习 | 第五届中国“互联网+”大学生创新创业大赛广西赛区选拔赛 | 自治区级铜奖 |
| 9 | 高铁动车座位智能控制系统 | 第五届中国“互联网+”大学生创新创业大赛广西赛区选拔赛 | 自治区级铜奖 |
| 10 | 轨道电路智能职教系统 | 第五届中国“互联网+”大学生创新创业大赛广西赛区选拔赛 | 自治区级铜奖 |
| 11 | 智慧农业装备—甘蔗收割机服务平台 | 第五届中国“互联网+”大学生创新创业大赛广西赛区选拔赛 | 自治区级铜奖 |

## 9.9　师资队伍建设成效

### 9.9.1　创新“专业双带头人”制度，建设高水平专业教学团队

以学术大师、行业名师为核心，发挥“双带头人”的引领、辐射与带动作用与功能，有效推进学术与技术深度融合，快速提升教学团队的教学与实践水平，加快双师培养步伐，强化实践教学环节，提高人才培养质量，增强专业群的核心竞争力与影响力。专业群教学团队建设坚持以提高教学能力和专业实践能力为核心的教师培养原则，着力提升教学科研和服务能力，鼓励教师定期到企业实践，不断提升实践能力，逐步形成了行业特色鲜明，学术氛围浓郁、专兼结合、学缘结构好、实践能力强、教学经验丰富，在本专业领域、行业和企业中具有一定知名度的高水平创新型教学团队。

### 9.9.2　通过“内培外引”构建了专兼结合的教学团队

专业群现有专任教师 68 人，兼职教师折算 18 人，学生人数 1 307，师生比为 1∶15.2。其中，专任教师中教授(教授级高工)5 人，副教授 23 人，高级职称以上教师占专任教师人数的

41.18%，双师型教师46人占专任教师人数的67.65%；具有硕士以上学位的34人，占专任教师人数的50%，校外兼职教师26人，均有中级以上职称。专业群教学团队职称结构、双师结构分别如图9.1和图9.2所示。

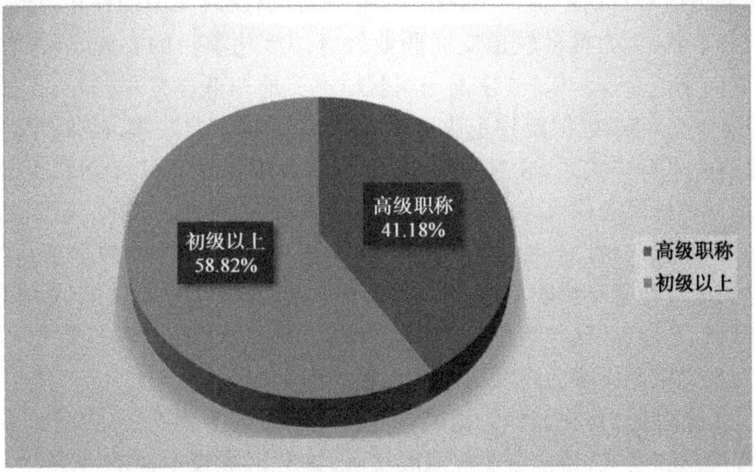


图9.1 专业群教学团队职称结构

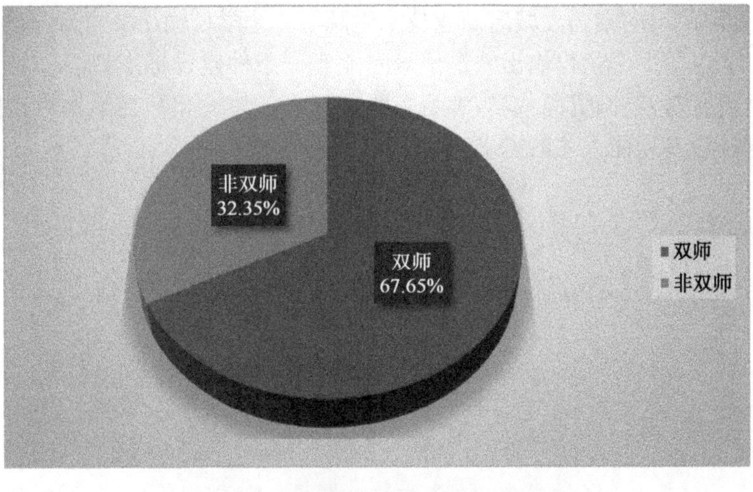


图9.2 专业群教学团队双师比例结构

学术大师、行业名师举旗定纲，指明教学团队研究方向，取得不俗成绩。发挥专业双带头人的“领头羊”作用，在学术和技术上对青年骨干教师进行全方位的指导，取得一些标志性成果。

专业群教学团队现有全国轨道交通行业名师3人、广西高校卓越学者1人、广西高等学校优秀人才1人、广西优秀教师1人、柳州市拔尖人才3人、柳州市新世纪个十百人才工程三层次人选1人、柳州市优秀青年科技人才4人、受聘大连交通大学研究生导师6人。近五年来，专业群教学团队成员在国内外期刊发表论文297篇，国际四大检索收录11篇，中文核心期刊47篇；参加信息化教学大赛、教育教学软件应用大赛获自治区级一等奖2项、二等奖5项、三等奖7项；主持、参与在研、结题省部级课题62项；已经出版教材11部，获得专利授权74项。

## 9.10 国际化建设成效

充分发挥铁道信号自动控制专业群在“一带一路”倡议政策中的作用，结合东盟国家产业发展和职业教育现状，大力推动轨道交通职业教育国际化项目的实施，开展教师和留学生培养，深化国际双向交流合作。依托“中国—东盟轨道交通职业教育集团”与泰国院校企业行业12家，印尼院校企业5家，老挝院校企业4家，柬埔寨院校企业3家，马来西亚企业1家，国外政府机构1家建立了合作关系，成立“国际留学生联合培养基地”1个。积极开展国际化联合办学，打造示范性的国际合作人才培养项目。开展教师、学生的双向交流或留学，根据来华教师和留学生的学习特点有针对性地组织教学，开发具有国际特色的教学项目。2017年开始，铁道信号自动控制专业每年招收泰国留学生2个班，近两年已为泰国、印度尼西亚等多个国家开展高铁师资培训7期，并接待泰国、老挝等国家访问团进行人才培养模式学习交流，服务国家“一带一路”，推动东盟国家轨道交通事业发展。

专业群把加强国际合作交流作为提高专业教学水平的重要途径，内化加拿大以能力为本位的CBE教育理念和模式，结合专业群发展实际，内化形成校本标准，校企共同开展“三个标准化”建设，出版实训项目标准化指导书教材6种。专业群依托学校牵头组建的“中国—东盟轨道交通职业教育集团”对接东盟国家轨道交通发展、服务经济建设，输出具有国际先进水平的校本人才培养标准，向泰国大城府商业技术学院等4个学校输出2个专业教学标准；向泰国东北皇家理工大学等2个学校输出铁道信号专业实训条件建设标准，实现中国与东盟各国轨道交通职业教育优势互补、资源共享，满足东盟各国经济建设和社会发展对铁路运输、城市轨道交通及工程建设高技能人才的需求。

# 参考文献


[1] 莫振栋. 对接高铁信号技术发展，引领全国铁道信号自动控制专业建设与发展[J]. 现代职业教育，2019(27)：116-117.

[2] 游青山，刘铭，冉霞."双高计划"背景下机电一体化专业群建设研究[J]. 当代教育实践与教学研究，2020(5)：96-97.

[3] 李晓光，陈松，孟文静，等. 高校智能制造专业群建设与人才培养模式的探究[J]. 内燃机与配件，2019(3)：237-239.

[4] 王姗姗. 校企协同视角下高职院校智能制造专业群建设研究与实践[J]. 科教导刊(中旬刊)，2019(10)：55-56.

[5] 冼颖妍."互联网+"背景下高职信息化教学模式改革的思考[J]. 文化创新比较研究，2019，3(8)：47-49.

[6] 庞文燕，姜宇，王微微. 高职院校信息化教学改革模式实践研究[J]. 哈尔滨职业技术学院学报，2020(1)：28-30.

[7] 周凌博，李继仁，谢大识，等. 高职专业群课程设置探讨[J]. 当代教育实践与教学研究，2019(11)：81-82.

[8] 孟庆海. 以 CIPP 评价模式促进高职院校专业建设质量提升[J]. 辽宁师专学报(社会科学版)，2019(2)：115-117.

[9] 秦凡，张俊杰. 基于混合式教学的会计专业课程资源建设：以《Excel 在财务管理中的应用》为例[J]. 教育教学论坛，2020(13)：142-143.

[10] 林克松，许丽丽. 课程秩序重构：高职高水平专业群建设的逻辑、架构与机制[J]. 高等工程教育研究，2019(6)：125-131.

[11] 黄少鹏. 职业学校机电专业教学中存在的问题和解决方法[J]. 南方农机，2020，51(4)：106.

[12] 李有成. 谈谈传统教学方法的弊端与现代教学方法的特点[J]. 渭南师范学院学报，2002(S2)：129.

[13] 中华人民共和国教育部. 高等职业学校铁道信号自动控制专业实训教学条件建设标准.

[14] 中华人民共和国教育部. 高等职业学校城市轨道交通通信信号技术专业实训教学条件建设标准.

[15] 中华人民共和国教育部. 高等职业学校机电一体化技术专业实训教学条件建设标准.

[16] 中华人民共和国教育部. 高等职业学校电气自动化技术专业实训教学条件建设标准.

[17] 中华人民共和国教育部. 高等职业学校工业机器人技术专业实训教学条件建设标准.

[18] 林克松，许丽丽. 课程秩序重构：高职高水平专业群建设的逻辑、架构与机制[J]. 高等工程教育研究，2019(6).

[19] 王吉祥. 地方高校服务区域经济社会发展的路径及策略研究[D]. 荆州：长江大学，2019.

[20] 杨雪松,赵彦,李勇.地方高校人才服务区域经济社会发展的机制及路径探讨[J].成都中医药大学学报(教育科学版),2019,21(1):106-109.
[21] 华勇谋,赵庶吏.国内外科技服务业发展现状和趋势的调查研究[J].北京农业职业学院学报,2018,32(6):36-40.
[22] 王学通,于茜薇,刘景矿.地方高校服务区域经济建设的问题与探索[J].工程经济,2018,28(4):49-52.
[23] 盛莹.创新驱动发展战略下高校教育与企业培训的有效衔接路径研究[J].经济研究导刊,2017(18):147-149.
[24] 程肇基. 地方高校服务区域经济建设研究[D].武汉:武汉大学,2015.
[25] 张晶.论地方高校服务区域经济和社会发展存在的问题与对策:以山东外事翻译职业学院服务创新为例[J].旅游纵览(下半月),2015(7):230-231.
[26] 李忠华,霍奕彤.沈阳高校"协同"企业技术创新存在的问题及建议[J].经济研究导刊,2015(12):239-240.
[27] 王煦,王元立.高校图书馆为企业技术创新提供信息服务调查分析[J].农业网络信息,2015(1):76-78.
[28] 金王平.高校如何更好地参与建设以企业为主体的技术创新体系[J].今日科技,2014(7):51-52.
[29] 谢明勇,徐戎.高等学校在协同创新中的地位与作用初探[J].科技广场,2012(12):9-15.
[30] 闫健,王占武,栾忠权.地方高校青年教师科技创新能力服务区域经济发展的重要性[J].产业与科技论坛,2012,11(9):116-117.
[31] 张峰林,何淑雅.地方高校科技服务区域经济社会发展存在的问题与对策[J].南华大学学报(社会科学版),2010,11(3):29-31.
[32] 杨龙塾. 我国科技服务业发展问题与对策研究[D].青岛:中国海洋大学,2010.
[33] 覃雯.广西地方高校服务地方经济社会发展存在的问题及对策思考[J].经济与社会发展,2010,8(5):162-165.
[34] 鲁挑建,闫瑜,李玉林.甘肃地方高校为区域经济社会发展服务问题与对策研究[J].甘肃科技,2008(1):1-4.
[35] 强永昌,胡迪锋.我国技术服务业发展现状与对策性思考[J].江海学刊,2007(2):93-98.
[36] 陈士俊,刘旻,韩义民.略论高等学校在技术创新中的地位与作用[J].天津纺织工学院学报,2000(3):1-4.
[37] 张酉水.充分发挥高等学校在技术创新中的重要作用[J].研究与发展管理,2000(2):1-4+12.
[38] 文龙.充分发挥高等学校在技术创新中的积极作用[J].中国科技产业,1999(9):29-30.
[39] 汤世国.技术创新中介服务发展的现状与趋势[J].科技导报,1998(8):49-52.
[40] 郑士贵.高校怎样为企业技术创新提供科技信息服务[J].管理科学文摘,1996(11):21.
[41] 吴琼.高校怎样为企业技术创新提供科技信息服务[J].科研管理,1996(2):35-37,64.
[42] 柯宝桦.电工电子实验项目的设计[J].广西教育,2014(6):137-138.

# 附录　专业群课程标准模板

# 《×××》

# 课 程 标 准

## （试行）

二级学院：________________

执 笔 人：（如有企业人员参与，请加入）

审 核 人：（如有企业人员参与，请加入）

制订日期：________________

修订日期：________________

柳州铁道职业技术学院教务处制

二〇一八年九月

## 一、课程信息

**表 1 课程基本信息表**

<table>
<tr><td>课程名称</td><td></td><td>开课部门</td><td colspan="2">××教研室</td></tr>
<tr><td>课程代码</td><td></td><td>课程性质</td><td colspan="2">基本素质课/核心课/主干课/拓展课</td></tr>
<tr><td>参考学分/学时</td><td></td><td>考核性质</td><td colspan="2">考试/考查</td></tr>
<tr><td rowspan="4">适用专业</td><td rowspan="4"></td><td rowspan="4">课程类型</td><td>理论课</td><td></td></tr>
<tr><td>实践课</td><td></td></tr>
<tr><td>理论＋实践(整周)</td><td></td></tr>
<tr><td>理实一体化</td><td></td></tr>
</table>

**表 2 课程建设团队名单**[1](如有企业人员参加,请写入)

| 序　号 | 姓　　名 | 工作单位 | 职称/职务 |
|---|---|---|---|
| | | | |
| | | | |
| | | | |
| | | | |
| | | | |
| | | | |

注 1:指参与课程建设的主要成员,包括校外人员。

## 二、课程性质

1. 概要性的阐述课程类型、课程功能等两个方面的内容,在撰写时可参考以下示例:(正文,小四号宋体,固定值 20 磅,下同)。

示例:本课程是……专业(群)必修(或选修)的一门基本素质课(或主干课、拓展课),是学生在学习了……课程、具备了……能力的基础上,开设的一门理论课(或理论＋实践课、实践课),其功能是对接……专业人才培养目标,面向……工作岗位,培养……能力,并为后续……课程的学习奠定基础。

2. 课程功能定位

**表 3 课程功能定位分析**

<table>
<tr><th>对接的工作岗位</th><th>对接培养的职业岗位能力</th></tr>
<tr><td rowspan="2">××岗位</td><td>1.</td></tr>
<tr><td>2.</td></tr>
<tr><td rowspan="2">……</td><td>1.</td></tr>
<tr><td>2.</td></tr>
</table>

## 三、课程目标与内容

1. 课程总目标

依据课程所归属的毕业要求指标点来阐述学生学完本门课程要达到的结果标准。

2. 课程具体目标

具体表述课程的内容及学生应达到的知识目标、技能目标、素质目标，在进行目标表述时应以学生作为行为主体来表述。

**表 4　课程教学目标与内容**

| 序号 | 毕业要求指标点 | 知识目标 | 技能目标 | 素质目标 | 教学内容 |
|---|---|---|---|---|---|
| | | | | | （此栏可根据需要进行调整） |
| | | | | | |
| | | | | | |
| | | | | | |
| | | | | | |

**表 5　课程教学目标与内容**

| 序　号 | 项目(模块) | 任务(单元)² | 教学内容 | 重点、难点、考核点 | 学　时 |
|---|---|---|---|---|---|
| | | | 内容描述与表 4 保持一致 | | |
| | | | | | |

注 2：每个任务(单元)最多不超过 12 学时。

## 四、课程考核

具体阐述课程考核方案。

撰写原则：课程考核采用形成性考核(即过程考核)和终结性考核相结合的方式。原则上形成性考核占××%，终结性考核占××%。形成性考核可包括但不仅限于课堂考勤、课堂表现、作业、期中测验、单元测验。终结性考核一般指期末考试。

## 五、实施要求

1. 授课教师基本要求

此部分主要对担任本课程教学任务的教师的学历、职称、工作经历、职业资格水平、基本素质等提出要求。

2. 实践教学条件要求(如无实践教学，此项可省略)

此部分主要填写本课程教学需要使用的校内实训室、校外实训基地的相关信息，可参考下表填写。

(1)校内实训室(一间实训室对应一张表，如有多间实训室可自行增加表格)

**表 6　××实训室**

| 实训室名称 | ××实训室 | 面积要求 | ××m² |
|---|---|---|---|
| 序　号 | 核心设备 | 数量要求 | 备　注 |
| | | | |
| | | | |
| | | | |

(2)校外实训基地

此部分主要填写本课程教学需要使用的校外实训基地,可参考下表填写(如有使用可填写,如无可省略)。

表7　××实训室

| 序　号 | 校外实训基地名称 | 合作企业名称 | 可开展的实训项目 | 备　注 |
|---|---|---|---|---|
| | | | | |
| | | | | |

3. 教学方法和策略

描述本课程主要使用的教学方法和策略。可参考如下要点来撰写:

(1)教学方法:根据学情分析和教学内容特征,选择项目化教学、翻转课堂教学法、案例教学法、情景教学法、工作过程导向教学法、探究式教学法等教学法。

(2)教学策略:可选择采用网络教学平台实现混合式教学,引进行业、企业专家参与教学等。

4. 教材和数字化资源的选用

表8　××课程教材选用表

| 序　号 | 教材名称 | 教　材 | 出版社 | 主　编 | 出版日期 |
|---|---|---|---|---|---|
| | | | | | |
| | | | | | |

表9　××课程参考教材选用表

| 序　号 | 教材名称 | 教　材 | 出版社 | 主　编 | 出版日期 |
|---|---|---|---|---|---|
| | | | | | |
| | | | | | |

表10　××课程数字化资源选用表(如无使用,此项可省略)

| 序　号 | 数字化资源名称 | 类　型 | 数　量 | 是否原创 | 备　注 |
|---|---|---|---|---|---|
| | | | | | |
| | | | | | |

## 六、其他